国家知识产权局软科学研究项目（项目编号：SS17-C-28）
国家自然科学基金项目（项目编号：71774020；71473028）

U0682815

Disciplinary Construction of
Intellectual Property Management

知识产权管理学科建设研究

栾春娟　刘琳琳◎著

科学出版社

北　京

图书在版编目（CIP）数据

知识产权管理学科建设研究 / 栾春娟，刘琳琳著 . —北京：科学出版社，2018.1
ISBN 978-7-03-055068-2

Ⅰ . ①知… Ⅱ . ①栾… ②刘… Ⅲ . ①知识产权－管理－研究－中国 Ⅳ . ① D923. 404

中国版本图书馆 CIP 数据核字（2017）第 267067 号

责任编辑：朱萍萍 刘巧巧 / 责任校对：何艳萍
责任印制：张欣秀 / 封面设计：有道文化
编辑部电话：010-64035853
E-mail：houjunlin@mail.sciencep.com

科 学 出 版 社 出版
北京东黄城根北街16号
邮政编码：100717
http://www.sciencep.com
北京虎彩文化传播有限公司 印刷
科学出版社发行 各地新华书店经销

*

2018 年 1 月第 一 版 开本：720×1000 B5
2018 年 5 月第二次印刷 印张：14 1/4
字数：262 000
定价：78. 00 元
（如有印装质量问题，我社负责调换）

前　言

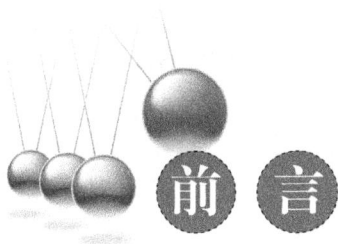

2016年年底开始，在自主设置"知识产权管理二级学科硕博点"的申报过程中，我们萌生了对知识产权管理学科建设进行系统研究的想法。一门以知识产权管理为研究对象的学科知识体系，具有什么特点？主要包括哪些内容？如何培养知识产权管理学科人才？知识产权管理学科的基础理论、经典文献和代表人物都有哪些？国内外知识产权管理学科建设和发展状况如何？带着这些问题我们开始了对知识产权管理学科的一系列思考和探索。知识产权管理是一个典型的交叉学科研究领域，是在与法学、管理学、经济学、商学、信息科学及相关工程技术等学科的交叉融合过程中形成的，研究主题非常广泛，主要涵盖技术创新、产业研发、技术转移、产权保护等内容。知识产权管理学科主要围绕智力成果的创造、运营、保护等活动，探索方法、规律、制度，提高科技成果的创造和使用效率。21世纪伊始，知识产权管理学科进入蓬勃发展阶段，如何建设知识产权管理学科是摆在我国高校教育者面前的一个亟待解决的课题。

"知识产权管理学科建设研究"工作在大连理工大学自主设置知识产权管理二级学科硕博点的过程中逐渐展开。我们运用国际上近些年来新兴的科学知识图谱、信息可视化技术，与引文分析方法和关键词共现分析方法等，对全球知识产权和全球知识产权管理学科的学科演进、演进热点主题演进、代表人物、经典文献、核心期刊和研究领域地进行了全面而详尽的梳理；对国内外知识产权/知识产权管理学科的建设和发展状况，进行了充分的调研和论证。在此基础上，总结和凝练出知识产权管理学科建设和发展的经验，论证了知识产权管理学科建设的方向和内容，设计了知识产权管理学科人才培养方案，规划了该学科未来的科学研究和实践平台等的建设发展方向。

在知识产权管理学科建设已有的成果中，多采用质性分析和案例分析路径，少有运用数据等定量分析方法和信息可视化技术揭示知识产权管理学科建设的研究内容。本书依托全球知识产权研究的主题文献，通过信息可视化技术在对知识产权学科演进、主题演进等内容分析基础之上，提出了知识产权管理学科人才培养的方案和建议。知识产权管理学科具有多学科交叉特征，协调多学科特点设计知识产权管理学科人才培养方案是本书主要的贡献之一，不仅有利于知识产权管理学科的建设和发展，也可起到抛砖引玉、举一反三的作用，为知识产权相关学科建设提供建议，为知识产权管理人才培养工作提供决策参考，助力于国家知识产权强国战略和创新驱动战略的实施。

本书的研究工作成果是集体智慧的结晶。栾春娟主要撰写第一～第六章的内容，以量化数据的方式呈现出全球知识产权 / 知识产权管理学科的研究进展，并在此基础上论证了知识产权管理学科的研究方向和研究内容。数据采集量与分析工作非常辛苦，其中第三章第一节、第三节的内容分别由硕士研究生李维卓、郭晓梅参与共同完成；第三章第五节、第六节由博士研究生宋博文参与共同完成；第五章第二节由陶鑫良与栾春娟共同完成；第六章第二节由徐雨森与栾春娟共同完成。合著者刘琳琳撰写第七章和第八章内容，在量化分析的基础上，进行定性研究，设计知识产权管理学科人才培养的方案和具体措施。

知识产权管理学科建设研究是一个常谈常新的问题，国内外学者和教育工作者均从不同的维度展开探索。本研究从数据分析的层面揭示知识产权管理学科发展建设的问题，既是一种思路，抑或是一种视角，想来读者对此会见仁见智。"弱水三千，只取一瓢"，学术研究本就主张天马行空，自成体系，我们最初设想从浩瀚的数据中得到些许启示，即使只言片语，想必也会有所裨益。如今，虽已完成，但仍感觉意犹未尽，知识产权管理学科建设研究工作系统而复杂，仍需深入研究，本书如有不当之处，求教于同仁，敬请指正。

著　者

2017 年 9 月

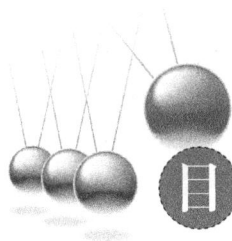

目 录

第一章 绪 论

第一节 知识产权管理学科的内涵

知识产权管理学科的主要研究对象是智力劳动成果的创造、运营、商业化及保护过程中的规律、方法、模式与制度政策等；或者简单地说，知识产权管理学科是以知识产权管理为研究对象的学科知识体系。知识产权管理则包含着丰富的内容。知识产权管理，是包括知识产权战略制定、法律政策设计、成果转化与科技创新等一系列管理行为在内的庞大的系统工程。从国家宏观管理视角来看，知识产权立法、司法、行政及政策制定等，都可以纳入国家知识产权宏观管理与调控的范畴。从企业视角来看，公司的研发、专利申请、成果转化与权利维护等，也都是知识产权管理工作的范畴。知识产权管理是在法学、管理学、经济学、商学、信息科学及相关工程技术学科的交叉与融合过程中逐渐发展起来的，具有明显的多学科特征。

第二节 研究背景、目的和意义

一、研究背景

1. 社会需要大批知识产权管理人才

随着我国知识产权强国战略的实施和创新型国家建设战略的推进，我国"十三五"期间知识产权专门人才队伍将发展到 50 万人，知识产权从业人员队伍将发展到 150 万人，目前还存在着巨大的缺口。以专利代理为例，2015 年中国专利申请受理量 279.9 万件，而国内执业专利代理人的数量只有 1.2626 万人，专利申请量与执业专利代理人之比为 221.69∶1。若一位执业专利代理人一年代理 100 件专利申请，我国的执业专利代理人仍然至少有 1 万人的缺口。国家知识产权强国战略的实施急需大量复合型、高层次知识产权人才；需要大量的世界一流水平的专利审查人才；需要大量的知识产权运营人才；企业需要大量的知识产权管理人才；国家和产业的发展需要大量的知识产权信息与数据分析人才等。我国 2015 年末规模以上工业企业 37.4 万多家，若每家企业拥有 1 名知识产权人才，这就需要 37.4 万名知识产权人才。不仅国家知识产权强国战略的实施和创新型国家建设需要专利代理和企业知识产权人才，整个国家和社会也急需一大批知识产权行政管理和执法人才、高水平的知识产权中介服务人才、熟悉国际知识产权法律制度和惯例并具有丰富知识产权实务操作经历的知识产权代理与诉讼业务人才[1]。总之，国家和社会的发展，对知识产权管理学科人才有着巨大的需求。

2. 知识产权管理学科具有广阔的发展前景

无论从全球竞争的视角、创新型国家建设的视角，还是从国家知识产权战略实施的视角来看，知识产权管理学科都具有非常广阔的发展前景。第一，从全球竞争视角来看，世界各国的竞争越来越集中于科技与人才的竞争，而知识产权作为智力劳动成果的无形财产权，必将是各国重点竞争的最重要资源之一。若知识产权管理学科能够培养出高端知识产权战略管理人才，这些人才就能够为国家和产业制定出高水平的知识产权战略，这些战略的实施，将会使一个国家处于竞争中的制高点，让一个国家在全球激烈的科技与人才竞争中获得优势和长足发展的空间。第二，从创新型国家建设视角来看，创新是发展的源泉和动力。创新型国家的建设需要源源不断的创新成果。知识产权保护的智力劳动成果，在创新驱动发展的政策鼓励下，在具有企业家精神的风险投资者的资助下，在多层次高水平知识产权中介服务机构的共同努力推动下，才有可能实现产业化和商业化，即知识产权运营体系的建设，需要大批知识产权管理人才、经营人才和信息服务人才。所以，从创新型国家建设的视角来看，知识产权管理学科将培养大量的知识产权创新管理人才，具有辉煌的发展前景。第三，从知识产权战略实施视角来看，企业是创新主体，国家知识产权战略的实施，首先是企业作为创新主体，产出大量的、高质量的智力劳动成果。国家知识产权战略实施中的知识产权的创造、利用、保护和管理各个环节，都需要大批的高端复合型知识产权管理人才，需要懂科技、通法律、会管理、擅经营的知识产权人才，而知识产权管理学科作为一个典型的交叉学科，目标正是培养具备以上多技多能的知识产权人才，以推动国家知识产权战略的实施。

二、研究目的

1. 实施创新驱动发展战略、建设创新型国家的需要

党的十八大提出创新驱动发展战略，需要知识产权工作在该战略的实施中发挥更积极、更重要的驱动和支撑作用。知识产权是创新的源泉，创新驱动实质就是知识产权驱动。随着创新驱动发展战略的不断推进，社会对知识产权的创造、运用、保护和管理工作都提出了更高的要求，这样就需要培养出，尤其是高校培养出大批的高端、复合型知识产权人才。设置知识产权管理学科，可以为高端知识产权复合型人才培养提供重要的基地。

2. 知识产权强国战略实施的必然要求

2015 年印发的《国务院关于新形势下加快知识产权强国建设的若干意见》，强调要加强知识产权专业人才队伍建设，加强知识产权相关学科建设，完善产学研联合培养模式，在管理学和经济学中增设知识产权专业，稳定和壮大知识产权专业人才队伍。因此，设置知识产权管理二级学科，是推动实施知识产权强国战略的必然要求。

三、研究意义

1. 推动知识产权管理人才培养战略实施

知识产权管理人才的培养，是国内外学者关注的一个重要课题[2, 3]。2017 年 3 月，在北京召开"两会"期间，知识产权领域专家热烈讨论了我国急需的知识产权管理人才培养议题[4, 5]。随着我国知识产权强国战略的实施和创新型国家建设战略的推进，国家和社会的发展，对知识产权管理学科人才有着巨大的需求。本书研究的首要目的，就是推动和加速国家知识产权事业发展过程中急需的知识产权管理人才的培养，助力知识产权强国战略的实施。

2. 促进知识产权管理学科建设与发展

知识产权管理学科建设与发展，是知识产权管理人才培养的重要渠道[6, 7]，是国家知识产权人才战略实施中的重要课题。知识产权学科内容涉及法学、管理学、经济学、技术科学等多学科领域，是一门高度集成的综合型新兴学科。现有的知识产权学科地位位于"法学－民商法学－知识产权"这样所谓孙子辈的位置，严重影响了我国知识产权人才的培养[8-10]。本书的研究，在借鉴国际先进经验的基础上，结合我国知识产权战略实施与知识产权强国战略中急需大量知识产权人才的现状，提出知识产权管理学科建设发展的必要性与可行性，论证知识产权管理学科建设方案，设计其研究方向与研究内容，规划学科未来发展的师资队伍与科学研究等问题。本书的研究成果，将大大促进我国知识产权管理学科建设与发展。

3. 论证知识产权管理学科人才培养方案

本书的研究，将在全面考察国外知识产权管理人才培养经验的基础上[11-13]，结合我国知识产权事业发展的现状，充分考虑知识产权人才的高端与复合型特点，论证知识产权管理学科人才培养方案：明确知识产权管理学科人才培养目标；提出知识产权管理学科人才培养的生源选拔借鉴标准；确定知识产权管理学科人才培养的核心课程；制定知识产权管理学科人才培养的必备技能规范。

4. 设计知识产权管理学科发展规划

如何整合我国高等院校已有的知识产权人才培养资源，包括但不限于师资队伍、相关的科学研究、国内外学术交流和人才培养方案等，并在此基础上，借鉴国际知识产权人才培养的先进经验，设计和规划我国高校知识产权管理学科的建设与发展，是本书研究的重要目的之一。笔者将主要从以下几个方面设计和规划我国高校知识产权学科的建设与发展：知识产权管理学科师资队伍的建设、知识产权管理学科科学研究方向与研究内容的明确、知识产权管理学科国内外学术交流的相关领域选择、知识产权管理学科人才培养环节与培养计划和目标的设计等。

第三节　国内外研究现状述评

一、关于知识产权管理的研究述评

国内外知识产权管理的热点和重点研究领域主要有技术创新[14, 15]、产业研发[16, 17]、知识产权保护[18]、专利产出[5]、创新绩效[19]、知识流动[20]、专利引文[21, 22]、技术转移[23, 24]、经济增长[25, 26]、知识溢出[27, 28]、吸收能力[29]、经济与市场[30]等。关于知识产权管理的研究成果主要集中于知识产权管理模式[31-33]、知识产权管理机制[34-37]、知识产权管理体系[38-41]、知识产权管理制度[35, 42]、知识产权管理能力[43, 44]、知识产权管理战略[45-47]和知识产权管理系统[48-50]等方面。关于学科进展的研究，学者探索了土地资源管理学科进展[51]、教育学学科进展[52]、知识管理学科进展[53]、人文-经济地理学科进展[54]等，但关于知识产权管理学科进展的研究成果却很少。朱清平提出[55]，知识产权管理的落后已经严重妨碍了知识产权工作与时俱进，建立知识产权管理学科已迫在眉睫。他认为应建立知识产权管理学科，对以下几个方面知识产权事务进行研究：知识产权成果创造方面、知识产权成果授权方面、知识产权成果转化方面、知识产权保护方面和知识产权行政管理方面等。柯涛与龙珊瑚认为[56]，技术经济及管理学科与知识产权管理学科存在着密切关系。他们提出，随着社会更加注重科学技术知识的实际应用而带来的经济水平的提升，如何运用、控制和管理自己的科技成果进而提高竞争力、适应经济发展非常关键。研究技术经济学科与知识产权学科发展的相关性，对培养复合型的技术经济及管理与知识产权管理的高级管理人才，促进技术与经济的紧密结合，建设创新型国家等具有重要的现实意义。

知识产权管理学科与诸多其他学科之间存在着联系。其中，与知识产权管理学科最密切的是商科（business）；此外，知识产权管理学科与经济学（economics）、法学（law）、商科金融（business finance）等相关学科的联系也比较紧密。

二、关于知识产权管理学科建设的研究述评

知识产权管理学科是 20 世纪 80 年代兴起的一门前沿学科。它的主要研究对象是智力劳动成果的创造、运营、商业化及保护过程中的规律、方法、模式与制度等。知识产权管理研究的核心是如何更有效地激发人类的创造性，更充分地、合理合法地利用人类的智力劳动成果，使其为社会、经济、文化的发展，以及人们生活水平的提高做出积极的贡献，进而提高综合国力，推动创新型国家建设。因此，知识产权管理的基础理论主要包括：提高智力劳动成果的创造效率，充分激发人类创造创新的积极性[42, 57, 58]；提高智力劳动成果的使用效率[59, 60]，使其更好地服务于社会发展和国家经济建设，更好地改善和提高人们的生活质量。知识产权管理学科是在法学、管理学、经济学、商科、计算机与信息科学等多门学科充分融合之下形成的[61]，具有明显的交叉学科特征。

国际上知识产权管理学科自 2000 年之后展示出蓬勃发展的势头。知识产权管理学科研究的国际热点主题主要包括技术创新、产业研发、创新绩效和经济增长等。知识产权管理学科、商科和商科金融等学科具有比较密切的关系。但与知识产权管理学科的建设和发展等相关的研究成果却很少见。本书拟基于国内外的比较分析，深入探讨知识产权管理学科发展的理论基础、人才培养方案与学科未来发展规划。研究成果将为加速我国知识产权人才战略工程的实施、推动创新驱动发展战略和知识产权强国战略提供重要的决策支撑和理论基础。

第四节 主要研究方法及软件

一、科学知识图谱方法与信息可视化技术

科学知识图谱（Mapping Knowledge Domains），是指运用数学、图形学、计算机技术、信息可视化技术等学科的理论与方法，结合科学计量学理论发展过程中的引文分析、共现分析、社会网络分析等具体方法，借助可视化的图谱，形象、生动地展示学科或研究领域的科学合作结构、研究领域分布、基础理论来源、代表人物与经典文献等，将研究人员手工无法完成的对前人知识成果的汇总、抽象和凝练工作，通过现代计算机与信息技术，经过复杂的信息处理、数据挖掘、知识计量和图形绘制等过程而清晰地展现出来[62, 63]，所谓"一图胜万言"，从而揭示科学知识的动态发展规律，为研究人员提供有价值的参考信息。科学知识图谱的绘制一般包括下列步骤：数据的检索与预处理、知识单元的选择、构建知识单元关系、算法选择与数据标准化、数据分析、信息可视化与图谱解读等。一般认为，知识图谱产生于20世纪60年代[64]，当"科学引文索引"（Sciences Citation Index，SCI）创始人加菲尔德等基于引文数据而绘制了DNA研究领域的历史发展图谱，以及随之而来的普赖斯用相同的数据在《科学文献的网络》中进行了知识图谱绘制的开创性工作时，以引文分析为基础的"知识图谱"理论与方法已经应运而生了。随着信息技术与计算机技术的发展，国际上出现了Chen[65]、Borner[66]、White与McCain[67]等一批著名的科学知识图谱软件平台开发与数据算法研究的专家。

信息可视化技术（Information Visualization Technology），指的是运用计算机图形学和图像处理技术，将数据转换为图形或图像在屏幕上显示出来，并进行交互处理的理论、方法和技术。它涉及计算机图形学、图像处理、计算机辅助设计、计算机视觉及人机交互技术等多个领域。近年来，随着科学文献的迅猛增长和网络技术的发展，我们可以通过运用大型文献处理软件和数据可视化技术，处理海量的科学文献数据，并借助信息可视化技术，使人们更容易地观察、浏览和理解信息，并且找到数据中隐藏的规律和模式[68]，从而为决策提供依据。进入21世纪以来，信息可视化已成为数据可视化（data visualization）技术中新的热点。其中，陈超美开发的基于JAVA平台的CiteSpace系列应用

软件[69, 70]，是一种适用于多元、分时、动态的复杂网络分析的新一代信息可视化技术，目前已被国际上科学计量学与科学技术政策研究者广泛使用，正成为科学计量学普遍应用的新手段。

二、引文分析方法

引文分析（Citation Analysis）是对科学文献的引证频次、引证模式和引证网络结构图示等进行的一种分析。对科学文献进行引证与被引证分析，可以揭示其中的数量特征和内在规律。科学文献之间的互相引用，反映了科学发展过程中的承继和借鉴，常被用来探测科学发展轨迹[71]、学科/主题之间相互关系[72, 73]、新兴领域的出现[74]、知识扩散[75, 76]、重大创新[77, 78]等领域。笔者将运用引文分析方法，探索全球知识产权，知识产权管理学科发展过程中的理论基础、经典文献和代表人物等。引文分析包括单纯的被引频次统计分析和共被引分析（Co-Citation Analysis），在信息可视化过程中，使用的就是共被引分析，具体包括文献共被引分析（Reference Co-Citation Analysis）、作者共被引分析（Author Co-Citation Analysis，ACA）[79, 80]、期刊共被引分析（Journal Co-Citation Analysis，JCA）[81-83]、国家共被引分析（Country Co-Citation Analysis，CCA）、机构共被引分析（Institution Co-Citation Analysis，ICA）等。与共被引分析相对应，还有一种被称为文献耦合分析（Coupling Analysis）的引文分析[84-87]。如果多篇文献具有相同的参考文献，它们之间就形成了文献耦合关系。相应地，耦合分析包括文献耦合分析、期刊耦合分析、作者耦合分析等。文献耦合分析方法可以用来识别文献之间、期刊之间、作者之间研究领域与所属学科的相似性。

笔者采用文献共被引分析方法，探索全球知识产权、知识产权管理学科发展的理论基础与理论来源，即经典文献；采用作者共被引分析方法，探索知识产权、知识产权管理学科发展过程中的代表人物；采用期刊共被引分析方法，从较高层次探索知识产权、知识产权管理学科发展的理论来源学科领域；采用国家共被引与机构共被引分析方法，可以从更宏观及中观层面探索一个学科与研究领域发展的理论地域来源和机构来源。共引分析采用的软件工具，主要是陈超美博士开发的 CiteSpace。

三、共现分析方法

共现分析，最早是由语言学家提出并应用于语义贴近度的分析研究中，是指若两个术语在一个语境下以一定的顺序频繁地共同出现，则其语义贴近度较高[88-90]。之后，共现分析被广泛应用于相似性的研究，包括合著分析、共引分析、共词分析和共类分析等。合著分析主要应用于科学合作[91-93]与技术合作[94-96]研究；共引分析主要应用于研究领域[83, 97-100]与新兴技术领域探测[101-103]研究；共词分析则应用于研究前沿[104-107]和技术前沿探测[108-110]分析。

笔者主要采用学科共现分析[69, 111]，考察全球知识产权、知识产权管理相关学科地位的演变。采用主题词或关键词共现分析方法，即共词分析方法，探测知识产权、知识产权管理相关学科研究热点的演变。在较早历史时期的文献没有关键词的情况下，笔者采用的共词分析中的主题词（term）主要来自科学论文的篇名（title）；在 1992 年之后的"社会科学引文索引"（Social Sciences Citation Index，SSCI）和"艺术与人文引文索引"（Art & Humanities Citation Index，A&HCI）数据库的科学文献有关键词的情况下，笔者采用关键词分析的方法进行共词分析。不同发展阶段的共词分析，可以揭示一个学科或研究领域的研究热点主题的演进。共词分析采用的软件工具，主要是陈超美博士开发的 CiteSpace，有时会结合 Bibexcel[112]大型文献处理软件和 Ucinet[113]软件包的网络绘制工具 Netdraw 等进行。共词与共引分析过程中得到的科学知识图谱，有时会采用时区图分布显示，进而识别科学技术发展的前沿趋势，为科学预测提供参考；有时会采用聚类图分布显示，揭示不同领域、不同研究团队或不同的期刊群体等。

第五节　技术路线与研究特色

一、技术路线

本书主要基于全球知识产权学科研究进展、国内外知识产权管理学科研究进展、国内外知识产权管理学科建设状况等数据分析，揭示全球知识产权学科的理论背景、经典文献、代表人物和学科与研究热点分布等的发展趋势，并进一步深入到国内外知识产权管理学科的理论来源与研究热点主题等。在此基础之上，总结和提炼国内外知识产权管理学科发展和学科建设经验，凝练知识产权管理学科建设过程中的主要研究方向和研究内容，设计知识产权管理学科人才培养方案，并对其可行性进行论证，规划知识产权管理学科建设过程中的科学研究、国内外学术交流、实践平台建设等。研究的技术路线与逻辑思路如图 1-1 所示。

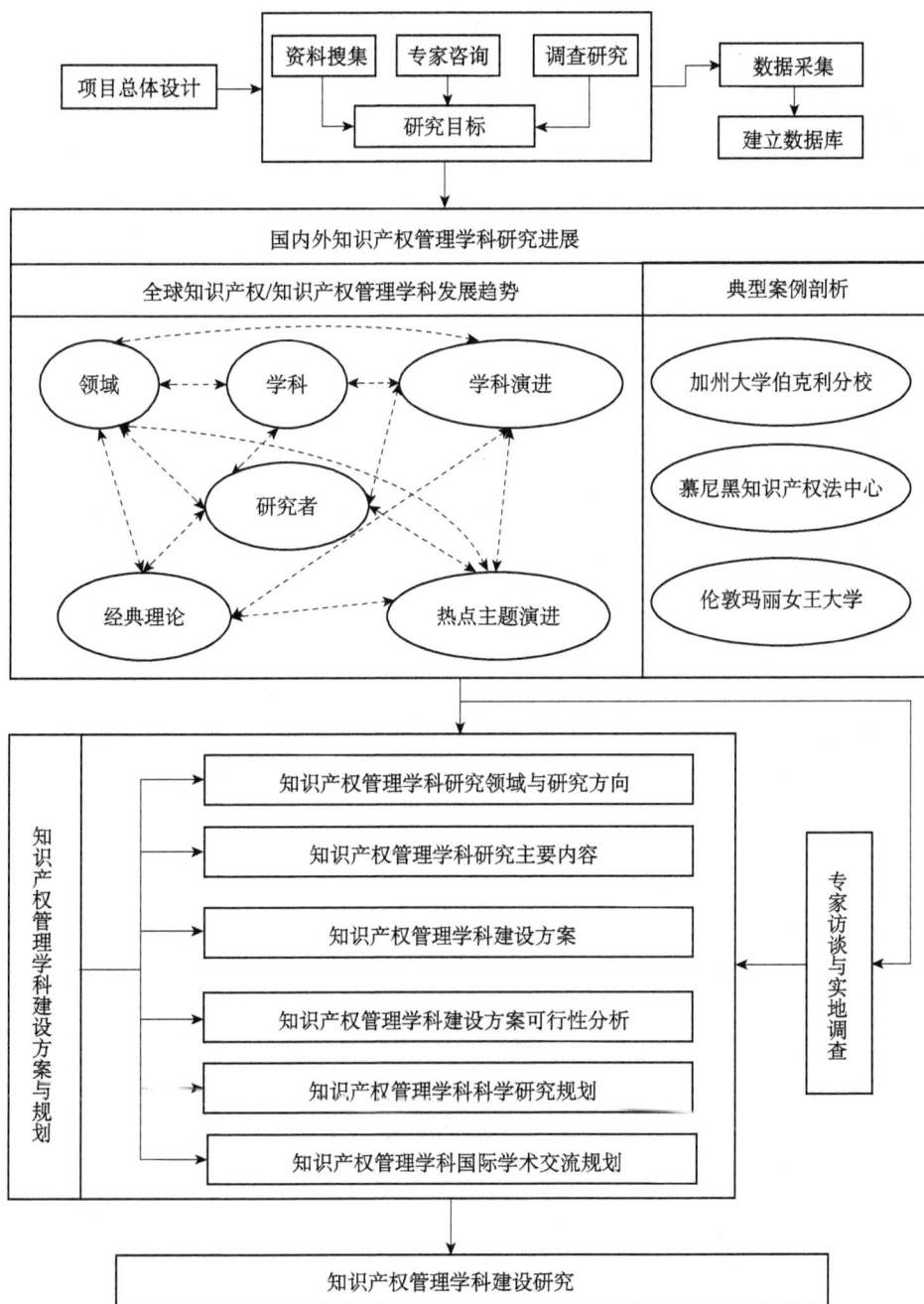

图 1-1 本书研究的技术路线与逻辑思路

图 1-1 显示，本书的研究主要包括三大部分。第一部分是总体设计，通过资料搜集、专家咨询和调查研究，确定研究目标；而后进行数据采集，建立数

据库。第二部分是国内外知识产权管理学科研究进展，运用科学知识图谱和信息可视化手段与技术，对全球知识产权、知识产权管理主题文献进行全方位的分析，掌握全球知识产权学科与知识产权管理学科的理论基础、代表人物与经典文献、学科演进与热点主题演进等发展趋势；同时选择加利福尼亚大学（简称加州大学）伯克利分校、慕尼黑知识产权法中心、伦敦玛丽女王大学知识产权与知识产权管理相关学科的建设与发展实践，以及国内知识产权管理学科建设与发展比较好的高校，进行国内外知识产权管理学科建设现状分析，提炼成功的经验，总结不足和需要继续努力的方向，为我国知识产权管理学科建设与发展提供数据信息支撑。第三部分是知识产权管理学科建设方案与规划，主要是在总结国内外知识产权与知识产权管理学科发展趋势、提炼国内外知识产权管理学科建设经验的基础上，设计知识产权管理学科建设的主要研究方向和研究内容，规划知识产权管理学科人才培养方案并对其可行性进行分析，展望知识产权管理学科未来发展的科学研究工作与国内外学术交流活动的开展等。

二、研究特色与创新之处

本书的研究特色与创新之处主要包括以下几个方面：研究对象的多学科性与复杂性、研究思路与方法的可扩展性、研究成果的可应用性。

1. 研究对象的多学科性与复杂性

知识产权管理具有明显的多学科特征，该学科的建设涉及管理学、法学、商科及工程技术等多学科领域。综合多学科与跨学科特征，论证知识产权管理学科建设发展方案，是本书的重要特色与创新之一。

2. 研究思路与方法的可扩展性

本书的研究思路与方法，即如何从多学科角度论证一个跨学科的建设与发展，不仅有利于知识产权管理学科的建设和发展，而且能够为今后类似的研究工作如知识产权经济学科的建设等，提供可资借鉴的范例。

3. 研究成果的可应用性

本书的研究成果，将推动我国知识产权管理人才培养工程的进展，助力国家知识产权战略和创新驱动发展的实施，为知识产权管理人才培养提供具体方案。

参 考 文 献

[1] Zhang G P, Duan H B, Zhou J H. Network stability, connectivity and innovation output [J].

Technological Forecasting and Social Change，2017，114：339-349.

［2］Liu K. Human capital，social collaboration，and patent renewal within US pharmaceutical firms［J］. Journal of Management，2014，40（2）：616-636.

［3］Cho C，Halford J T，Hsu S，et al. Do managers matter for corporate innovation？［J］. Journal of Corporate Finance，2016，36：206-229.

［4］赵雯. 加强知识产权学科建设 培育高端人才［EB/OL］. http：//www.sipo.gov.cn/ztzl/ywzt/gjzscqrcxxwlpt/［2017-03-09］.

［5］杨梧. 强化学科体系建设，筑牢人才基础保障［EB/OL］. http：//www.sipo.gov.cn/ztzl/ywzt/gjzscqrcxxwlpt/rcgzdt/201703/t20170315_1308822.html［2017-03-15］.

［6］孔令兵. 推进高校知识产权学科建设势在必行［N］. 中国知识产权报，2016-10-21（8）.

［7］王康，冯飞. 广聚天下英才 成就创新大业［N］. 中国知识产权报，2017-03-15：1.

［8］栾春娟，贺高红. 专利多学科演进及对知识产权人才培养的启示［J］. 技术与创新管理，2017，（3）：16-22.

［9］Yang C H，Heo J. Network analysis to evaluate cross-disciplinary research collaborations：The Human Sensing Research Center，Korea［J］. Science and Public Policy，2014，41（6）：734-749.

［10］Ko N，Yoon J，Seo W. Analyzing interdisciplinarity of technology fusion using knowledge flows of patents［J］. Expert Systems with Applications，2014，41（4）：1955-1963.

［11］Hintz E S. A Triumph of Genius：Edwin Land，Polaroid，and the Kodak Patent War［J］. Business History Review，2016，90（1）：131-133.

［12］Bhaird C M A，Curran D. Sectoral differences in determinants of export intensity［J］. Journal of Business Economics and Management，2016，17（2）：299-313.

［13］Subramanian A M，Choi Y R，Lee S H，et al. Linking technological and educational level diversities to innovation performance［J］. Journal of Technology Transfer，2016，41（2）：182-204.

［14］Sunder J，Sunder S V，Zhang J J. Pilot CEOs and corporate innovation［J］. Journal of Financial Economics，2017，123（1）：209-224.

［15］Grafstrom J，Lindman A. Invention，innovation and diffusion in the European wind power sector［J］. Technological Forecasting and Social Change，2017，114：179-191.

［16］Fujii H，Managi S. Research and development strategy for environmental technology in Japan：A comparative study of the private and public sectors［J］. Technological Forecasting and Social Change，2016，112：293-302.

［17］Hemphill T A. The biotechnology sector and US gene patents：Legal challenges to intellectual property rights and the impact on basic research and development [J]. Science and Public Policy, 2012, 39 (6): 815-826.

[18] Chuang W B, Chang T H, Lin H L. Does stronger intellectual property rights protection matter in developing local R&D outsourcing strategy ? [J]. Asia-Pacific Journal of Accounting & Economics, 2017, 24 (1-2): 68-82.

[19] Zwick T, Frosch K, Hoisl K, et al. The power of individual-level drivers of inventive performance [J]. Research Policy, 2017, 46 (1): 121-137.

[20] Kim S, Kim H, Kim E. How knowledge flow affects Korean ICT manufacturing firm performance: A focus on open innovation strategy [J]. Technology Analysis & Strategic Management, 2016, 28 (10): 1167-1181.

[21] Lee C, Kim J, Noh M, et al. Patterns of technology life cycles: Stochastic analysis based on patent citations [J]. Technology Analysis & Strategic Management, 2017, 29 (1): 53-67.

[22] Rodriguez A, Tosyali A, Kim B, et al. Patent clustering and outlier ranking methodologies for attributed patent citation networks for technology opportunity discovery [J]. IEEE Transactions on Engineering Management, 2016, 63 (4): 426-437.

[23] Zhang G P, Duan H B, Zhou J H. Investigating determinants of inter-regional technology transfer in China: A network analysis with provincial patent data [J]. Review of Managerial Science, 2016, 10 (2): 345-364.

[24] Kochenkova A, Grimaldi R, Munari F. Public policy measures in support of knowledge transfer activities: A review of academic literature [J]. Journal of Technology Transfer, 2016, 41 (3): 407-429.

[25] Lamperti F, Mavilia R, Castellini S. The role of Science Parks: A puzzle of growth, innovation and R&D investments [J]. Journal of Technology Transfer, 2017, 42 (1): 158-183.

[26] Liu W H. Intellectual property rights, FDI, R&D and economic growth: A cross-country empirical analysis [J]. World Economy, 2016, 39 (7): 983-1004.

[27] Kim D H, Lee B K, Sohn S Y. Quantifying technology-industry spillover effects based on patent citation network analysis of unmanned aerial vehicle (UAV) [J]. Technological Forecasting and Social Change, 2016, 105: 140-157.

[28] Isaksson O H D, Simeth M, Seifert R W. Knowledge spillovers in the supply chain: Evidence from the high tech sectors [J]. Research Policy, 2016, 45 (3): 699-706.

[29] Chang C W, Lin Y S, Tsai M F. Technology licensing with asymmetric absorptive

capacity［J］. Asia-Pacific Journal of Accounting & Economics，2016，23（3）：278-290.

［30］Blind K，Petersen S S，Riillo C A F. The impact of standards and regulation on innovation in uncertain markets［J］. Research Policy，2017，46（1）：249-264.

［31］刘珊，余翔. 基于 TMP 的中美清洁能源合作知识产权管理模式研究——突破、难点及对策［J］. 中国软科学，2016，（11）：44-51.

［32］Yang W G，Jin Z，Zheng Y，et al. Discussion for Enterprises Intellectual Property Operation and Protection Management Model［M］. Toronto：University Academic Press Toronto，2007.

［33］Yang C B，Qi M. Construction and Management Research of Pre-warning System Model about Intellectual Property［R］. Hangzhou：5th International Symposium on Management of Technology，2007.

［34］丁明磊，王春梅. 在科技计划管理中健全知识产权审查评议机制的研究建议［J］. 科学管理研究，2016，（4）：25-28，37.

［35］冯晓青. 企业知识产权管理制度与激励机制建构［J］. 南都学坛，2016，（5）：65-72.

［36］厉宁，周笑足. 我国知识产权管理协调机制研究［J］. 中国科技论坛，2014，（11）：36-40.

［37］Zharinova A G. Dataware for the mechanism of intellectual property management［J］. Actual Problems of Economics，2012，136（10）：46-51.

［38］侯湘，张小强. 高校文献类科研成果知识产权归属与管理体系［J］. 科技与出版，2013，（7）：68-70.

［39］陆春宁. 企业知识产权管理规范体系审核的步骤与实施过程［J］. 轻工科技，2017，（2）：117-118，155.

［40］施学哲，杨晨，徐军海，等. 高新园区知识产权管理与服务绩效评价指标体系构建及研究［J］. 中国科技论坛，2016，（2）：154-160.

［41］Zhan G，Inc D E P. University intellectual property management system based on JFinal framework［J］. 2015 International Conference on Information Science and Intelligent Control（Isic 2015），2015：634-638.

［42］Suleiman D，Rogers L. Copyrighting creativity：Creative values，cultural heritage institutions and systems of intellectual property［J］. International Journal of Arts Management，2016，19（1）：93-94.

［43］黄贤涛，王文心. 提升企业知识产权资产管理能力［J］. 电子知识产权，2013，（3）：22-23.

［44］Kochhar S. Institutions and capacity building for the evolution of intellectual property rights regime in India：II-Ownership and management issues in agricultural research［J］. Journal of Intellectual Property Rights，2008，13（2）：152-156.

［45］刘艳，张光宇.高新区知识产权战略生态位管理研究——以广东为例［J］.科技进步与对策，2014，（9）：34-37.

［46］Mitchell W，Leiponen A. Virtual special issue on innovation，intellectual property and strategic management［J］. Strategic Management Journal，2016，37（13）：E1-E5.

［47］Zou Y X，Liu C C. Knowledge Management and Intellectual Property Protection in Developing Strategy of High-Tech Enterprises［R］. Wuhan：12th International Conference on Innovation and Management，2015.

［48］陈伟，杨早立，李金秋.区域知识产权管理系统协同及其演变的实证研究［J］.科学学与科学技术管理，2016，（2）：30-41.

［49］陈阳.基于视频类素材管理系统的知识产权保护技术研究［J］.中国教育信息化，2014，（2）：72-74.

［50］李潭，陈伟.纵向视角下区域知识产权管理系统演化的协调度研究——基于复合系统协调度模型的测度［J］.情报杂志，2012，（10）：99-105.

［51］刘璐祯，周为吉，郑荣宝，等.基于学科知识图谱的国内土地资源管理学科演进及其进展研究［J］.中国农业大学学报，2017，（1）：189-202.

［52］许丽丽，侯怀银.教育学学科性质在中国的研究：历程、进展和展望［J］.教育理论与实践，2016，（34）：3-8.

［53］盛小平，刘泳洁.知识管理不是一种管理时尚而是一门学科——兼论知识管理学科研究进展［J］.情报理论与实践，2009，（8）：4-7.

［54］樊杰，孙威.中国人文——经济地理学科进展及展望［J］.地理科学进展，2011，（12）：1459-1469.

［55］朱清平.知识产权管理学科初探［J］.发明与创新，2003，（4）：36-37.

［56］柯涛，龙珊瑚.论技术经济及管理与知识产权管理学科关联性［J］.技术经济，2006，（12）：42-45，88.

［57］李克强.最大限度激发科技人才的创造活力［J］.中国科技产业，2017，（2）：12-13.

［58］Eshleman M O. Creativity without law：Challenging the assumptions of intellectual property［J］. Library Journal，2017，142（2）：90-91.

［59］宋河发，吴博，吕磊.促进科技成果转化知识产权实施权制度研究［J］.科学学研究，2016，（9）：1319-1325.

［60］张晓东.论推进高校知识产权管理和科技成果转化工作的切入点［J］.中国高校科技，2016，（4）：13-15.

［61］侯海燕，赵楠楠，胡志刚，等.国际知识产权研究的学科交叉特征分析——基于期刊

学科分类的视角 [J].中国科技期刊研究，2014，（3）：416-426.

[62] 栾春娟，侯海燕，王贤文.国际科技政策研究热点与前沿的可视化分析 [J].科学学研究，2009，（2）：240-243.

[63] 侯海燕，刘则渊，陈悦，等.当代国际科学学研究热点演进趋势知识图谱 [J].科研管理，2006，（3）：90-96.

[64] 侯海燕.基于知识图谱的科学计量学进展研究 [D].大连理工大学博士学位论文，2006.

[65] Chen C M. CiteSpace II：Detecting and visualizing emerging trends and transient patterns in scientific literature [J]. Journal of the American Society for Information Science and Technology，2006，57（3）：359-377.

[66] Borner K，Chen C M，Boyack K W. Visualizing knowledge domains [J]. Annual Review of Information Science and Technology，2003，37：179-255.

[67] White H D，McCain K W. Visualizing a discipline：An author co-citation analysis of information science，1972-1995 [J]. Journal of the American Society for Information Science，1998，49（4）：327-355.

[68] 李运景，侯汉青.引文分析可视化研究 [J].情报学报，2007，26（2）：301-308.

[69] Zhu Y J，Kim M C，Chen C M. An investigation of the intellectual structure of opinion mining research [J]. Information Research：An International Electronic Journal，2017，22（1）：739.

[70] Ping Q，He J G，Chen C M. How many ways to use CiteSpace？ A study of user interactive events over 14 months [J]. Journal of the Association for Information Science and Technology，2017，68（5）：1234-1256.

[71] 杨中楷，刘佳.基于专利引文网络的技术轨道识别研究——以太阳能光伏电池板领域为例 [J].科学学研究，2011，（9）：1311-1317.

[72] 杨中楷，刘倩楠，于霜.基于专利引文网络的技术领域间关系探析 [J].科研管理，2011，（5）：149-155.

[73] Chen D Z，Huang M H，Hsieh H C，et al. Identifying missing relevant patent citation links by using bibliographic coupling in LED illuminating technology [J]. Journal of Informetrics，2011，5（3）：400-412.

[74] Erdi P，Makovi K，Somogyvari Z，et al. Prediction of emerging technologies based on analysis of the US patent citation network [J]. Scientometrics，2013，95（1）：225-242.

[75] Chang S B，Lai K K，Chang S M. Exploring technology diffusion and classification of

business methods: Using the patent citation network [J]. Technological Forecasting and Social Change, 2009, 76 (1): 107-117.

[76] 洪勇, 康宇航. 基于专利引文的企业间技术溢出可视化研究 [J]. 科研管理, 2012, (7): 81-87.

[77] Csardi G, Strandburg K J, Zalanyi L, et al. Modeling innovation by a kinetic description of the patent citation system [J]. Physica A: Statistical Mechanics and Its Applications, 2007, 374 (2): 783-793.

[78] Patel D, Ward M R. Using patent citation patterns to infer innovation market competition [J]. Research Policy, 2011, 40 (6): 886-894.

[79] Kim H J, Jeong Y K, Song M. Content-and proximity-based author co-citation analysis using citation sentences [J]. Journal of Informetrics, 2016, 10 (4): 954-966.

[80] Bu Y, Liu T Y, Huang W B. MACA: A modified author co-citation analysis method combined with general descriptive metadata of citations [J]. Scientometrics, 2016, 108 (1): 143-166.

[81] Mustafee N, Katsaliaki K, Fishwick P. Exploring the modelling and simulation knowledge base through journal co-citation analysis [J]. Scientometrics, 2014, 98 (3): 2145-2159.

[82] Hu C P, Hu J M, Gao Y, et al. A journal co-citation analysis of library and information science in China [J]. Scientometrics, 2011, 86 (3): 657-670.

[83] Ding Y, Chowdhury G G, Foo S. Journal as markers of intellectual space: Journal co-citation analysis of information retrieval area, 1987-1997 [J]. Scientometrics, 2000, 47 (1): 55-73.

[84] Yang S L, Han R Z, Wolfram D, et al. Visualizing the intellectual structure of information science (2006-2015): Introducing author keyword coupling analysis [J]. Journal of Informetrics, 2016, 10 (1): 132-150.

[85] Zhao D Z, Strotmann A. The knowledge base and research front of information science 2006-2010: An author co-citation and bibliographic coupling analysis [J]. Journal of the Association for Information Science and Technology, 2014, 65 (5): 995-1006.

[86] Ma R M. Author bibliographic coupling analysis: A test based on a Chinese academic database [J]. Journal of Informetrics, 2012, 6 (4): 532-542.

[87] Zhao D Z, Strotmann A. Evolution of research activities and intellectual influences in information science 1996-2005: Introducing author bibliographic-coupling analysis [J]. Journal of the American Society for Information Science and Technology, 2008, 59 (13): 2070-2086.

[88] Kroeger P. Analyzing Grammar：An Introduction. Cambridge：Cambridge University Press，1957：20.

[89] Southworth F C. The marathi verbal sequences and their co-occurrences [J]. Language，1961，37（2）：201-208.

[90] Harris Z S. Co-occurrence and transformation in linguistic structure [J]. Language，1957，33（3）：283-340.

[91] Hossain M D, Moon J, Kang H G, et al. Mapping the dynamics of knowledge base of innovations of R&D in Bangladesh：Triple helix perspective [J]. Scientometrics，2012，90（1）：57-83.

[92] Almeida P, Hohberger J, Parada P. Individual scientific collaborations and firm-level innovation [J]. Industrial and Corporate Change，2011，20（6）：1571-1599.

[93] Klitkou A, Nygaard S, Meyer M. Tracking techno-science networks：A case study of fuel cells and related hydrogen technology R&D in Norway [J]. Scientometrics，2007，70（2）：491-518.

[94] Meyer M, Persson O. Nanotechnology-Interdisciplinarity，patterns of collaboration and differences in application [J]. Scientometrics，1998，42（2）：195-205.

[95] Hsieh W H, Chiu W T, Lee Y S, et al. Bibliometric analysis of patent ductus arteriosus treatments [J]. Scientometrics，2004，60（2）：105-115.

[96] Meyer M. Knowledge integrators or weak links？ An exploratory comparison of patenting researchers with their non-inventing peers in nano-science and technology [J]. Scientometrics，2006，68（3）：545-560.

[97] Small H G. A co-citation model of a scientific specialty：A longitudinal-study of collagen research [J]. Social Studies of Science，1977，7（2）：139-166.

[98] Small H. Co-citation context analysis and the structure of paradigms [J]. Journal of Documentation，1980，36（3）：183-196.

[99] Chen C M. Visualising semantic spaces and author co-citation networks in digital libraries [J]. Information Processing & Management，1999，35（3）：401-420.

[100] Ding Y, Yan E J, Frazho A, et al. PageRank for ranking authors in co-citation networks [J]. Journal of the American Society for Information Science and Technology，2009，60（11）：2229-2243.

[101] Wang X W, Zhang X, Xu S M. Patent co-citation networks of Fortune 500 companies [J]. Scientometrics，2011，88（3）：761-770.

[102] Shen Y C, Chang S H, Lin G T R, et al. A hybrid selection model for emerging

technology［J］. Technological Forecasting and Social Change，2010，77（1）：151-166.

［103］Chang C K N，Breitzman A. Using patents prospectively to identify emerging，high-impact technological clusters［J］. Research Evaluation，2009，18（5）：357-364.

［104］Rokaya M，Atlam E，Fuketa M，et al. Ranking of field association terms using co-word analysis［J］. Information Processing & Management，2008，44（2）：738-755.

［105］Bhattacharya S，Basu P K. Mapping a research area at the micro level using co-word analysis［J］. Scientometrics，1998，43（3）：359-372.

［106］Leydesdorff L. Words and co-words as indicators of intellectual organization［J］. Research Policy，1989，18（4）：209-223.

［107］Ding Y，Chowdhury G G，Foo S. Bibliometric cartography of information retrieval research by using co-word analysis［J］. Information Processing & Management，2001，37（6）：817-842.

［108］Lee B，Jeong Y I. Mapping Korea's national R&D domain of robot technology by using the co-word analysis［J］. Scientometrics，2008，77（1）：3-19.

［109］Rip A，Courtial J P. Co-word maps of biotechnology：An example of cognitive scientometrics［J］. Scientometrics，1984，6（6）：381-400.

［110］An X Y，Wu Q Q. Co-word analysis of the trends in stem cells field based on subject heading weighting［J］. Scientometrics，2011，88（1）：133-144.

［111］Qu Z，Zhang S S，Zhang C B. Patent research in the field of library and information science：Less useful or difficult to explore？［J］.Scientometrics，2017，111（1）：205-217.

［112］BibExcel［EB/OL］. http：//www.soc.umu.se/english/research/bibexcel[2017-10-13].

［113］潘丽，张义平.高校知识产权管理缺失及对策研究［J］.科技管理研究，2009，（10）：495-497.

第二章　全球知识产权学科研究进展

探索全球知识产权学科理论进展[1,2]，对国家知识产权人才的培养和国家知识产权战略的实施，具有重要的理论意义和实践意义。一般认为，知识产权涉及技术、法律、管理、经济和商业运营等多个学科领域[3-5]。一方面，知识产权（常常以专利为代表，下同）代表着具有新颖性、实用性和创造性的技术；另一方面，知识产权是通过法定程序授予技术发明者的一种垄断权利；同时，科技成果产业化过程中，又涉及投资、商业运营模式和管理等其他学科领域。

有关知识产权人才培养的研究，主要包括以下几个方面。

（1）创新型知识产权人才培养。丁桂芝和李建生等[6]提出，高职院校以培育知识产权文化为切入点，是助推技术型创新人才培养的有效途径。孟丽华和李磊等[7]从高校知识产权教育和发展研究出发，探索了科技创新人才培养的模式和方法。Gallie和Legros[8]认为，法国公司在创新过程中必须加强知识产权保护和知识产权人才的培养。Autio和Acs[9]提出，在创新创业过程中，加强知识产权教育和人才培养是必要的工程。

（2）应用型知识产权人才培养。陶鑫良[10]探讨了知识产权运行人才培养的重要性与路径。谢乒和王新华[11]提出，高等院校应当结合社会需求和应用型人才的特点，从培养模式、师资队伍、课程设置等多个环节构建科学的应用型知识产权人才培养机制。雷鸣[12]认为，目前我国应用型知识产权管理人才培养存在一些问题，他结合自身知识产权人才培养的教育实践，进行了一系列的探索和改革，以期提高应用型知识产权人才培养质量。唐珺[13]探讨了企业需求视角下的高校知识产权人才培养问题。

（3）对知识产权人才培养模式与路径的研究。赵建国[14]提出我们要开辟知识产权人才培养新路径。孙迪与赵勇[15]认为，中华民族伟大复兴需要知识产权人才，而如何培养知识产权人才、培养怎样的知识产权人才、如何让知识产权人才焕发出最耀眼的光芒，这些问题对于我国高校而言，既是当务之急的时代任务，也是继往开来的历史使命。钱建平[16]提出，知识产权教育应根据不同类型人才知识结构和层次差异，在机构、专业和学科等方面进行科学设置，形成与之相适应的教育培养模式。陶丽琴和陈璐[17]对高校知识产权人才培养模式和学科建设的关系进行了研究。叶美霞和曾培芳等[18]在总结德国知识产权人才培养模式基础上，对我国知识产权人才的培养提出了建议。郑丽娜等[19]、秦琴[20]结合理工科院校的优势，对理工科院校知识产权人才的培养模式进行了研究。

本章拟从以下诸多方面对全球知识产权学科研究进展进行探索：整体发展态势、研究团队、代表人物、经典文献、核心期刊、学科演进、主题演进等。可为知识产权人才培养提供借鉴信息和参考依据。知识产权人才队伍建设是《国家知识产权战略纲要》的重要战略内容之一[21, 22]。随着国家知识产权战略的不断推进，各行各业对知识产权创造、运用、保护和管理工作都提出了更高的要求，对知识产权人才的需求也更加迫切。高端复合型知识产权人才培养策略的实施，将更快地推动国家知识产权战略的实施，为大众创业、万众创新工程培养和储备高层次、复合型知识产权人才队伍。

已有的相关研究成果是本章研究工作的重要研究基础。现有研究成果多采用定性分析和案例研究方法进行。本章的研究拟基于全球知识产权研究的主题文献，通过运用信息可视化等技术，在对全球知识产权发展趋势、研究团队、代表人物、经典文献、学科演进、主题演进等进行全面、实证分析的基础上，提出我国知识产权人才培养的对策建议，以期对国家知识产权人才队伍建设和国内高校知识产权学科建设提供决策支撑。

第一节 资料来源

笔者选择由美国科学情报研究所（Institute for Scientific Information，ISI）创建的 SSCI 数据库和 A&HCI 数据库，作为本章研究的数据来源。SSCI 是目前世界上可以用来对不同国家和地区的社会科学文献的数量进行统计分析的大型检索工具，其收录文献类型包括研究论文、书评、专题讨论、社论、人物自传和书信等；其内容覆盖人类学、法律、商科、经济、历史、管理学、心理学等领域。A&HCI 数据库由美国科学情报研究所于 1976 年创办，它是艺术与人文科学领域重要的期刊文摘索引数据库，与"科学引文索引"数据库和 SSCI 一起共同构成美国科学情报研究所的三大核心数据库。A&HCI 数据库收录的期刊文献数据覆盖了语言与语言学、文学、哲学、宗教与神学、古典研究、历史、考古、艺术、建筑、表演艺术等社会科学领域，收录 1975 年至今的数据。

笔者检索了 SSCI 和 A&HCI 两个数据库主题中含有"专利"的论文（article），即文献类型选择了研究论文，时间跨度为 1900～2016 年。检索策略为：主题 =patent；文献类型 =article；时间跨度 =1900～2016；数据库 =SSCI、A&HCI。检索共得到 11 485 条专利主题文献。在知识产权学科研究团队、学科演进、主题演进等小节的研究中，笔者将全部数据分为两个阶段，分别是 1900～1987 年（2696 条数据）、1988～2016 年（8789 条数据）。之所以划分为这样两个阶段，是因为自 1988 年开始，专利文献的学科分布发生了重大的变化，排在首位的学科由"政府与法律"（Government & Law）变更为"商科与经济"（Business & Economics）。数据检索和下载日期为 2017 年 5 月 16～26 日。

第二节　全球知识产权学科发展的整体态势

一、知识产权学科发展趋势与发展阶段

基于"权利法定"原则起源于法学的知识产权学科，渐渐地发展为多学科交叉的当今趋势。在历史长河中，知识产权学科的发展趋势和发展阶段如何呢？笔者选取 1900～2016 年共 117 年的专利主题论文 11 485 条数据，将其视为全球知识产权学科的论文产出，绘制了其年度发展趋势图和发展阶段（图 2-1）。

图 2-1 显示，全球知识产权学科领域的论文产出在相当长一段历史时期内发展速度是比较缓慢的。整体上笔者将其划分为两个阶段：第一阶段为缓慢发展阶段，1900～1987 年；第二阶段为快速发展阶段，1988～2016 年。这样划分有两个理由：第一个理由是 1900～1987 年论文发展速度低缓并且有起伏波动；而第二个阶段 1988～2016 年一直是上升的发展趋势。第二个理由是 1988 年开始，知识产权在政府与法律的研究成果首次出现落后于其他学科而位居第二的情形，具体来说是落后于商科与经济。之后，知识产权法学学科领域的成果比例便不断下滑，而知识产权管理学科、知识产权商业运营、知识产权经济学等其他学科的成果比例却呈现出逐渐升高的发展趋势。该图清晰地显示出知识产权学科在最近 30 年异军突起的迅猛发展趋势。随着电子通信等

信息技术和互联网技术的快速发展，以及世界各国/地区之间越来越激烈的科学技术竞争格局的形成，知识产权成为许多国家/地区的科技战略中必不可少的组成部分。

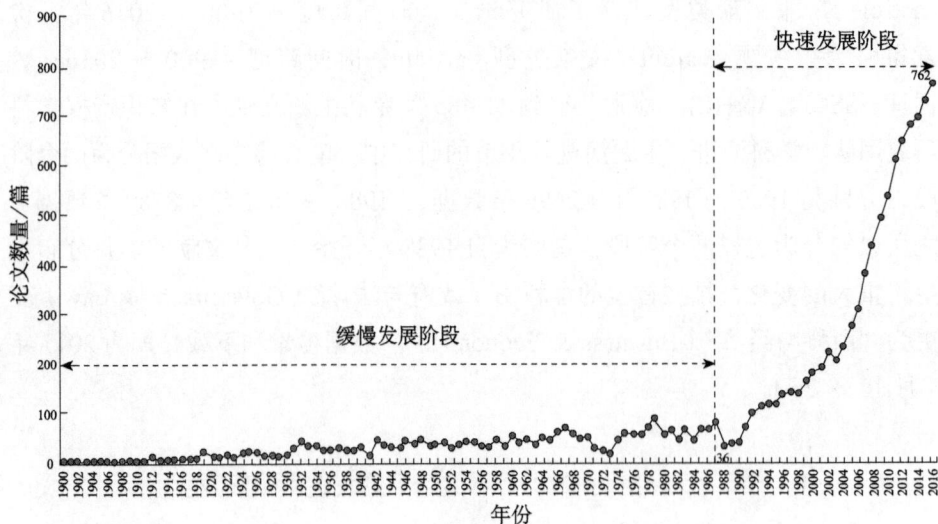

图 2-1　全球知识产权学科发展趋势与发展阶段（1900～2016 年）

二、知识产权学科成果的国家/地区分布

考察全球知识产权学科成果的国家/地区分布状况，主要是为了了解和把握全球知识产权领域的科研实力与科研产出的状况，为进一步深入探讨高产国家/地区的高产机构、研究团队、热点和前沿研究主题、代表人物、经典文献、核心期刊、国际学术会议及国际学术交流与合作等，提供重要的参考信息和比较明确的指引方向。全球知识产权学科于 1900～2016 年产出的全部论文11 485 篇的国家/地区分布统计结果显示，高于 20 篇的国家/地区共有 39 个（表 2-1）。

表 2-1　全球知识产权论文产出高于 20 篇的国家/地区（1900～2016 年）

排序	国家/地区	论文数量/篇	占全部论文（11 485 篇）比例/%
1	美国（USA）	4078	35.507
2	英格兰（England）	906	7.889
3	德国（Germany）	685	5.964
4	意大利（Italy）	496	4.319
5	中国（China）	396	3.448

续表

排序	国家/地区	论文数量/篇	占全部论文（11 485篇）比例/%
6	中国台湾（Taiwan, China）	381	3.317
7	加拿大（Canada）	369	3.213
8	法国（France）	366	3.187
9	西班牙（Spain）	350	3.047
10	荷兰（Netherlands）	348	3.030
11	韩国（Republic of Korea）	338	2.943
12	澳大利亚（Australia）	279	2.429
13	比利时（Belgium）	250	2.177
14	日本（Japan）	224	1.950
15	印度（India）	206	1.794
16	瑞典（Sweden）	167	1.454
17	瑞士（Switzerland）	149	1.297
18	丹麦（Denmark）	108	0.940
19	芬兰（Finland）	94	0.818
20	新加坡（Singapore）	92	0.801
21	巴西（Brazil）	88	0.766
22	以色列（Israel）	81	0.705
23	奥地利（Austria）	72	0.627
24	挪威（Norway）	63	0.549
25	苏格兰（Scotland）	51	0.444
26	葡萄牙（Portugal）	48	0.418
27	俄罗斯（Russia）	44	0.383
28	新西兰（New Zealand）	43	0.374
29	土耳其（Turkey）	41	0.357
30	尼日利亚（Nigeria）	36	0.313
31	南非（South Africa）	35	0.305
32	匈牙利（Hungary）	32	0.279
33	希腊（Greece）	30	0.261
34	爱尔兰（Ireland）	28	0.244
35	墨西哥（Mexico）	27	0.235
36	马来西亚（Malaysia）	27	0.235
37	威尔士（Wales）	26	0.226
38	智利（Chile）	25	0.218
39	波兰（Poland）	20	0.174

注：表中中国的数据不含香港、澳门、台湾地区的数据。

由于历史发展过程中国家主体的变更，如 1922 年 12 月 30 日由俄罗斯苏维埃联邦社会主义共和国、白俄罗斯苏维埃社会主义共和国、乌克兰苏维埃社会主义共和国、外高加索苏维埃社会主义联邦共和国合并而成的社会主义联邦制国家苏联，即苏维埃社会主义共和国联盟，于 1991 年 12 月 25 日解体，笔者将论文产出原始统计数据中的几个相关部分进行了合并处理。原始统计数据中分别出现了 Russia（俄罗斯）、USSR（苏维埃社会主义共和国联盟）、Ukraine（乌克兰）等，笔者将其统一合并为当今的国家名称俄罗斯。同样，将德国不同历史时期、不同称呼的国家名称，如 Germany（德国）、Fed Rep Ger（联邦德国）、Ger Dem Rep（民主德国）、West Germany（西德）等统一为 Germany（德国）。

表 2-1 显示，全球知识产权学科论文产出最高的国家是美国，共产出 4078 篇论文，占全部产出总数量的 35.507%，遥遥领先于其他国家 / 地区。排在第二位和第三位的国家分别是英格兰和德国：英格兰的论文产出 906 篇，占比为 7.889%；德国的论文产出为 685 篇，占比为 5.964%。意大利的论文产出为 496 篇，占比为 4.319%，排在第四位。排在第五位的中国论文产出为 396 篇，占比为 3.448%。论文产出超过 300 篇的还有中国台湾、加拿大、法国、西班牙、荷兰和韩国。论文产出高于 100 篇的还有澳大利亚、比利时、日本、印度、瑞典、瑞士和丹麦。

三、知识产权学科成果的机构分布

把握全球知识产权学科成果的机构分布状况，可以帮助我们从中观层面了解全球知识产权研究发展态势，洞察高产机构主要分布于哪些国家 / 地区，并为进一步深入分析高产机构的研究团队、研究热点和前沿主题、代表人物、经典文献、核心期刊等提供重要的信息和指引方向。同时，为开展知识产权学科研究的国际学术交流与合作，尤其是建设高水平大学过程中的教师与研究生的学术访问和联合培养等提供有参考价值的学术信息。全球知识产权学科于 1900 ~ 2016 年产出的全部论文 11 485 篇中，产出高于 50 篇的高产机构共有 34 个（表 2-2）。同样，笔者合并了写法不同、实质上为同一机构的机构名。例如，将 NBER 与 NATL BUR ECON RES 统一合并为 NBER（美国国家经济研究局）。这里的机构，笔者选择的是 Web of Science 检索系统中的单个机构（organization），而不是机构加强（organization enhanced）。

表 2-2　全球知识产权论文产出高于 50 篇的机构（1900 ～ 2016 年）

排序	高产机构	国家 / 地区	论文数量 / 篇	占全部论文（11 485 篇）比例 /%
1	哈佛大学（Harvard University）	美国	225	1.959
2	美国国家经济研究局（NBER）	美国	192	1.672
3	加州大学伯克利分校（University of California，Berkeley）	美国	138	1.202
4	鲁汶大学（Katholieke University Leuven）	比利时	122	1.062
5	佐治亚理工学院（Georgia Institute of Technology）	美国	111	0.966
6	宾夕法尼亚大学（University of Pennsylvania）	美国	101	0.879
7	多伦多大学（University of Toronto）	加拿大	88	0.766
8	斯坦福大学（Stanford University）	美国	87	0.758
9	麻省理工学院（Massachusetts Institute of Technology，MIT）	美国	84	0.731
10	国立首尔大学（Seoul National University）	韩国	82	0.714
11	波士顿大学（Boston University）	美国	82	0.714
12	纽约大学（New York University）	美国	79	0.688
13	台湾大学（Taiwan University）	中国台湾	79	0.688
14	杜克大学（Duke University）	美国	79	0.688
15	密歇根大学（University of Michigan）	美国	78	0.679
16	芝加哥大学（University of Chicago）	美国	77	0.670
17	哥伦比亚大学（Columbia University）	美国	76	0.662
18	伊利诺伊大学（University of Illinois）	美国	73	0.636
19	博洛尼亚大学（University of Bologna）	意大利	71	0.618
20	乔治·华盛顿大学（George Washington University）	美国	68	0.592
21	明尼苏达大学（University of Minnesota）	美国	67	0.583
22	耶鲁大学（Yale University）	美国	65	0.566
23	北卡罗来纳大学（University of North Carolina）	美国	63	0.549
24	加州大学洛杉矶分校（University of California，Los Angeles）	美国	63	0.549
25	萨塞克斯大学（University of Sussex）	英国	62	0.540
26	博科尼大学（Bocconi University）	意大利	60	0.522
27	印第安纳大学（Indiana University）	美国	57	0.496
28	西北大学（Northwestern University）	美国	56	0.488
29	新加坡国立大学（National University of Singapore）	新加坡	56	0.488
30	慕尼黑大学（University of Munich）	德国	54	0.470
31	威斯康星大学（University of Wisconsin）	美国	53	0.461
32	马里兰大学（University of Maryland）	美国	51	0.444
33	墨尔本大学（University of Melbourne）	澳大利亚	50	0.435
34	曼彻斯特大学（University of Manchester）	英国	50	0.435

表 2-2 显示，全球知识产权学科论文产出最高的前 3 个机构都在美国：排在第一位的是哈佛大学，知识产权论文产出共计 225 篇，也是唯一的论文产出超过 200 篇的机构，占全部产出的 1.959%，接近 2%。哈佛大学的知识产权研究无论是在学术层面还是在实践层面，都是国内外学者关注的一个重要方面[23-25]。排在第二位的是美国国家经济研究局（NBER）[26]，其论文产出为 192 篇，占比为 1.672%。NBER 是 1920 年由著名经济学家韦斯利·米切尔（Wesley C. Mitchel）建立的一个私人、非营利、中立的经济预测组织。它致力于用科学的、无偏见的方法研究经济问题并将研究成果传播于学术界、公共政策制定者和商务人士。NBER 的研究人员运用多种研究方法，尤其是聚焦于经济行为的新兴数据统计等测度方法、定量模型评估方法及公共政策实效评价方法等。NBER 的研究人员来自政府、商业、学术等诸多领域，有 1300 多名在北美大学任教的经济学和商学院教授，其中有 24 名研究员获得过诺贝尔经济学奖。NBER 的研究成果在全球享有盛誉[27, 28]，被国内外学者广泛关注和引用。加州大学伯克利分校排名第三，共产出知识产权论文 138 篇，占全部产出的比例为 1.202%。加州大学伯克利分校的知识产权学科建设排名在 2016 年和 2017 年都位居全美第一，其创建的伯克利法律与技术中心则为各国知识产权研究机构的楷模；其知识产权与技术法的培养计划和课程体系设置，更凸显了知识产权随着新兴技术的出现与发展而与时俱进的研究特色，以及知识产权为地方服务（如葡萄酒法）和注重实务（如好莱坞知识产权谈判课程等）的发展趋势。

知识产权论文产出超过 100 篇的高产机构还有比利时的鲁汶大学（122篇）、美国佐治亚理工学院（111 篇）和美国宾夕法尼亚大学（101 篇）。表 2-2中列出的 34 个高产机构，其中有 23 个机构隶属于美国，充分说明了美国在全球知识产权学科的雄厚科研实力和丰硕的研究成果。这 34 个高产机构中，目前尚没有中国大陆的机构。

四、知识产权成果学科分布

学科是一种学术分类，一般是指一定科学领域或一门科学的分支，如社会科学中的法学、经济学、管理学、政治学、社会学等，自然科学中的天文学、数学、力学、化学、生物学、物理学等。学科是与知识体系相关联的一个学术概念，是两大知识板块自然科学和社会科学，或三大知识板块自然科学、社会科学与人文科学概念的下位概念[29-31]。探索知识产权研究成果的学科分布，可以帮助我们了解知识产权成果的学科属性，为进一步深入挖掘知识产权学科的理论来源，以及随着社会经济和科学技术的发展，学科不断交叉融合等发展态势提供重要参考依据。研究成果的学科分布是国内外学者关注的一个重要主题[32, 33]。在此，笔者首先采用 SCI、SSCI、A&HCI 数据库中的学科分类方法 Web of Science Category（Web of Science 学科，或简称 WOS 学科），对全球知识产权研究成果的学科分类进行统计分析（表 2-3）。Web of Science[34] 中将学科类别分为生命科学与生物医学、自然科学、应用科学、艺术人文和社会科学五大类。Web of Science 核心合集（包括 SCI、SSCI、A&HCI 三大数据库）所收录的每一份期刊和书籍都属于至少一个学科类别。因此 Web of Science 核心合集的每一条记录中都有一个"Web of Science Category"字段，其中包含了它的来源出版物所属的学科类别。

表 2-3 全球知识产权论文产出高于 70 篇的 WOS 学科（1900～2016 年）

排序	WOS 学科	数量 / 篇	占全部论文（11 485篇）比例 /%
1	法学（Law）	3454	30.074
2	商科（Business）	2361	20.557
3	经济学（Economics）	2351	20.470
4	管理学（Management）	2005	17.458
5	信息与图书馆科学（Information Science & Library Science）	1048	9.125
6	规划发展（Planning Development）	909	7.915
7	计算机科学跨学科应用（Computer Science Interdisciplinary Applications）	569	4.954
8	产业工程（Engineering Industrial）	385	3.352
9	运筹学 / 管理科学（Operations Research Management Science）	367	3.195
10	计算机科学信息系统（Computer Science Information Systems）	327	2.847
11	环境学（Environmental Studies）	316	2.751
12	多学科科学（Multidisciplinary Sciences）	297	2.586
13	财政金融（Business Finance）	247	2.151
14	卫生政策服务（Health Policy Services）	232	2.020
15	卫生保健科学服务（Health Care Sciences Services）	220	1.916
16	地理学（Geography）	218	1.898
17	科学哲学史（History Philosophy of Science）	210	1.828
18	工程多学科（Engineering Multidisciplinary）	193	1.680
19	公共环境职业健康（Public Environmental Occupational Health）	172	1.498
20	伦理学（Ethics）	168	1.463
21	国际关系学（International Relations）	149	1.297
22	历史学（History）	140	1.219
23	政治学（Political Science）	136	1.184
24	社会科学中数学方法（Social Sciences Mathematical Methods）	129	1.123
25	社会问题（Social Issues）	122	1.062

排序	WOS 学科	数量 /篇	占全部论文（11 485篇）比例 /%
26	环境科学（Environmental Sciences）	117	1.019
27	药理药学（Pharmacology Pharmacy）	116	1.010
28	生物医学的社会科学（Social Sciences Biomedical）	105	0.914
29	哲学（Philosophy）	88	0.766
30	社会科学史（History of Social Sciences）	87	0.758
31	跨学科社会学（Social Sciences Interdisciplinary）	86	0.749
32	公共行政学（Public Administration）	86	0.749
33	多学科化学（Chemistry Multidisciplinary）	74	0.644
34	社会学（Sociology）	72	0.627
35	精神病学（Psychiatry）	72	0.627
36	教育教学研究（Education Educational Research）	71	0.618

1900 ～ 2016 年全球知识产权论文产出共涉及 213 个 Web of Science 学科。表 2-3 显示了高于 70 篇的 Web of Science 学科分布情况，共有 36 个。其中，知识产权论文分布最多的是法学，共有 3454 篇论文，占全部论文数量的比例为 30.074%。排在第二位的是商学，共有 2361 篇论文，占比为 20.557%。论文产出高出 2000 篇的还有：经济学，2351 篇，占比为 20.470%，排名第三；管理学，2005 篇，占比为 17.458%，排名第四。信息与图书馆科学论文产出高出 1000 篇，为 1048 篇，占比为 9.125%，排名第五。接下来是规划发展和计算机科学跨学科应用，它们的论文产出高出 500 篇，分别排名第六和第七。

五、知识产权成果研究领域分布

研究领域（research area），亦称为研究方向，是另外一种学科分类方法，是 Web of Science 下的所有产品数据库都使用的一套分类方法。这样研究人员就可以对多个数据库中关于同一个主题的文献进行识别、检索和分析。Web of Science 核心合集所收录的期刊和书籍都属于至少一个 Web of Science 类别。每个 Web of Science 类别都对应一个研究方向。共有五大种类的研究方向：艺术人文（Arts & Humanities）、生命科学与生物医学（Life Sciences and Biomedicine）、自然科学（Natural Sciences）、社会科学（Social Sciences）、应用科学（Applied Sciences）。研究领域是国内外不同学科领域学者共同关注的一个重要研究主题[35-39]。1900 ～ 2016 年全球知识产权论文产出共涉及 133 个研究领域。表 2-4 显示了论文产出高于 50 篇的 38 个研究领域。

表 2-4 全球知识产权论文产出高于 50 篇的研究领域（1900～2016 年）

排序	研究领域	数量 / 篇	占全部论文（11485篇）比例 /%
1	商科经济学（Business Economics）	5920	51.545
2	政府与法律（Government & Law）	3588	31.241
3	信息与图书馆科学（Information Science & Library Science）	1048	9.125
4	公共管理学（Public Administration）	960	8.359
5	计算机科学（Computer Science）	924	8.045
6	工程学（Engineering）	672	5.851
7	运筹学／管理科学（Operations Research Management Science）	367	3.195
8	生态环境科学（Environmental Sciences Ecology）	358	3.117
9	科学技术其他主题（Science Technology Other Topics）	356	3.100
10	社会科学其他主题（Social Sciences Other Topics）	340	2.960
11	卫生保健科学服务（Health Care Sciences Services）	278	2.421
12	地理学（Geography）	218	1.898
13	科学哲学史（History Philosophy of Science）	210	1.828
14	公共环境职业健康（Public Environmental Occupational Health）	172	1.498
15	心理学（Psychology）	171	1.489
16	国际关系学（International Relations）	149	1.297
17	历史学（History）	140	1.219
18	社会科学中的数学方法（Mathematical Methods in Social Sciences）	129	1.123
19	社会问题（Social Issues）	122	1.062
20	药理药学（Pharmacology Pharmacy）	119	1.036
21	生物医学社会科学（Biomedical Social Sciences）	105	0.914
22	化学（Chemistry）	103	0.897
23	教育教学研究（Education Educational Research）	90	0.784
24	哲学（Philosophy）	88	0.766
25	数学（Mathematics）	79	0.688
26	社会学（Sociology）	72	0.627
27	精神病学（Psychiatry）	72	0.627
28	农学（Agriculture）	70	0.609
29	能源燃料（Energy Fuels）	67	0.583
30	城市研究学（Urban Studies）	65	0.566
31	普通内科（General Internal Medicine）	65	0.566
32	通信学（Communication）	65	0.566
33	医学伦理学（Medical Ethics）	63	0.549
34	生物技术应用微生物学（Biotechnology Applied Microbiology）	63	0.549
35	食品科技学（Food Science Technology）	55	0.479
36	艺术人文其他主题（Arts & Humanities Other Topics）	54	0.470
37	护理学（Nursing）	51	0.444
38	营养学（Nutrition Dietetics）	50	0.435

表 2-4 显示，全球知识产权论文产出最多的研究领域是商科经济学，论文产出为 5920 篇，占全部论文的比例超过了 50%，为 51.545%，占有绝对的优势地位。排在第二位的研究领域是政府与法律，论文数量为 3588 篇，所占比例为 31.241%。论文产出比例高于 5% 的研究领域还有：信息科学图书馆学，产出论文 1048 篇，占比为 9.125%，排名第三；公共管理学，产出论文 960 篇，占比为 8.359%，排名第四；排名第五的计算机科学，论文产出 924 篇，占比 8.045%；排名第六的工程学论文产出 672 篇，所占比例为 5.851%。论文产出超过 300 篇的还有运筹学/管理科学、生态环境科学、科学技术其他主题和社会科学其他主题，这四个研究领域分别排在第七~第十位。

六、知识产权成果国际学术刊物分布

学术期刊（academic journal 或 scholarly journal）是一种定期出版的、往往需要经过同行评议的刊物。学术期刊是研究者进行学术交流、传播学术理论和思想、生产知识等的重要阵地。不同学科和研究领域常常形成了一些特定的学术期刊群体。学术期刊刊载的文献，主要包括研究论文、综述、书评、编者按等形式。学术期刊是国内外学者关注和研究的一个重要主题。国内学者探讨了学术期刊质量与创新评价[40]、学术期刊中"孵化器"的定义分析[41]等。国外学者分析了学术期刊是否对学术研究有促进作用[42]、学术期刊的出版流程[42]、学者对开放获取学术期刊的态度与行为[43]等。一个新兴学科的出现与发展，会渐渐地形成自己的学术期刊群体，因此对全球知识产权学科领域的成果的国际学术刊物分布进行分析，可以帮助我们了解知识产权学科成果发表的主要阵地，知识产权这样一个交叉学科的形成与发展和哪些相关学科关系比较密切等。1900 ~ 2016 年，刊载全球知识产权论文超过 40 篇的国际学术期刊共有 40 本（表 2-5）。

表 2-5　全球知识产权论文产出高于 40 篇的国际学术期刊（1900 ~ 2016 年）

排序	国际学术期刊名称	数量 /篇	占全部论文（11 485篇）比例 /%
1	专利局协会期刊（Journal of the Patent Office Society）	1350	11.754
2	科研政策（Research Policy）	523	4.554
3	科学计量学（Scientometrics）	447	3.892
4	国际工业产权和版权法评论（IIC-International Review of Industrial Property and Copyright Law）	198	1.724
5	技术预测与社会变革（Technological Forecasting and Social Change）	188	1.637
6	技术转移杂志（Journal of Technology Transfer）	113	0.984

续表

排序	国际学术期刊名称	数量/篇	占全部论文（11 485篇）比例 /%
7	国际知识产权和竞争法评论（Iic International Review of Intellectual Property and Competition Law）	105	0.914
8	技术创新（Technovation）	104	0.906
9	技术分析战略管理（Technology Analysis Strategic Management）	102	0.888
10	国际技术管理（International Journal of Technology Management）	99	0.862
11	知识产权杂志（Journal of Intellectual Property Rights）	97	0.845
12	国际产业组织杂志（International Journal of Industrial Organization）	93	0.810
13	战略管理杂志（Strategic Management Journal）	72	0.627
14	管理科学（Management Science）	72	0.627
15	科技信息 - 信息工作的组织与方法（Nauchno Tekhnicheskaya Informatsiya-Organizatsiya I Metodika Informatsionnoi Raboty）	67	0.583
16	经济学快报（Economics Letters）	66	0.575
17	乔治·华盛顿法律评论（George Washington Law Review）	65	0.566
18	研究与发展管理（R D Management）	64	0.557
19	工业与公司变迁（Industrial and Corporate Change）	63	0.549
20	美国经济评论（American Economic Review）	62	0.540
21	耶鲁法律杂志（Yale Law Journal）	61	0.531
22	兰德经济学杂志（Rand Journal of Economics）	57	0.496
23	区域研究（Regional Studies）	56	0.488
24	哥伦比亚法律评论（Columbia Law Review）	55	0.479
25	文献工作通讯（Nachrichten Fur Dokumentation）	54	0.470
26	工业经济学杂志（Journal of Industrial Economics）	52	0.453
27	应用经济学（Applied Economics）	52	0.453
28	得克萨斯法律评论（Texas Law Review）	46	0.401
29	密歇根法律评论（Michigan Law Review）	46	0.401
30	公共科学图书馆（PLOS One）	45	0.392
31	组织科学（Organization Science）	45	0.392
32	经济管理战略杂志（Journal of Economics Management Strategy）	44	0.383
33	化学信息和计算机科学杂志（Journal of Chemical Information and Computer Sciences）	44	0.383
34	工业与创新（Industry and Innovation）	44	0.383
35	芝加哥大学法律评论（University of Chicago Law Review）	43	0.374
36	食品与药物法律期刊（Food and Drug Law Journal）	43	0.374
37	小企业经济学（Small Business Economics）	42	0.366
38	经济与统计评论（Review of Economics and Statistics）	40	0.348
39	演化经济学杂志（Journal of Evolutionary Economics）	40	0.348
40	电机及电子工程师协会工程管理报告（IEEE Transactions on Engineering Management）	40	0.348

表 2-5 显示，1900～2016 年，发表全球知识产权论文超过 1000 篇的期刊，只有 1 本，即《专利局协会期刊》（后更名为 *Journal of the Patent and Trademark Office Society*，JPTOS），共发表知识产权论文 1350 篇 [1]，所占比例为 11.754%。JPTOS 刊物由美国专利商标协会（Patent and Trademark Office Society）于 1918 年创办 [44]，作为一种学术交流和理论研讨的媒介，传播专利、商标与版权法的功能与特性等知识，论述与之相关的法律与技术问题等。

知识产权论文产出超过 500 篇的，还有排在第二位的《科研政策》，共产出论文 523 篇，占比为 4.554%。《科研政策》是由国际权威的科学技术创新与科学技术政策研究机构——英国萨塞克斯大学（University of Sussex）科学技术政策研究中心（Science Policy Research Unit，SPRU）主办 [45, 46]。该刊物聚焦于科学技术创新的政策、管理与经济学研究。排在第三位的是国际科学计量学研究领域的重要学术期刊《科学计量学》，共发表知识产权主题论文 447 篇，占比为 3.892%。《科学计量学》在《期刊引证报告》（*Journal Citation Report*，JCR）分类中所属学科为计算机科学，应用交叉学科（Computer Science，Interdisciplinary Applications）、信息与图书馆科学（Information Science and Library Science）。论文产出超过 100 篇的刊物，还有《国际工业产权和版权法评论》，发表论文 198 篇，占比为 1.724%，排在第四位；《技术预测与社会变革》，发表论文 188 篇，占比为 1.637%，排在第五位；《技术转移杂志》，发表论文 113 篇，占比为 0.984%，排在第六位；《国际知识产权和竞争法评论》，发表论文 105 篇，占比为 0.914%；《技术创新》，发表论文 104 篇，占比为 0.906%；《技术分析战略管理》，发表论文 102 篇，占比为 0.888%。

七、知识产权成果的国际学术会议分布

国际学术会议是国际学者进行学术交流的重要舞台，其目的主要在于促进科学技术发展、便于学术交流和课题研究等。国际学术会议往往具有国际性、权威性、广泛参与性、高知识含量等特征 [47, 48]。国际学术会议的参会人员，主要包括科学家、学者、大学教师、博士研究生等以研究工作为主的人员。参会者在国际学术会议会场以做口头报告或以海报张贴的方式传播和交流学术思想与学术方法等。经常参加某一学科国际学术会议的学者，往往会形成该学科领域的一个国际无形学院，或称为特定的学术共同体。1900～2016 年，发表知识产权学科论文超过 5 篇的相关国际学术会议共有 18 个（表 2-6）。

---

① 该数据截至 1987 年 12 月，此后 JPTOS 刊物不再被 SSCI 和 A&HCI 数据库收录，特此说明。

表 2-6 发表知识产权论文超过 5 篇的国际学术会议（1900～2016 年）

排序	会议名称	数量 /篇	占全部论文（11 485篇）比例 /%
1	第五届国际生物伦理学会议（5ᵗʰ International Bioethics Conference）	12	0.104
2	知识产权法律和经济的评估会议（Conference on Taking Stock the Law and Economics of Intellectual Property Rights）	8	0.07
3	创新和知识产权价值会议（Conference on Innovations and Intellectual Property Values）	7	0.061
4	反垄断部门年度春季会议（Antitrust Section Annual Spring Meeting）	7	0.061
5	第六届科学技术指标国际会议（6ᵗʰ International Conference on Science and Technology Indicators）	7	0.061
6	让科学走进生活的国际多学科会议（International Multi Disciplinary Conference on Bringing Science to Life）	6	0.052
7	大学创业与技术转移会议（Conference on University Entrepreneurship and Technology Transfer）	6	0.052
8	专利制度与创新会议（Conference on Patent Systems and Innovation）	6	0.052
9	学术科学与创业会议（Conference on Academic Science and Entrepreneurship）	6	0.052
10	知识产权学术讨论会（Colloquium on Intellectual Property）	6	0.052
11	第十四届国际科学计量学与信息计量学会会议（14ᵗʰ International Society of Scientometrics and Informetrics Conference Issi）	6	0.052
12	下世纪知识产权挑战研讨会（Symposium on Intellectual Property Challenges in the Next Century）	5	0.044
13	全球知识产权制度下的国际公共产品和技术转移会议（Conference on International Public Goods and Transfer of Technology under a Globalized Intellectual Property Regime）	5	0.044
14	第八届欧洲专利法中欧洲专利法官问题讨论会（8ᵗʰ Symposium of European Patent Judges on the Problems of European Patent Law）	5	0.044
15	第八届科学技术指标国际会议（8ᵗʰ International Conference on Science and Technology Indicators）	5	0.044
16	第七届欧洲专利法中欧洲专利法官问题讨论会（7ᵗʰ Symposium of European Patent Judges Problems of European Patent Law）	5	0.044
17	第四届文献计量学信息计量学和科学计量学国际会议——为了纪念普赖斯（4ᵗʰ International Conference on Bibliometrics Informetrics and Scientometrics In Memory of Derek John De Solla Price）	5	0.044
18	第一百二十八届美国经济协会年会（128ᵗʰ Annual Meeting of the American Economic Association）	5	0.044

　　表 2-6 显示，全球知识产权学科研究领域似乎并没有形成系列的、专门的、主题高度相关的自身国际学术会议机制。1900～2016 年，发表全球知识产权论文超过 10 篇的国际学术会议只有一个，即"第五届国际生物伦理学会议"，在该会议上，共发表知识产权主题论文 12 篇，占比为 0.104%。还有三个发表知识产权主题论文相对比较多的国际学术会议，分别是"知识产权法律和经济的

评估会议""创新和知识产权价值会议""反垄断部门年度春季会议""第六届科学技术指标国际会议"等。

第三节　全球知识产权学科的研究团队 / 科学合作

一、关于学科发展的研究团队 / 科学合作

研究团队在论文发表过程中，往往表现为联合署名的方式，即科学合作。随着科学研究活动日新月异，科学合作活动的规模和范围也随着科学活动的快速发展而迅猛增长。科学计量学家 Derek John de Solla Price、Glanzel、Czerwon，美国社会学家朱克曼（Zuckerman）等关于科学合作的研究成果都表明，科学合作势不可当。国内外学者关于科学合作的主要研究成果包括以下几个方面。

（1）国际合作。邱均平和曾倩[49]以计算机科学领域为例，以 Web of Science 中收录的文献数据为分析对象，运用了相关性分析、比较分析和网络分析等方法，验证国际合作是否能提高科学研究的影响力。其研究结果表明，国际合作论文的被引频次总体上高于国内作者的论文，但国家数量与被引频次之间仅存在弱相关关系。谭晓与张志强等[50]提出，通过对科学论文的国际合作测度可以反映全球科学研究的国际合作态势。他们基于 SCI 数据创建了国际合作论文数据集，运用文献计量和社会网络方法，从国际合作整体发展特征、合作子网络的演变、合作阵营的特征、学科领域的国际合作状况等诸多方面，分析了国际科技合作，并总结了 12 个学科基础科学领域国际合作的新特征。

（2）科学合作网络。刘俊婉与郑晓敏等[51]采用社会网络分析和统计学分析方法，研究了中国科学院信息技术科学部的院士合作网络演化状况，试图揭示中国科学院院士之间的科学合作网络结点的进退与科研绩效的关系。其研究结果显示：信息技术科学部院士合作网络的密度和中心度指标呈规律性变化，网络结点频繁地更新和重建使得合作网络实现从简单到复杂的演化；院士的合作网络中新进入的结点选择合作者时，更加倾向于中介中心度高的在位者，其次是亲近中心度高的在位者；合作网络中，作者的亲近中心度与其科研生产力具有正相关关系，而在位者的中介中心度对新进入者的科研生产力具有促进作用。

（3）科学合作模式。Wang 和 Yu[52]等提出，学者的合作模式随着学术年

龄的不同而有所差异，资深学者往往具有更多的合作伙伴。此外，学者还对纳米科技的合作[53]、性别[54]对合作的影响等进行了研究。

（4）科学合作与科研选题的关系。Mao 和 Cao 等[55]分析了科学合作与科研选题的关系。

（5）科学合作与外交。Fahnrich[56]探讨了政治科学领域的科学合作问题，以及其与国际外交的关系，但我们尚未发现对全球知识产权学科的科学合作进行研究的成果。本节拟运用全球知识产权学科发展的成果，分析该学科领域的主要研究团队和科学合作网络。

二、全球知识产权学科科学合作网络发展阶段

1. 第一阶段：1900～1987 年

笔者选取 1900～1987 年的专利主题文献 2696 条数据，利用文献题录中的作者分类栏目，运用 CiteSpace 可视化软件，通过对专利主题文献的作者进行共现分析，进而探测第一阶段（1900～1987 年）全球知识产权学科领域的科学合作情况。确定了网络结点为学科之后，将每个时间分区（slice）划分为 10 年，同时选择每一时区显示最高产的 20 位作者为结点，运行 CiteSpace，得到合作网络数据；而后运用 Netdraw 绘图工具，生成图 2-2 所示的第一阶段（1900～1987 年）"全球知识产权学科科学合作网络"。

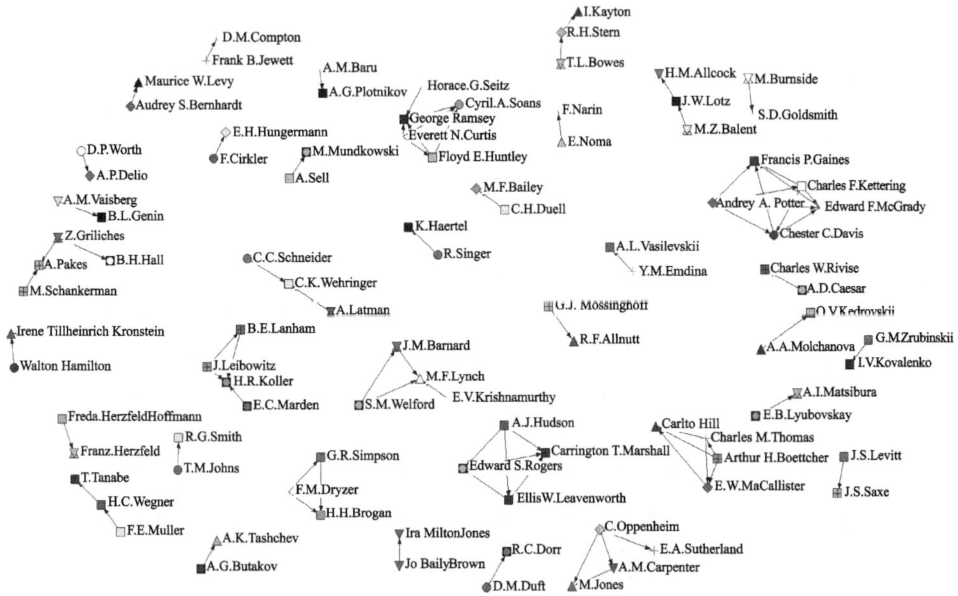

图 2-2　全球知识产权学科科学合作网络（第一阶段：1900～1987 年）

图 2-2 显示，在第一阶段，1900～1987 年，全球知识产权学科科学合作网络还比较稀疏，合作规模也相对较小，最大的两个子网络也分别只有五位作者。以 Everett N. Curtis、Floyd E. Huntley、George Ramsey、Cyril A. Soans 等为代表的合作网络出现于 20 世纪 30 年代，这几位学者在《专利局协会期刊》（*Journal of the Patent Office Society*）上发表了关于知识产权研究的论文。Charles F. Kettering、Chester C. Davis、Francis P. Gaines、Edward F. McGrady 和 Andrey A. Potter 等五位作者，于 20 世纪 40 年代在《专利局协会期刊》发表了关于知识产权的论文。第一阶段，论文产出高于 7 篇的作者如表 2-7 所示。

表 2-7　全球知识产权论文产出高于 7 篇的高产作者（1900～1987 年）

排序	高产作者	论文数量 / 篇	占全部论文（2696 篇）比例 /%
1	Federico, P. J.	28	1.039
2	Boyle, J.	23	0.853
3	Fenning, K.	17	0.631
4	Forman, H. I.	14	0.519
5	Wyman, W. I.	13	0.482
6	Spencer, R.	12	0.445
7	Rich, G. S.	12	0.445
8	Oppenheim, C.	12	0.445
9	Stringham, E.	11	0.408
10	Maikowski, M.	11	0.408
11	Lutz, K. B.	11	0.408
12	Wood, L. I.	10	0.371
13	Drews, G.	10	0.371
14	Severance, B.	9	0.334
15	Greenberg, A. S.	9	0.334
16	Toulmin, H. A.	8	0.297
17	Rossman, J.	8	0.297
18	Rivise, C. W.	8	0.297
19	Dienner, J. A.	8	0.297
20	Deller, A. W.	7	0.260
21	Boskey, B.	7	0.260

表 2-7 显示，在 1900～1987 年这样很长的一段时期内，全球知识产权论文产出高于 7 篇的高产作者只有 21 位，其中高于 20 篇的只有 2 位。最高产出者 Federico, P. J.（图 2-3）[57]，他是数学家，长期担任美国专利局局长职务。

他于 1923 年毕业于凯斯理工学院（Case Institute of Technology）物理系，获得物理学学士学位；他还学习了数学并得到一个教师职位，但第二年，即 1924 年他就去美国专利局工作了，被分配在 43 部。他在专利权的颁发和如何对待知识产权等问题的重要变革中做出了突出的贡献。他还担任了多年专利局的非官方历史学家和《专利局协会期刊》的编辑。

第二位高产作者 Boyle，J.（图 2-4），是杜克大学法学院教授[58, 59]，杜克大学"公共领域研究中心"的共同创始人之一，他还曾经在美利坚大学、耶鲁大学法学院、哈佛大学法学院和宾夕法尼亚大学法学院任教。他在其著名宣言《关于世界知识产权组织和知识产权保护未来的一个宣言》（*A Manifesto on WIPO and the Future of Intellectual Property*）中，指出当前知识产权保护政策中存在着一些系统性错误。为了纠正这些错误，他认为世界知识产权组织将发挥重要作用。他在杜克大学讲授的主要课程有知识产权、赛博空间、程序法和侵权法等；著有《公共领域》（*The Public Domain*）等。

图 2-3　高产作者 Federico, P. J.　　　图 2-4　高产作者 Boyle, J.

2. 第二阶段：1988 ～ 2016 年

第二阶段，1988 ～ 2016 年的专利主题文献共有 8789 条数据，同样选择文献题录中的作者分类栏目为网络结点，将每个时间分区划分为 5 年，同时选择每一时区显示最高产的 30 位作者结点，运行 CiteSpace，得到合作网络数据；而后运用 Netdraw 绘图工具，生成图 2-5 所示的第二阶段（1988 ～ 2016 年）"全球知识产权学科科学合作网络"。

Matt Marx　D.B.Audretsch　M.Kotabe　C.Shapiro　James Bessen　Carlo Corradini
K.Haertel　T.Tanabe　F.Narin　F.Orsi　Sunghae Jun　R.G.Smith　Giorgos Stamatopoulos
R.Singer　Yann Meniere　D.B.Resnil　H.R.Koller　David C.Mowery　A.G.Plotnikov
J.T.Utecht　Bruno Cassiman　C.W.L.Hill　Stefano Breschi　S.J.Liu
Lutao Ning　D.Granot　R.Langreth　Dongsik Jang　D.Hegde　I.N.Borisova　Ira Milton Jones
Yuandi Wang　D.Zuckerman　Joonhyuck Lee　D.Rodrik　G.B.Magee
A.Mclaren　A.Cambrosio　M.Heywood　Dirk Czarnitzki　A.Martin　Byungun Yoon
F.Narin　G.Duysters　H.A.C.Prasad　Cedric Schneider　A.F.J.Vanraan　AndreaFabrizi
G.S.McMillan　R.Bekkers　B.Morten　C.H.Yang
M.R.Taylor　D.Geiss　A.Matucci　Bradley J.Rickard
B.H.Hall　K.B.Dahlin　S.Scotchmer　B.H.Hall　I.V.Kovalenko
L.Greunz　Elizabeth Webster　Jakob B.Madsen　S.L.B.Ceh　M.McAleer
Jiancheng Guan　A.Pakes　B.Zorina Khan　R.Blundell　A.Worgan　B.S.Silverman
A.Pouris　M.M.Fischer　Hao Hu　I.Kayton
A.G.Basova　F.M.S.Morton　M.F.Lynch　O.Ejermo　B.Pieper
Dietmar Harhoff　Ufuk Akcigit　A.Varga　BouWen Lin　Petra Moser
A.M.Vaisberg　Irene Till　G.R.Simpson　B.Kogut
B.L.Genin　Walton Hamilton　Martin Meyer
YuanChieh Chang　C.K.Wehringer　G.A.Walco　Francesco Quatraro　H.H.Brogan
A.Taddio

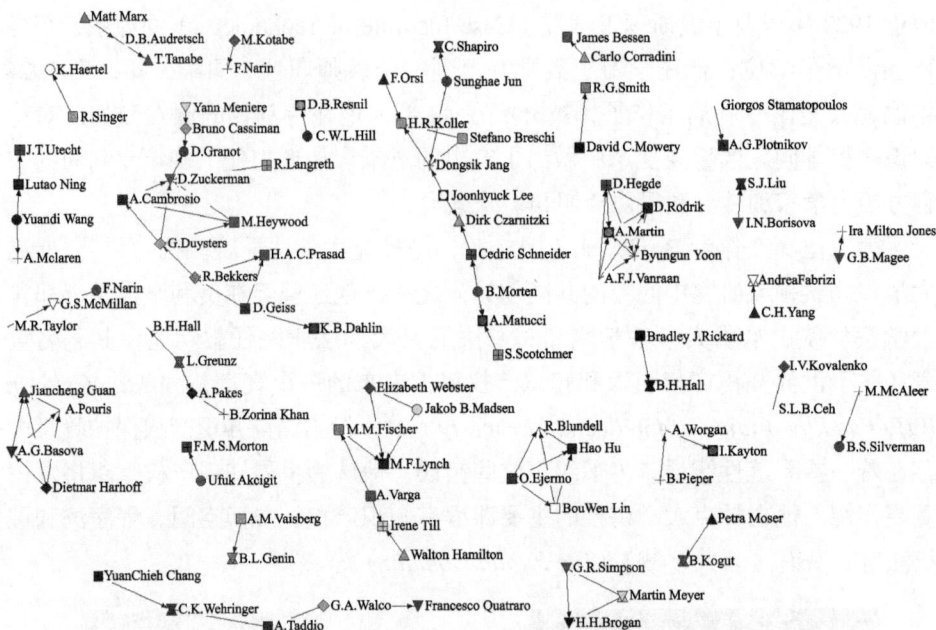

图 2-5　全球知识产权学科科学合作网络（第二阶段：1988 ～ 2016 年）

图 2-5 显示，在第二阶段，1988 ～ 2016 年，全球知识产权学科科学合作网络规模相对增大，较之第一阶段，最大的两个子网络分别有 12 位作者。其中一个较大的子网络是由韩国知识产权战略研究院的学者 Joonhyuck Lee 与 Dongsik Jang，意大利博科尼大学学者 Stefano Breschi 等组成。另一个较大的子网络是由以色列希伯来大学学者 Granot，D. 和 Zuckerman，D. 与加拿大麦吉尔大学 A. Cambrosio 等组成。第二阶段，论文产出高于 15 篇的作者如表 2-8 所示。

表 2-8　全球知识产权论文产出高于 15 篇的高产作者（1988 ～ 2016 年）

排序	作者	论文数量 / 篇	占全部论文（8789 篇）比例 /%
1	Chen, D. Z.	42	0.478
2	Huang, M. H.	40	0.455
3	Lemley, M. A.	36	0.410
4	Park, Y.	31	0.353
5	Guan, J. C.	30	0.341
6	Meyer, M.	26	0.296
7	Lee, S.	26	0.296
8	Van looy, B.	24	0.273
9	Kim, K.	23	0.262
10	Yoon, J.	22	0.250
11	Leydesdorff, L.	22	0.250

排序	作者	论文数量/篇	占全部论文（8789篇）比例/%
12	Lerner, J.	22	0.250
13	Yang, C. H.	21	0.239
14	Yoon, B.	20	0.228
15	Popp, D.	20	0.228
16	Grupp, H.	20	0.228
17	De La Potterie, B. V.	20	0.228
18	Lee, J.	19	0.216
19	Harhoff, D.	19	0.216
20	Czarnitzki, D.	19	0.216
21	Wang, Y. D.	18	0.205
22	Porter, A. L.	18	0.205
23	Lee, K.	18	0.205
24	Debackere, K.	18	0.205
25	Chu, A. C.	18	0.205
26	Malerba, F.	17	0.193
27	Hu, M. C.	17	0.193
28	Blind, K.	17	0.193
29	Verspagen, B.	16	0.182
30	Nicholas, T.	16	0.182
31	Narin, F.	16	0.182
32	Mukherjee, A.	16	0.182
33	Denicolo, V.	16	0.182
34	Webster, E.	15	0.171
35	Sohn, S. Y.	15	0.171
36	Hussinger, K.	15	0.171
37	Gambardella, A.	15	0.171
38	Azagra-Caro, J. M.	15	0.171

　　表2-8显示，在第二阶段1988～2016年不足30年的时间内，全球知识产权论文产出高于15篇的高产作者有38位。与第一阶段比较，产出大大提高了。其中知识产权论文产出高于40篇的作者有2位：陈达仁与黄慕萱[60]。陈达仁教授现为台湾大学机械工程学系教授，毕业于美国马里兰大学机械工程学系，其研究领域包括智慧资产分析、智权管理、科技竞争力分析等[61-63]。他是台湾地区知名的企业专利信息分析专家，发表SSCI、SCI论文90余篇，现任台湾大学专利及技术移转权益委员会委员，曾任台湾大学工业知识科技研究中心主任，曾获第九届、第十一届台湾机械与机器设计学术研讨会最佳论文奖、台湾

大学傅斯年奖等学术奖项。黄慕萱教授毕业于美国马里兰大学，现为台湾大学讲座教授、特聘教授，曾任台湾大学图书资讯学系系主任、文学院副院长，其研究领域包括信息计量学、科技政策、信息检索、用户行为、知识管理、数字图书馆等[64, 65]，发表 SSCI、SCI 论文近 70 余篇，曾荣获台湾"国科会"杰出研究奖、国际科学计量学与信息计量学杰出论文奖、台湾"科技部"研究杰出奖、台湾大学傅斯年奖等学术奖项。陈达仁教授和黄慕萱教授课题组是现今亚洲地区在相关学科国际产出最为丰厚的团队，在信息计量、企业专利分析、大学评价、科技政策等领域都有创造性的贡献。

第四节　全球知识产权学科的代表人物

一、关于学科发展的代表人物

一门学科的发展往往需要从前辈那里吸收理论精华，知识产权学科的发展也不例外。所谓站在巨人肩膀上，才能看得更高更远。学科形成与发展过程中，吸收在先理论"营养"的过程具体表现为科学成果中的引文现象。因此引文计量分析方法常被用来衡量科研人员的学术水平。1979 年，加菲尔德依据 SCI 数据，通过定量分析诺贝尔奖获得者获奖前后的引文数量，发现引文计量的确是人才评价的有效工具[66, 67]：对 1962 年和 1963 年诺贝尔物理学奖、化学奖和生理学或医学奖获得者在 1961 年获得的引文数字研究发现，平均每位获奖者论文的被引用数是 169 次，而同期一般作者的平均被引数只有 5.51次。加菲尔德还做了许多相关的引文计量研究。加菲尔德的研究工作向人们表明[67-69]，一项科研工作的被引次数高低一定程度上可以反映该项工作的学术价值高低，通过计量科研人员的论文被引数，可以衡量科研人员的学术水平。

代表人物为学科的发展提供了重要的支撑，学者在探讨学科的形成与发展过程中，往往需要对该门学科的代表人物和理论来源进行挖掘。冯兴元[70]研究了弗莱堡学派代表人物欧肯及其经济思想，认为欧肯是德国 20 世纪最具影响力的经济学家。他最大的研究贡献在于在纳粹德国历史背景下，研究并提出一个与个人自由兼容的经济秩序所需依赖的框架条件，由此为第二次世界大战后德国的经济复兴和德国社会市场经济的建立奠定了主要的经济思想基础，即竞争秩序。栾春娟和侯海燕[67]分析了全球科技政策研究领域的代表人物，她们以国际科学技术政策研究权威期刊《科研政策》（*Research Policy*）的全部引文数据作为样本，通过作者共被引分析，确定了国际科技政策研究领域的代表人物；并在此基础上，利用信息可视化技术，绘制出科技政策研究领域代表人物可视化网络，其研究成果为科技政策研究者提供了重要参考。侯海燕与刘则渊等[71]运用信息可视化技术等新兴科学计量学方法，绘制了国际科学学主流学术群体及其代表人物的知识图谱。这些代表人物与学术群体为开创或发展当代科学学主流分支学科做出了突出贡献，值得我国科学学界密切关注。

除了采用频次指标，在知识产权学科代表人物、经典文献和核心期刊（在本书中分别是第二章的第四节、第五节和第六节）分析中，笔者还采用了社会网络的中介中心度（betweenness centrality）指标，来测度全球知识产权学科发展过程中的代表人物、经典文献和核心期刊。中介中心度是指网络中的行动者作为中介者的能力[72]。Burt 在社会网络"结构洞理论"中提出，中介中心度测量的是行动者对资源的控制程度[72, 73]。结构洞也被称为"桥"（bridge）或"转折点或拐点"（pivot）[74, 75]，在知识产权学科发展中，"桥"往往是连接已有理论和新兴理论的关键结点。"桥"代表的理论、学说或观点往往具有集成、带动和辐射作用，能够培育新的知识增长点，而具有这些特征的理论或学说，在新兴学科形成与发展过程中往往发挥着重要和关键的作用。已有的关于中介中心度的研究成果主要集中于中介中心度的计算方法[76, 77]和中介中心度在文献计量学中的应用[78-80]等领域。Freeman[81]的中介中心度计量方法还曾经被陈超美用来探测范式移转中的潜在关键结点和关键文献[80]；在脑科学研究中，中介中心度高的结点，被认为在大脑网络中具有中枢的作用[82]。在本章相关几个小节的研究中，中介中心度指标将被用来识别全球知识产权学科发展过程中发挥着重要衔接作用的代表人物、经典文献和核心期刊。

笔者分别选择了被引频次和引文网络中介中心度指标，确定全球知识产权学科发展的代表人物。高被引作者的高被引频次证明了他们的科学研究成果对知识产权学科发展产生了巨大而深远的影响；具有高中介中心度的作者，则对全球知识产权学科的发展起到了重要的跨界衔接作用。

二、高被引指标测度的代表人物

笔者选取 1900～2016 年的全部知识产权主题文献 11 485 条数据，利用文献题录中的被引作者（cited author）分类栏目，运用 CiteSpace 可视化软件，将每个时间分区划分为 20 年，同时选择每一时区显示 30 个高被引的作者作为网络结点，运行 CiteSpace，选择频次（frequency）和时区图谱（time-zone view）显示形式，生成图 2-6 所示的"全球知识产权学科高被引代表人物时区图谱（1900～2016 年）"。

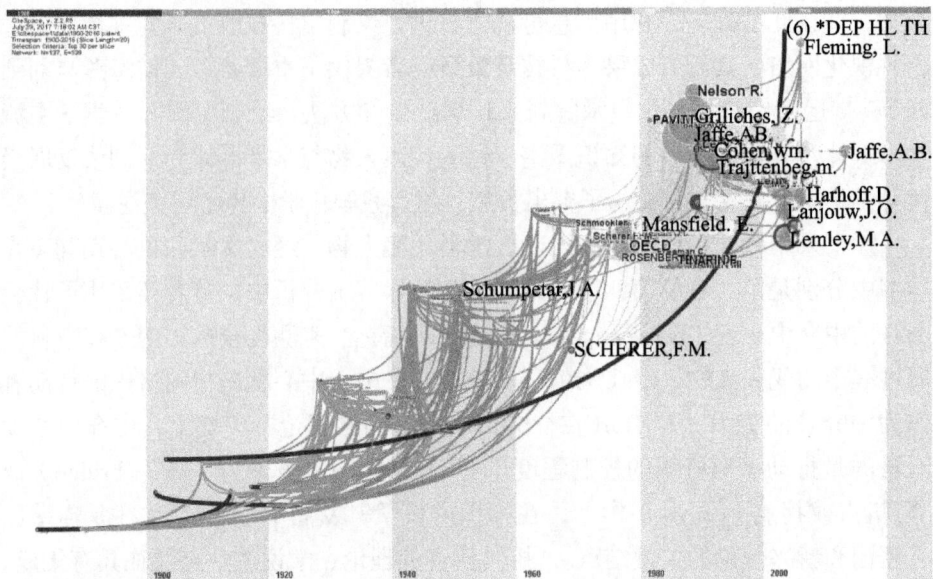

图 2-6　全球知识产权学科高被引代表人物时区图谱（1900～2016 年）

图 2-6 显示，在全球知识产权学科发展的整个过程中，1900～2016 年，超过 100 年的较长历史时期里，对知识产权学科发展产生重大影响的、高被引的代表人物主要分布于 1980～2010 年这 30 年的时间里，而在此之前的较长一段时期内高被引的代表人物却比较少。1980～2010 年这段时期内，形成了一个庞大的知识产权学科高被引代表人物群体，以 Cohen，W. M.、Jaffe，A. B.、Griliches，Z. 和 Hall，B. H. 等为核心代表。另一个较大的代表人物群体形成于 20 世纪 70 年代末至 20 世纪 80 年代初，以 Mansfield，E. 等为核心代表。其中全球知识产权学科被引频次超过 230 次高被引作者（1900～2016 年）如表 2-9 所示。

表 2-9　全球知识产权学科被引频次超过 230 次高被引作者（1900～2016 年）

排序	频次／次	作者	初现年份	半衰期／年
1	2469	Cohen，W. M.	1987	17
2	1583	Jaffe，A. B.	1985	12
3	1321	Hall，B. H.	1996	16
4	1221	Griliches，Z.	1980	16
5	973	Nelson，R.	1962	14
6	872	Mansfield，E.	1968	27
7	655	OECD	1971	42
8	534	Lemley，M. A.	1998	15

排序	频次/次	作者	初现年份	半衰期/年
9	527	Lanjouw, J. O.	1998	14
10	477	Harhoff, D.	1999	13
11	466	Trajtenberg, M.	1990	21
12	460	Narin, F.	1977	18
13	436	Scherer, F. M.	1959	35
14	434	Levin, Richard C.	1987	10
15	433	Mowery, D. C.	1996	15
16	433	Teece, D. J.	1977	19
17	415	Audretsch, D. B.	1996	16
18	410	Pavitt, K.	1980	16
19	405	Merges, R. P.	1988	7
20	403	Schumpeter, J. A.	1942	70
21	366	Heller, M. A.	1998	12
22	361	Lerner, J.	1997	15
23	338	Pakes, A.	1980	13
24	327	Fleming, L.	2001	12
25	324	Meyer, M.	1998	13
26	321	Zucker, L. G.	1996	15
27	319	Almeida, P.	1997	15
28	302	Lemley, Mark A.	1994	19
29	290	Scotchmer, S.	1988	8
30	283	Dasgupta, P.	1980	13
31	277	Scherer, F. M.	1970	25
32	270	Rosenberg, N.	1976	19
33	262	Kamien, M. I.	1978	14
34	252	Katz, M.	1985	10
35	246	Schmookler, J.	1966	27
36	243	Merges, Robert P.	1999	13
37	237	Freeman, C.	1974	21

　　表 2-9 显示，在 1900～2016 年长达 100 多年的历史长河中，全球知识产权学科被引频次超过 230 次高被引作者共有 37 位（其中包括一个组织，即 OECD）。其中 25 位作者的初现年份介于 1980～2001 年，即 67.57% 的高被引作者是在最近 30 多年的时间里被大量地引用和关注，这一方面说明了最近 30 多年的时间里产出了知识产权学科最有影响的研究学者，另一方面也说明

了最近 30 多年时间里全球知识产权学科突飞猛进的发展，为知识产权学科队伍建设和发展提供了重要的基石。被引频次超过 1500 次的有两位作者，其中被引频次最高的学者 Cohen，W. M.，被引频次为 2469 次，首次被引的年份为 1987 年，文献半衰期为 17 年。Cohen，W. M. 为卡内基·梅隆大学社会科学与决策科学系教授，1989 年，他与 Levinthal[83] 率先提出了吸收能力（absorptive-capacity）的概念[84-86]，他们以知识运作过程为研究对象，将知识吸收能力界定为企业的一种学习过程，是在外部环境中识别、消化和利用知识的能力，该理论被国内外学者广泛关注和引用。被引频次排在第二位的是 Jaffe，A. B.，被引频次为 1583 次，首次被引的年份为 1985 年，其文献半衰期为 12 年。Jaffe，A. B. 是哈佛大学经济系教授，长期以来致力于基于专利分析的产业研发和技术创新研究，其论文《基于专利引证分析的知识溢出地域特征》[87]《基于公司专利、利润和市场价值分析的研发技术发展机会和溢出效应》[88] 等，被国内外学者广泛引用，为知识产权学科的发展提供了重要理论来源。被引频次超过 1000 次的还有 Hall，B. H.，被引频次为 1321 次，首次被引年份是 1996 年，文献半衰期为 16 年。Hall，B. H. 是加州大学伯克利分校经济系教授，也是 NBER 的高级研究人员，其发表的经典文献《专利引证与市场价值》[89]《研发融资》[90]《专利悖论再思考》[91] 等，被国内外学者广泛引用，为知识产权商业运营发展提供了重要的理论基础。第四位被引频次超过 1000 次的是哈佛大学经济系教授、美国国家经济研究局高级研究人员 Griliches，Z.，被引频次为 1221 次，首次被引年份为 1980 年，文献半衰期为 16 年。Griliches，Z. 的经典文献《作为经济指标的专利统计》[92]《市场价值－研发－专利》[93] 等研究成果，受到国内外知识产权研究者的广泛关注和引用。

三、中介度指标测度的代表人物

中介度指标测度的是知识产权学科发展过程中，起着衔接作用的代表人物。同样基于 1900～2016 年的全部知识产权主题文献 11 485 条数据，选择文献题录中的被引作者分类栏目，运行 CiteSpace 可视化软件，将每个时间分区划分为 20 年，同时选择每一时区显示 30 个高被引的作者作为网络结点，运行 CiteSpace，选择中介中心度（betweenness centrality）和聚类图谱（cluster view）显示形式，生成图 2-7 所示的"全球知识产权学科代表人物中介中心度图谱（1900～2016 年）"。

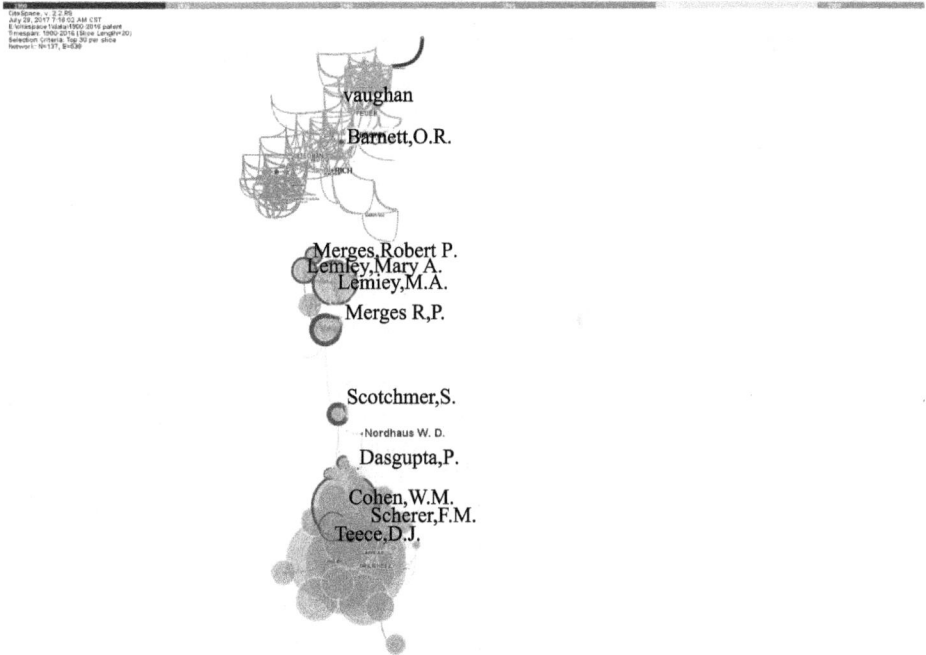

图 2-7 全球知识产权学科代表人物中介中心度图谱（1900～2016 年）

图 2-7 中介中心度图谱中，自上而下的不同颜色（黑白图中的颜色由浅变深）代表着历史年代由远而近。时间由远及近，先后出现的中介度高的代表人物主要有 Barnett、Dasgupta，P.、Cohen，W. M.、Merges，R. P.、Scotchmer，S.、Lemley，Mark A. 等，他们在全球知识产权学科的研究进展方面发挥了重要的理论衔接作用。表 2-10 列出了 1900～2016 年全球知识产权学科被引文献的中介度超过 0.03 的 30 个被引作者。

表 2-10 全球知识产权学科被引文献的中介度超过 0.03 的代表人物（1900～2016 年）

排序	中介度	被引作者	被引频次 / 次	初现年份	半衰期 / 年	迸发度
1	0.69	Merges，R. P.	648	1988	7	24.3
2	0.67	Scotchmer，S.	290	1988	8	16.01
3	0.33	Barnett，O. R.	11	1935	2	7.48
4	0.3	Dasgupta，P.	283	1980	13	18.49
5	0.29	Cohen，W. M.	806	1987	10	0
6	0.22	Lemley，Mark A.	302	1994	19	27.59
7	0.18	Katz，M. L.	252	1985	10	11.99
8	0.15	Scherer，F. M.	436	1959	35	45.74
9	0.15	Nordhaus，W. D.	161	1969	24	21.69

续表

排序	中介度	被引作者	被引频次/次	初现年份	半衰期/年	迸发度
10	0.13	Teece, D. J.	433	1977	19	0
11	0.13	Vaughan	25	1925	6	16.1
12	0.11	Rich	35	1942	13	21.77
13	0.1	Brown	19	1933	5	9.89
14	0.1	Feuer	13	1938	1	8.41
15	0.09	Stedman	44	1939	13	27.64
16	0.09	Wood	40	1942	6	25.89
17	0.08	Griliches, Z.	1221	1980	16	9.02
18	0.06	Jaffe, A. B.	1137	1985	12	0
19	0.06	Hall, B. H.	869	1996	16	0
20	0.06	Walker	52	1937	13	30.41
21	0.05	Gibbons	22	1966	2	14.23
22	0.05	*Motion Picture Pa	22	1917	51	14.49
23	0.05	Riesenfeld	10	1954	3	6.65
24	0.04	*Walker Process Eq	29	1965	3	19.11
25	0.04	Toulmin	15	1914	23	9.75
26	0.04	Schechter	13	1936	2	8.37
27	0.03	Narin, F.	460	1977	18	33.58
28	0.03	Hamilton	37	1941	9	24.22
29	0.03	Baxter	32	1966	6	19.88
30	0.03	Montague	5	1912	0	0

注：＊表示被引作者为组织机构。

表 2-10 中的初现年，是指某作者首次被引用的年份[80]；半衰期是指某作者的全部文献中较新的一半是在多长一段时间内发表的[94, 95]；迸发度的含义是突变、突发、剧增[96, 97]。表 2-10 显示，全球知识产权学科被引文献的中介度最高的作者是 Merges，R. P.，其中介度为 0.69，初现年份是 1988 年，被引频次是 648 次，半衰期为 7 年，迸发度是 24.3。Merges，R. P. 是美国加州大学伯克利分校法学院法律与科技中心主任和教授，其对专利的保护范围[98]、专利的商业和经济价值等的研究成果，对衔接传统知识产权与信息化和商业化时代的知识产权[99, 100]，发挥了重要的衔接作用。中介度排在第二位的是 Scotchmer，S.，其中介度为 0.67，被引频次为 290 次，初现年份是 1988 年，半衰期为 8 年，迸发度是 16.01。Scotchmer，S. 是加州大学伯克利分校公共政策学院的教授，其代表作《站在巨人肩膀上：科研积累与专利法》[101]《专利法中的新颖性与披露制度》[102]《保护最早创新者：第二代产品还应该给予专利保护么？》[103] 等经典作品，对衔接知识产权法学与知识产权管理和商业运营等

研究领域发挥了重要的作用。Barnett，O. R. 的中介度为 0.33，被引频次为 11 次，初现年份是 1935 年，半衰期为 2 年，迸发度为 7.48。Barnett，O. R. 是 20 世纪初的一位著名法学家，曾经在 1908 年发表了《作为专利上诉法院》[104]，1913 年发表了《影响专利诉讼的新平等规制》[105] 等，在知识产权制度发展的初期阶段，带有知识产权诉讼特征的作品，对知识产权研究的发展起到了重要的作用。Dasgupta，P. 的中介度为 0.3，被引频次为 283 次，初现年份是 1980 年，半衰期为 13 年，迸发度是 18.49。Dasgupta，P. 是英国伦敦政经学院的教授，在 1980 年发表了颇具影响力的论文《产业结构与创新活动的本质》[106]，引起国际学者的高度关注。同年还发表了另一篇影响力很高的论文《不确定性，产业结构与研发速度》[107]。Cohen，W. M. 的中介度为 0.29，被引频次为 806 次，初现年份是 1987 年，半衰期为 10 年。Cohen，W. M. 在前面有比较详细的介绍，在此不再赘述。Lemley，Mark. A. 的中介度为 0.22，被引频次为 302 次，初现年份是 1994 年，半衰期为 19 年，迸发度为 27.59。Lemley，Mark. A. 是斯坦福大学法学院教授，发表了几十篇专利技术与贸易许可和经济金融关系方面的论文，其中影响力比较大的论文有《专利滞后性与特许权使用费》[108]《财产或责任规则能否控制信息？》[109] 等。

第五节　全球知识产权学科的经典文献

一、关于学科发展的经典文献

经典文献代表着某个研究领域或研究方向的重要研究成果，对后续研究往往起到重要的奠基作用。在科学研究文献呈指数增长、科学出版物日益繁荣的当今时代，对研究者来说一件重要的事情就是确定本研究领域重要的、高水平的文献，即经典文献。目前，国际上确定经典文献的最有效的方法，就是科学文献的引证分析方法。一篇（本）有学术价值的论文（著作），终究会引起学者的关注，并且往往还会被许多学者引证。科学计量学研究表明，一个正常水平的科学家每年发表 4 篇论文；大约有 1/4 的论文发表之后，没有人引证它；在有人引证的论文中，平均每篇每年 1.7 条引文；若一篇论文每年被引证 4 次或 4 次以上，则可列为"经典论著"[67]。经典文献是国内外学者，尤其是图书情报界研究领域的学者关注的一个重要主题。国内学者研究了经典文献的国家竞争力[110]、经典文献对本土话语的拯救[111]、具体学科领域的经典核心文献[67] 等。国外学者研究了经典文献对未来世界发展的价值和作用[112]、经典文献对一个研究人员人生学术研究转型的意义[113]等。在此笔者采用文献共被引分析方法，分别选择被引频次和中介中心度两个指标，从不同角度测度全球知识产权学科领域的经典文献。

二、高被引指标测度的经典文献

同样选取 1900 ~ 2016 年的全部知识产权主题文献 11 485 条数据，利用文献题录中的被引文献（cited reference）分类栏目，运用 CiteSpace 可视化软件，将每个时间分区划分为 10 年，同时选择每一时区显示 30 个高被引的文献作为网络结点，运行 CiteSpace，选择频次和时区图谱显示形式，生成图 2-8 所示的"全球知识产权学科高被引经典文献时区图谱（1900 ~ 2016 年）"。

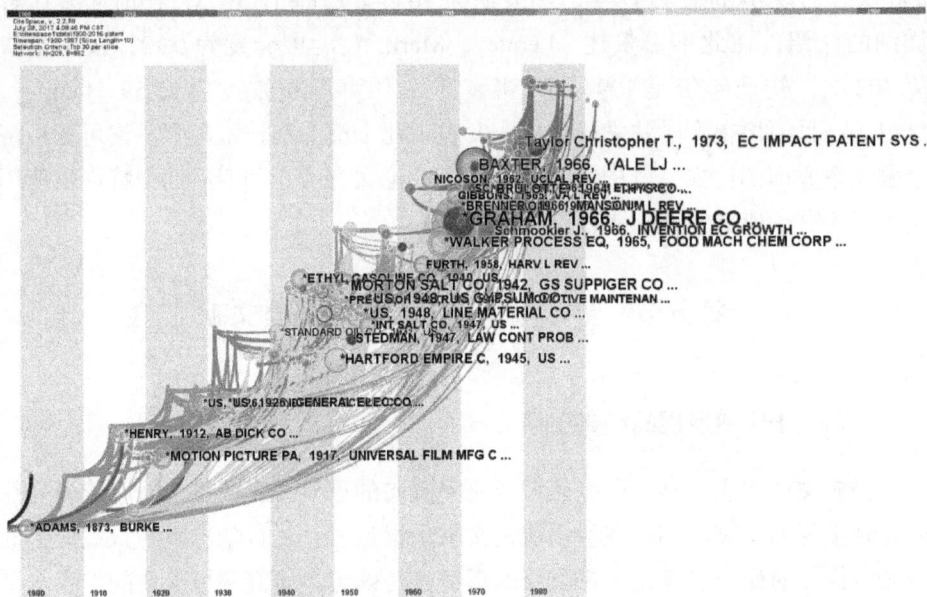

图 2-8　全球知识产权学科高被引经典文献时区图谱（1900 ~ 2016 年）

图 2-8 显示，在 1900 ~ 2016 年，在全球知识产权学科发展的超过 100 年的较长历史时期里，对知识产权学科发展产生重大影响的、高被引的经典文献主要分布于 20 世纪 70 ~ 80 年代和 50 ~ 60 年代这两个时期。学者创作作品产生的、高被引的经典文献，更主要地集中在 20 世纪 70 ~ 80 年代。20 世纪前半叶的高被引文献相对比较稀少，并且多以法院的判例等为主。其中全球知识产权学科被引频次超过 140 次的经典文献（1900 ~ 2016 年）如表 2-11 所示。

表 2-11 全球知识产权学科被引频次超过 140 次的经典文献（1900～2016 年）

序号	频次/次	初现年份	被引文献
1	868	1990	Griliches Z，1990，*J Econ Lit*，V28，P1661
2	659	1993	Jaffe A B，1993，*Q J Econ*，V108，P577，Doi 10.2307/2118401
3	516	1990	Cohen W M，1990，*Admin Sci Quart*，V35，P128，Doi 10.2307/2393553
4	445	2005	Hall B H，2005，*Rand J Econ*，V36，P16
5	424	1987	Levin R C，1987，*Brookings Papers Ec*，V3，P783
6	419	1990	Trajtenberg M，1990，*Rand J Econ*，V21，P172，Doi 10.2307/2555502
7	399	1986	Jaffe A B，1986，*Am Econ Rev*，V76，P984
8	399	1982	Nelson R R，1982，*Evolutionary Theory*，V3，P126
9	374	2001	Hall B H，2001，*Rand J Econ*，V32，P101，DOI 10.2307/2696400
10	349	1998	Heller M A，1998，*Science*，V280，P698
11	326	1984	Hausman J，1984，*Econometrica*，V52，P909，Doi 10.2307/1911191
12	298	1986	Teece D J，1986，*Res Policy*，V15，P285
13	271	1989	Cohen W M，1989，*Econ J*，V99，P569，Doi 10.2307/2233763
14	262	2001	Hall B H，2001，*8498 NBER*，V8，P378
15	260	1990	Merges R P，1990，*Columbia Law Rev*，V90，P839
16	256	1999	Harhoff D，1999，*Rev Econ Stat*，V81，P511
17	247	1986	Mansfield E，1986，*Manage Sci*，V32，P173
18	238	2000	Cohen W M，2000，*7552 NBER*，V6，P927
19	234	1966	Schmookler J，1966，*Invention Ec Growth*，V2，P137
20	232	1979	Griliches Z，1979，*Bell J Econ*，V10，P92，Doi 10.2307/3003321
21	231	1989	Jaffe A B，1989，*Am Econ Rev*，V79，P957
22	229	1962	Arrow K J，1962，*Rate Direction Inven*，V4，P609
23	217	1998	Henderson R，1998，*Rev Econ Stat*，V80，P119
24	211	2003	Harhoff D，2003，*Res Policy*，V32，P1343
25	204	1991	Grossman G M，1991，*Innovation Growth GL*，V2，P367
26	203	1991	Scotchmer S，1991，*J Econ Perspect*，V5，P29
27	202	1991	March J G，1991，*Organ Sci*，V2，P71，Doi 10.1287/Orsc.2.1.71
28	200	1996	Audretsch D B，1996，*Am Econ Rev*，V86，P630
29	198	1997	Narin F，1997，*Res Policy*，V26，P317
30	197	1990	Romer P M，1990，*J Polit Econ*，V98，Ps71，Doi 10.1086/261725
31	188	1992	Kogut B，1992，*Organ Sci*，V3，P383，Doi 10.1287/Orsc.3.3.383
32	184	1977	Kitch E W，1977，*J Law Econ*，V20，P265，Doi 10.1086/466903
33	183	1987	Narin F，1987，*Res Policy*，V16，P143
34	178	1999	Almeida P，1999，*Manage Sci*，V45，P905
35	177	1990	Gilbert R，1990，*Rand J Econ*，V21，P106，Doi 10.2307/2555497
36	172	1981	Mansfield E，1981，*Econ J*，V91，P907，Doi 10.2307/2232499
37	165	1986	Hall B H，1986，*Int Econ Rev*，V27，P265，Doi 10.2307/2526504

序号	频次/次	初现年份	被引文献
38	150	1969	Nordhaus W D, 1969, *Invention Growth Wel*, V2, P276
39	143	1962	Arrow K, 1962, *Rate Direction Inven*, V1, P368
40	142	1990	Klemperer P, 1990, *Rand J Econ*, V21, P113, Doi 10.2307/2555498
41	141	1987	Basberg B L, 1987, *Res Policy*, V16, P131

表 2-11 显示，全球知识产权学科被引频次超过 500 次的经典文献有如下三个：排在第一位的是"Griliches Z, 1990, *J Econ Lit*, V28, P1661"，在知识产权研究领域被引 868 次，首次被引的年份是 1990 年，即文章发表的当年。该文是由哈佛大学经济系教授、美国国家经济研究局高级研究人员 Griliches, Z. 于 1990 年发表在《经济文献期刊》（*Journal of Economic Literature*）的经典文献《作为经济指标的专利统计》[92]。Griliches, Z. 在该文中做了大量的调研和分析，最后提出，尽管有种种困难和意义，但专利数据统计仍然是一种非常独特的资源，可以作为技术创新和技术变革的重要统计指标。

排在第二位的是"Jaffe A B, 1993, *Q J Econ*, V108, P577, Doi 10.2307/2118401"，在全球知识产权研究领域被引 659 次，首次被引的年份是 1993 年，即文章发表的当年。该经典文献是由哈佛大学经济系教授 Jaffe, A. B. 于 1993 年发表于《经济学季刊》（*Quarterly Journal of Economics*）的论文《基于专利引证分析的知识溢出地域特征》[87]。该文发表后，被经济学、管理学、商学、规划发展学和地理学等多学科领域的学者广泛引用。

第三个被引频次超过 500 次的经典文献是"Cohen W M, 1990, *Admin Sci Quart*, V35, P128, Doi 10.2307/2393553"，被引 516 次，首次被引年份是 1990 年，即文章发表的当年。该经典文献是由卡内基·梅隆大学社会科学与决策科学系教授 Cohen, W. M. 在 1990 年发表于《管理科学季刊》（*Administrative Science Quarterly*）的论文《吸收能力：学习与创新研究的新视角》[83]。该文发表后，被管理学、商学、经济学、运筹学和产业工程学等学科领域的学者广泛引用，截至 2017 年 8 月 2 日，该文在 SSCI 数据库中被引用了 9404 次。

表 2-11 中的其他经典文献在此不再一一阐述。总之，这些经典文献为全球知识产权学科的发展提供了重要的理论基础和思想来源，值得知识产权界的学者深入研究和探讨。

三、中介度指标测度的经典文献

中介度指标测度的是知识产权学科发展过程中起着衔接作用的经典文献。

同样基于 1900～2016 年的全部知识产权主题文献 11 485 条数据，选择文献题录中的被引文献分类栏目，运行 CiteSpace 可视化软件，将每个时间分区划分为 20 年，同时选择每一时区显示 30 个中介度高的被引文献作为网络结点，运行 CiteSpace，选择中介中心度指标和聚类图谱显示形式，生成图 2-9 所示的"全球知识产权学科经典文献中介中心度图谱（1900～2016 年）"。

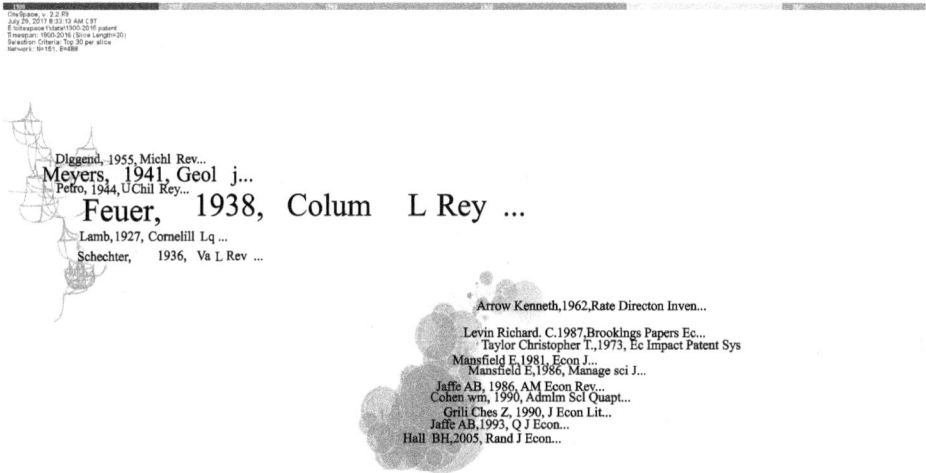

图 2-9　全球知识产权学科经典文献中介中心度图谱（1900～2016 年）

图 2-9 中介中心度图谱中，左上部分颜色较淡部分为较早的历史发展时期；右下部分为新近发展时期。中介中心度较高的文献主要有以下几个："Feuer，1938，*Colum L Rev*，V38，P1145""Griliches Z，1990，*J Econ Lit*，V28，P1661""Levin R C，1987，*Brookings Papers Ec*，V3，P783""Arrow K，1962，*Rate Direction Inven*，V3，P678""Taylor C T，1973，*Ec Impact Patent Sys*，V6，P426""Meyers，1941，*Geo L J*，V30，P117"。表 2-12 所示的是 1900～2016 年全球知识产权学科被引文献的中介度超过 0.01 的 44 个被引文献。

表 2-12　全球知识产权学科被引文献的中介度超过 0.01 的被引文献（1900～2016 年）

排序	中介度	频次/次	初现年份	文献
1	0.08	8	1938	Feuer，1938，*Colum L Rev*，V38，P1145
2	0.04	868	1990	Griliches Z，1990，*J Econ Lit*，V28，P1661
3	0.04	424	1987	Levin R C，1987，*Brookings Papers Ec*，V3，P783
4	0.04	143	1962	Arrow K，1962，*Rate Direction Inven*，V3，P678
5	0.04	108	1973	Taylor C T，1973，*Ec Impact Patent Sys*，V6，P426
6	0.04	6	1941	Meyers，1941，*Geo L J*，V30，P117
7	0.03	659	1993	Jaffe A B，1993，*Q J Econ*，V108，P577

续表

排序	中介度	频次 / 次	初现年份	文献
8	0.03	445	2005	Hall B H, 2005, *Rand J Econ*, V36, P16
9	0.03	399	1986	Jaffe A B, 1986, *Am Econ Rev*, V76, P984
10	0.03	10	1936	Schechter, 1936, *Va L Rev*, V22, P287
11	0.03	8	1955	Diggens, 1955, *Mich L Rev*, V53, P1093
12	0.03	6	1944	Petro, 1944, *U Chi L Rev*, V12, P80
13	0.03	5	1927	Lamb, 1927, *Cornell Lq*, V12, P261
14	0.02	516	1990	Cohen W M, 1990, *Admin Sci Quart*, V35, P128
15	0.02	399	1982	Nelson R, 1982, *Evolutionary Theory*, V3, P126
16	0.02	298	1986	Teece D J, 1986, *Res Policy*, V15, P285
17	0.02	247	1986	Mansfield E, 1986, *Manage Sci*, V32, P173
18	0.02	234	1966	Schmookler J, 1966, *Invention Ec Growth*, V2, P137
19	0.02	172	1981	Mansfield E, 1981, *Econ J*, V91, P907
20	0.02	141	1987	Basberg B L, 1987, *Res Policy*, V16, P131
21	0.02	5	1942	Folk, 1942, *Patents Ind Progr*, V2, P159
22	0.02	4	1943	Barnett, 1943, *J Pat Off Soc*, V25, P785
23	0.01	203	1991	Scotchmer S, 1991, *J Econ Perspect*, V5, P29
24	0.01	177	1990	Gilbert R, 1990, *Rand J Econ*, V21, P106
25	0.01	165	1986	Hall B H, 1986, *Int Econ Rev*, V27, P265
26	0.01	142	1990	Klemperer P, 1990, *Rand J Econ*, V21, P113
27	0.01	65	1980	Dasgupta P, 1980, *Bell J Econ*, V11, P1
28	0.01	39	1966	*Graham, 1966, *J Deere Co*, Vcase, P468
29	0.01	24	1942	*Morton Salt Co, 1942, *Gs Suppiger Co*, Vcase, P678
30	0.01	19	1964	*Brulotte, 1964, *Thys Co*, Vcase, P125
31	0.01	18	1947	Stedman, 1947, *Law Cont Prob*, V12, P649
32	0.01	11	1948	Hamilton, 1948, *Law Contemp Prob*, V13, P245
33	0.01	8	1945	Marcus, 1945, *Geo Lj*, V34, P1
34	0.01	8	1943	Borkin, 1943, *Colum L Rev*, V43, P720
35	0.01	8	1948	Ooms, 1948, *U Chi L Rev*, V15, P822
36	0.01	8	1941	Havighurst, 1941, *Ill L Rev*, V35, P495
37	0.01	7	1937	Walker, 1937, *Patents*, V1, P159
38	0.01	7	1940	Kahn, 1940, *Am Econ Rev*, V30, P475
39	0.01	6	1938	Wyss, 1938, *George Wash Law Rev*, V6, P499
40	0.01	6	1942	Wood, 1942, *Patents Antitrust La*, V6, P178
41	0.01	5	1947	Newman, 1947, *Law Cont Prob*, V12, P746
42	0.01	5	1956	Boskey, 1956, *Law Cont Prob*, V21, P113
43	0.01	5	1946	James, 1946, *J Pat Off Soc*, V28, P427
44	0.01	3	1924	*Fed Trad Comm Rad, 1924, *Rep Fed Trad Comm Ra*, V3, P257

注：＊代表组织机构。

表 2-12 显示，全球知识产权学科中介度最高的被引文献是"Feuer，1938，Colum L Rev，V38，P1145"，该文献是由 Feuer，M. 在 1938 年于《哥伦比亚法律评论》上发表的论文《专利垄断与反托拉斯法》[114]，该文是较早对专利制度进行反思的一个重要研究成果。

第二个经典文献"Griliches Z，1990，J Econ Lit，V28，P1661"，是哈佛大学经济系教授、美国国家经济研究局高级研究人员 Griliches，Z. 于 1990 年发表在《经济文献期刊》上的经典文献《作为经济指标的专利统计》[92]，这是近 30 年来全球知识产权研究领域中起到重要理论衔接作用的经典文献之一。

第三个经典文献"Levin R C，1987，Brookings Papers Ec，V3，P783"，是 Levin，R. C. 和 Klevorick，A. K. 等于 1987 年在《布鲁金斯经济文献》上发表的论文《从产业研发中获得收益》[115]。该文于 2013 年在《国际竞争政策》（Competition Policy International）期刊上[116]再次发表。

第四个经典文献"Arrow K，1962，Rate Direction Inven，V3，P678"，是 Arrow Kenneth[117] 的著作《发明活动的速度与方向：经济与社会因素》（The Rate and Direction of Inventive Activity：Economic and Social Factors）中的一部分内容，其主题为"经济福利与发明资源的分配"（Economic Welfare and the Allocation of Resources for Invention）。

第五个经典文献"Taylor C T，1973，Ec Impact Patent Sys，V6，P426"，是 Taylor Christopher T. 于 1973 年由剑桥大学出版社出版的著作《专利制度的经济影响：英国的经验》[118]（The Economic Impact of the Patent System：A Study of British Experience）等。

表 2-12 中的中介度较高的经典文献，对全球知识产权学科的发展发挥了重要的思想传承和理论衔接作用，对知识产权研究者在知识产权理论发展的研究工作中，具有重要的理论意义和参考价值。篇幅所限，其他中介度较高的经典文献，在此不再一一阐述。

第六节　全球知识产权学科的核心期刊

一、关于学科发展的核心期刊

期刊一般都是定期出版的刊物，一个学科在其发展过程中会逐渐地产生和发展刊载本学科领域成果的特定期刊群。核心期刊是期刊中学术水平较高的刊物，核心期刊的理论产生于 20 世纪 30 年代初期。早在 1931 年，英国文献计量学家 Bradford 就率先提出了描述文献集中与分散规律的经验定律，即布拉德福定律（Bradford's law）[119, 120]。该定律基于这样一种发现：某时期某学科 1/3 的论文发表在 3.2% 的期刊上。1967 年，联合国教科文卫组织发现 75% 的文献分布于 10% 的期刊中[121-123]；1971 年，"科学引文索引"数据库的创始人加菲尔德（Garfield）发现[122, 123]，24% 的引文出现在 1.25% 的期刊上。这些研究都表明期刊存在"核心效应"[124, 125]，从而衍生了"核心期刊"的概念。此后，国内外学者对核心期刊相关主题进行了一些研究。

已有的研究成果对本书具有重要的借鉴和参考价值。本书是在侯海燕《国际科学计量学核心期刊知识图谱》[126]、栾春娟等《国际科学技术政策研究核心期刊的可视化网络》[127]、栾春娟等《基于引文与载文指标的中国科普领域核心期刊分析》[122] 等研究的基础上的一项连续研究。本书所称的核心期刊，一种方法是采用频次指标，即邱均平关于核心期刊的定义：在某一学科或专业领域中，刊载大量专业论文且利用率较高的少数重要期刊，就可以称之为该学科或专业的核心期刊（Core journals）[128]。另一种方法是采用中介度指标，中介度较高的期刊，在知识产权学科发展过程中对相关理论起着重要衔接作用，将其视为核心期刊。核心期刊的确定方法，仍然采用了传统的期刊共被引分析方法，运用国际新兴的信息可视化技术软件 CiteSpace[80]，方便快捷地对全球知识产权学科领域成果的核心期刊进行可视化分析。

二、高被引指标测度的核心期刊图谱

同样选取 1900 ～ 2016 年的全部知识产权主题文献 11 485 条数据，利用文献题录中的被引期刊（cited journal）分类栏目，运用 CiteSpace 可视化软件，将每个时间分区划分为 20 年，同时选择每一时区显示 30 个高被引的文献作为网络结点，运行 CiteSpace，选择频次和时区图谱显示形式，生成图 2-10 所示的"全球知识产权学科高被引核心期刊时区图谱（1900 ～ 2016 年）"。

图 2-10 显示，在 1900 ～ 2016 年，全球知识产权学科发展的核心期刊主要分布于 1980 ～ 2000 年和 1970 ～ 1980 年两个时间段，这两个时间段被引频次高的知识产权领域期刊比较集中。20 世纪 20 年代前后《美国经济评论》被引的频次很高，其他年份高被引的核心期刊数量非常稀少。被引频次最高的三本期刊分别为 *Res Policy*、*Am Econ Rev*、*Rand J Econ*。表 2-13 列出了被引频次高于 300 次的 40 本全球知识产权研究领域的高被引的核心期刊。

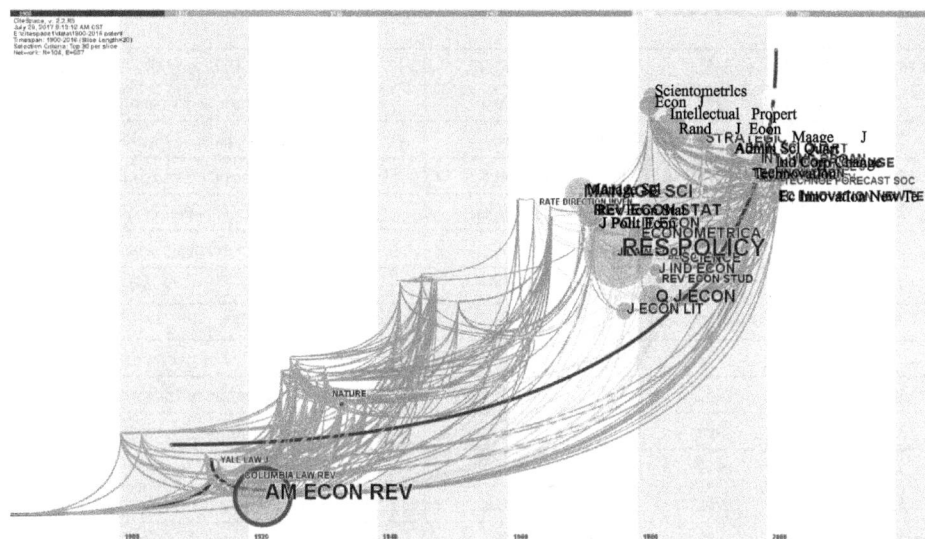

图 2-10 全球知识产权学科高被引核心期刊时区图谱（1900～2016 年）

表 2-13 全球知识产权学科被引频次超过 300 次的核心期刊（1900～2016 年）

序号	频次／次	初现年份	被引期刊名简称	被引期刊名全称
1	3795	1977	Res Policy	Research Policy
2	3036	1919	Am Econ Rev	The American Economic Review
3	2214	1985	Rand J Econ	Rand Journal of Economics
4	1955	1968	Manage Sci	Management Science
5	1919	1979	Q J Econ	Quarterly Journal of Economics
6	1749	1968	Rev Econ Stat	The Review of Economics and Statistics
7	1532	1972	Econometrica	Econometrica
8	1512	1980	Econ J	The Economic Journal
9	1483	1969	J Polit Econ	Journal of Political Economy
10	1392	1975	J Econ Lit	Journal of Economic Literature
11	1391	1987	Strategic Manage J	Strategic Management Journal
12	1357	1980	Scientometrics	Scientometrics
13	1223	1979	Science	Science
14	1152	1979	J Ind Econ	Journal of Industrial Economics
15	1132	1994	Ind Corp Change	Industrial and Corporate Change
16	1129	1990	Admin Sci Quart	Administrative Science Quarterly
17	1103	1993	Int J Ind Organ	International Journal of Industrial Organization
18	1048	1998	Ec Innovation New Te	Economics of Innovation and New Technology
19	944	1997	Technovation	Technovation
20	932	1997	Organ Sci	Organization Science
21	870	1978	Rev Econ Stud	The Review of Economic Studies

序号	频次/次	初现年份	被引期刊名简称	被引期刊名全称
22	849	1977	J Law Econ	Journal of Law and Economics
23	780	1995	Acad Manage J	Academy of Management Journal
24	763	1999	Technol Forecast Soc	Technological Forecasting and Social Change
25	743	1982	Intellectual Propert	Journal of Intellectual Property
26	676	1998	Acad Manage Rev	The Academy of Management Review
27	580	1917	Columbia Law Rev	Columbia Law Review
28	552	1932	Nature	Nature
29	532	1978	Bell J Econ	Bell Journal of Economics
30	475	1962	Rate Direction Inven	The Rate and Direction of Inventive Activity
31	472	1998	Berkeley Tech Lj	Berkeley Technology Law Journal
32	455	1912	Yale Law J	Yale Law Journal
33	449	1995	J Int Bus Stud	Journal of International Business Studies
34	443	1997	Tex Law Rev	Texas Law Review
35	400	1915	Harvard Law Rev	Harvard Law Review
36	386	1984	R D Patents Producti	R & D, Patents, and Productivity
37	369	1914	Va Law Rev	Virginia Law Review
38	347	1921	Mich Law Rev	Michigan Law Review
39	334	1935	J Pat Off Soc	Journal of the Patent and Trademark Office Society
40	312	1927	J Patent Trademark	Journal of the Patent and Trademark Office Society

表 2-13 显示，1900～2016 年，被引频次最高的期刊是《科研政策》（*Research Policy*），共计被引 3795 次，首次被引的年份是 1977 年。该刊于 1972 年由英国萨塞克斯大学科学技术政策研究中心主办，聚焦于科学技术与创新的政策、管理和经济研究，被认为是科技政策与创新研究领域的高水平期刊。另一本被引频次超过 3000 次的期刊，是排在第二位的是由美国经济学会（American Economic Association）于 1911 年首次创刊的《美国经济评论》（*The American Economic Review*），被全球知识产权领域的研究成果引用了 3036 次，首次被引的年份是 1919 年。《美国经济评论》在经济学领域被视为最具有学术声望的重要期刊之一，现任主编为耶鲁大学的 Pinelopi Koujianou Goldberg 教授。

接下来的几本高被引期刊分别是《兰德经济学杂志》（*Rand Journal of Economics*）、《管理科学》（*Management Science*）、《经济学季刊》、《经济与统计评论》（*Review of Economics and Statistics*）、《计量经济学杂志》（*Econometrica*）、《经济学杂志》（*Economic Journal*）等，它们也都是对知识产权学科发展产生了重要影响的核心期刊。

三、中介度指标测度的核心期刊图谱

同样选取 1900 ~ 2016 年的全部知识产权主题文献 11 485 条数据，利用文献题录中的被引期刊分类栏目，运用 CiteSpace 可视化软件，将每个时间分区划分为 20 年，同时选择每一时区显示 30 个高被引的文献作为网络结点，运行 CiteSpace，选择频次（betweeness centrality）和聚类图谱显示形式，生成图 2-11 所示的"全球知识产权学科核心期刊中介中心度图谱（1900 ~ 2016 年）"。

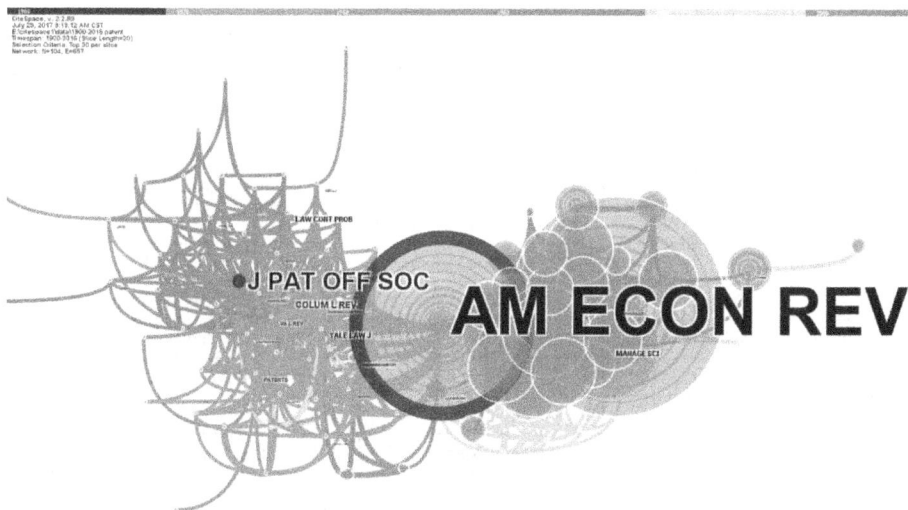

图 2-11　全球知识产权学科核心期刊中介中心度图谱（1900 ~ 2016 年）

图 2-11 显示，在 1900 ~ 2016 年，全球知识产权学科发展的核心期刊《美国经济评论》分为左右两部分：左半部分主要是较早时期被引用的、法学类期刊为主；右半部分主要是最近 30 多年被引用的、经济学 / 管理学期刊为主。表 2-14 列出了以中介中心度为指标的、中介度数值高于 0.01 的 32 本全球知识产权研究领域核心期刊。

表 2-14　全球知识产权学科中介度超过 0.01 的 32 本期刊（1900 ~ 2016 年）

序号	中介度	频次 / 次	初现年份	被引期刊名简称	被引期刊名全称
1	0.64	3036	1919	Am Econ Rev	The American Economic Review
2	0.24	334	1935	J Pat Off Soc	Journal of the Patent and Trademark Office Society
3	0.1	671	1928	Colum L Rev	Columbia Law Review

续表

序号	中介度	频次/次	初现年份	被引期刊名简称	被引期刊名全称
4	0.08	455	1912	Yale Law J	The Yale Law Journal
5	0.07	1955	1968	Manage Sci	Management Science
6	0.07	61	1940	Law Cont Prob	Law and Contemporary Problems
7	0.06	414	1934	Va Law Rev	Virginia Law Review
8	0.05	115	1931	JPOS	Journal of Pediatric Ophthalmology and Strabismus
9	0.05	84	1934	Patents	Patents
10	0.04	3795	1977	Res Policy	Research Policy
11	0.04	849	1977	J Law Econ	Journal of Law and Economics
12	0.04	400	1915	Harvard Law Rev	Harvard Law Review
13	0.03	1223	1979	Science	Science
14	0.03	45	1966	J Deere Co	The John Deere Journal
15	0.03	26	1942	Geo L J	Georgetown Law Journal
16	0.03	23	1925	Ec Our Patent System	European Community Our Patent System
17	0.02	239	1933	George Wash Law Rev	George Washington Law Review
18	0.02	42	1890	Law Patents	The Law of Patents
19	0.01	1919	1979	Q J Econ	Quarterly Journal of Economics
20	0.01	1749	1968	Rev Econ Stat	Review of Economics and Statistics
21	0.01	1483	1969	J Polit Econ	Journal of Political Economy
22	0.01	1391	1987	Strategic Manage J	Strategic Management Journal
23	0.01	1357	1980	Scientometrics	Scientometrics
24	0.01	1132	1994	Ind Corp Change	Industrial and Corporate Change
25	0.01	1048	1998	Ec Innovation New Te	Economics of Innovation and new Technology
27	0.01	944	1997	Technovation	Technovation
28	0.01	312	1927	J Patent Trademark	Journal of the Patent and Trademark Office Society
29	0.01	58	1919	Mich L Rev	Michigan Law Review
30	0.01	53	1957	Patent Trademark Cop	Patent Trademark and Copyright
31	0.01	47	1942	U Chi L Rev	The University of Chicago Law Review
32	0.01	33	1942	Patents Antitrust La	Patent and Antitrust Law

　　表 2-14 显示，1900～2016 年，被引期刊中的中介中心度最高的期刊是《美国经济评论》，其中介度为 0.64，被引频次为 3036 次，最早被引年份为 1919 年。其在图 2-11 中处于特别明显的中间位置，将其他期刊分为左右两部分，显示出其在知识产权学科理论发展过程中明显的中介性地位和作用。由美国经济学联合会主办的《美国经济评论》创刊于 1911 年，经过 100 多年的发

展，当今是在美国影响最大，也是世界闻名遐迩的经济学期刊之一。《美国经济评论》是较早关注知识产权发展的期刊，知识产权高被引的经典文献中，有多篇是发表在该刊物上的。

《美国专利局协会期刊》的中介中心度排在第二位，其中介度为0.24，被引频次为334次，最早被引年份为1935年。作为一本典型的知识产权方向期刊，该刊的主要研究内容既涉及知识产权法学的理论进展，又涉及知识产权经济与商业方面的许可、转化等主题，也是一本对知识产权理论发展发挥着比较重要学科领域衔接作用的期刊。

第七节　全球知识产权学科的演进

一、关于学科的演进

关于知识产权学科问题，国内外学者进行了一些探索。吴汉东[129]认为，知识产权具备更多科技含量和知识要素，涉及文化创作领域、技术应用领域、工商经营领域等，与文化创新和文化产业、科技创新和科技产业、商品销售和市场贸易等诸多问题都息息相关。侯海燕、赵楠楠等[4]运用绘制学科交叉图谱方法，揭示了知识产权研究领域的学科交叉特征及其发展态势。栾春娟、罗海山等[130]运用科学计量学方法，揭示了专利研究的多学科特征。丁卫明、汤易兵[131]认为，应以多学科的视野，尤其是在创新文化、法治文化和管理文化三者的结合上，进一步深入研究知识产权文化。Kesan[132]提出，应从多学科角度加强知识产权。

二、全球知识产权学科发展阶段

1.知识产权学科发展第一阶段（1900～1987年）

笔者选取1900～1987年的专利主题文献2696条数据，利用文献题录中的学科分类栏目，运用CiteSpace可视化软件，通过对专利主题文献的学科进行共现分析，进而探测第一阶段（1900～1987年）全球专利研究的多学科分布情况。确定了网络结点为学科之后，将每个时间分区划分为10年，同时选择每一时区显示全部结点，运行CiteSpace，生成图2-12所示的"全球知识产权学科发展第一阶段图谱（1900～1987年）"。图谱中代表学科的结点越大，表示该学科出现的频次越高。

图 2-12　全球知识产权学科发展第一阶段图谱（1900 ～ 1987 年）

图 2-12 显示，在第一阶段，1900 ～ 1987 年，全球知识产权研究主题文献最集中的学科是"政府与法律"，该学科在相当长的历史发展时期内，都占有强大的优势。例如，对于知识产权体系中最重要的专利权来说，它是法律赋予发明创造者的专有权利，发明创造者被授予专利权后，专利局会将发明创造的内容向整个社会公开。专利是"独占"与"公开"两者的统一，是发明者以发明创造信息公开为代价获得垄断权。专利制度目的在于保护技术发明者能够享受到独占性、排他性的权利，权利人之外的任何主体使用专利技术，都必须通过专利权人的授权许可才可以获得使用权。随着科学技术和社会的不断发展，专利侵权、专利撤销与专利无效等诸多法律问题不断出现，因此导致"政府与法律"这个学科在如此之长的历史发展过程中，占有绝对的优势地位。技术的发展促进了经济的发展，带来了商业发展的机会，"商科与经济"开始逐渐地融入知识产权主题的研究过程中。知识产权与经济增长有何关系、专利技术成果转化应采取何种商业模式等，许多类似课题的研究促进了与知识产权研究紧密相关的学科，如"商科与经济"等的生成和发展。随着信息技术与计算机科学技术的发展，"信息与图书馆科学"和"计算机科学"也逐步融入知识产权主题研究中。在第一阶段，产出论文数量多于 3 篇的学科相关信息，如表 2-15 所示。

表 2-15　全球知识产权论文学科分布（1900～1987 年）

序号	学科	数量 / 篇	占全部论文（2696 篇）比例 /%	初现年份
1	政府与法律（Government & Law）	2080	77.151	1900
2	商科与经济（Business & Economics）	1528	56.677	1909
3	信息与图书馆科学（Information Science & Library Science）	233	8.642	1911
4	计算机科学（Computer Science）	177	6.565	1958
5	化学（Chemistry）	46	1.706	1975
6	国际关系学（International Relations）	41	1.521	1932
7	社会问题（Social Issues）	33	1.224	1940
8	公共管理学（Public Administration）	27	1.001	1915
9	科学技术其他主题（Science Technology Other Topics）	26	0.964	1950
10	工程学（Engineering）	23	0.853	1970
11	社会科学其他主题（Social Sciences Other Topics）	22	0.816	1910
12	历史学（History）	21	0.779	1960
13	通信学（Communication）	15	0.556	1937
14	科学哲学史（History Philosophy of Science）	15	0.556	1960
15	药理药学（Pharmacology Pharmacy）	15	0.556	1970
16	食品科技学（Food Science Technology）	14	0.519	1976
17	材料科学（Materials Science）	12	0.445	1979
18	营养学（Nutrition Dietetics）	12	0.445	1970
19	教育教学研究（Education Educational Research）	8	0.297	1916
20	运筹管理科学（Operations Research Management Science）	8	0.297	1970
21	心理学（Psychology）	7	0.26	1936
22	艺术学（Art）	6	0.223	1977
23	社科数学方法（Mathematical Methods in Social Sciences）	5	0.185	1960
24	社会学（Sociology）	5	0.185	1932
25	数学（Mathematics）	4	0.148	1980
26	公共环境职业健康（Public Environmental Occupational Health）	4	0.148	1968
27	生态环境科学（Environmental Sciences Ecology）	3	0.111	1981
28	老年病学（Geriatrics Gerontology）	3	0.111	1957
29	卫生保健科学服务（Health Care Sciences Services）	3	0.111	1970
30	文学（Literature）	3	0.111	1976
31	护理学（Nursing）	3	0.111	1932
32	精神病学（Psychiatry）	3	0.111	1936

知识产权研究在第一阶段（1900～1987 年）共涉及 58 个不同的学科领域。如表 2-15 所示，全球知识产权学科在 1900～1987 年近 90 年的时间里，论

文产出超过 100 篇的学科只有四个。排在第一位的是"政府与法律",其论文产出 2080 篇,占该期间全部论文产出的 77.151%,在我们统计的起始年代(1900 年)该学科就存在。说明作为"权利法定"的知识产权学科发展,在很长一段历史时期内,都以法学这个学科中的"政府与法律"为主。在第一阶段的后半期,尤其是第二次世界大战之后,各国需要依赖专利技术恢复经济发展的选择和发展趋势,加速了与知识产权主题相关的"商科与经济"的快速发展,占了半壁江山,论文产出 1528 篇,占比为 56.677%,初现年份为 1909 年。该阶段的"信息与图书馆科学""计算机科学"等尚处于刚刚起步阶段,都没有超过 10% 的比例。其他学科,化学、国际关系学等,则只是萌芽阶段。

2. 知识产权学科发展第二阶段(1988 ~ 2016 年)

知识产权学科发展第二阶段(1988 ~ 2016 年),共有知识产权主题文献 8789 篇,同样选择文献题录中的学科分类为网络结点,将每个时间分区划分为 5 年,同时选择每一时区显示全部结点,运行 CiteSpace,生成图 2-13 所示的第二阶段"全球知识产权学科发展第二阶段图谱(1988 ~ 2016 年)"。图谱中代表学科的结点越大,表示该学科出现的频次越高。

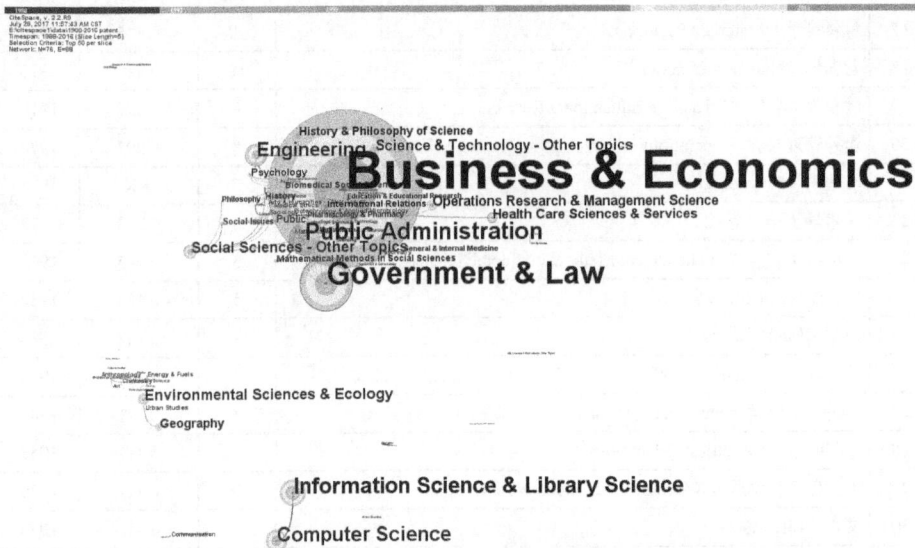

图 2-13　全球知识产权学科发展第二阶段图谱(1988 ~ 2016 年)

图 2-13 显示,第二阶段的"商科与经济"学科占据了绝对的优势,在图谱中是最大的一个结点。20 世纪 80 年代中期以后,随着信息技术、生物技术、

纳米技术等新兴技术的发展，专利技术对商业模式的形成和高技术经济的发展，产生了巨大的推动和影响作用。该阶段共涉及 76 个学科。"政府与法律"仍然是第二阶段的一个重要学科，尽管其地位已经发生了显著的变化，由第一阶段的第一位和绝对优势的地位，而变更为第二位，不占据主导地位。"公共管理"（Public Administration）成为一个迅速崛起的学科，连接着法律与经济学科；随着大数据的出现和在社会经济发展中的作用不断加强，以及互联网等信息技术的飞速发展，"信息与图书馆科学"也快速地发展起来了，其与"计算机科学"共同成为知识产权主题文献多学科图谱中的一个相对比较独立的区域。在第二阶段，产出论文数量多于 40 篇的学科相关信息，如表 2-16 所示。

表 2-16 全球知识产权论文学科分布（1988～2016 年）

序号	学科	数量 / 篇	占全部论文（8789篇）比例 /%	初现年份
1	商科与经济（Business & Economics）	4392	49.972	1909
2	政府与法律（Government & Law）	1508	17.158	1900
3	公共管理（Public Administration）	933	10.616	1915
4	信息与图书馆科学（Information Science & Library Science）	815	9.273	1911
5	计算机科学（Computer Science）	747	8.499	1958
6	工程学（Engineering）	649	7.384	1970
7	运筹学 / 管理科学（Operations Research Management Science）	359	4.085	1970
8	环境与生态科学（Environmental Sciences Ecology）	355	4.039	1993
9	科学技术其他主题（Science Technology Other Topics）	330	3.755	1950
10	社会科学其他主题（Social Sciences Other Topics）	318	3.618	1910
11	卫生保健科学服务（Health Care Sciences Services）	275	3.129	1992
12	地理学（Geography）	217	2.469	1989
13	科学哲学史（History Philosophy of Science）	195	2.219	1989
14	心理学（Psychology）	164	1.866	1936
15	社科数学方法（Mathematical Methods In Social Sciences）	124	1.411	1960
16	历史学（History）	119	1.354	1960
17	国际关系学（International Relations）	108	1.229	1932
18	药理药学（Pharmacology Pharmacy）	104	1.183	1993
19	生物医学社会科学（Biomedical Social Sciences）	103	1.172	1988
20	社会问题（Social Issues）	89	1.013	1989
21	哲学（Philosophy）	88	1.001	1993
22	教育教学研究（Education Educational Research）	82	0.933	1916
23	数学（Mathematics）	75	0.853	1980
24	精神病学（Psychiatry）	69	0.785	1993

序号	学科	数量/篇	占全部论文（8789篇）比例/%	初现年份
25	农学（Agriculture）	68	0.774	1991
26	能源燃料（Energy Fuels）	67	0.762	1993
27	社会学（Sociology）	67	0.762	1932
28	普通内科（General Internal Medicine）	65	0.74	1992
29	城市研究学（Urban Studies）	64	0.728	1998
30	生物技术应用微生物学（Biotechnology Applied Microbiology）	62	0.705	1989
31	医学伦理学（Medical Ethics）	61	0.694	1998
32	化学（Chemistry）	57	0.649	1990
33	艺术人文其他主题（Arts & Humanities Other Topics）	51	0.58	1990
34	通信学（Communication）	50	0.569	1937
35	护理学（Nursing）	48	0.546	1991
36	食品科技学（Food Science Technology）	41	0.466	1991
37	文学（Literature）	41	0.466	1976
38	人类学（Anthropology）	40	0.455	1992

随着知识产权主题文献全部学科在第二发展阶段的井喷，论文产出高于 40 篇的学科共有 38 个。"商科与经济"在第二阶段（1988～2016 年）排名第一，论文 4392 篇，占比为 49.972%，遥遥领先于其他学科。"政府与法律"学科明显地下降了，论文产出 1508 篇，占比仅为 17.158%，不到 20%，彻底丧失了领先的优势地位。"公共管理"与"信息与图书馆科学"分别占了 10% 左右的比例。"计算机科学"有所发展，"工程学"属于一个迅速崛起的与专利主题研究相关的学科。其他一些学科，如"环境与生态科学""卫生保健科学服务""地理学""心理学""科学哲学史""药理药学"等，虽然不占主流，但却是知识产权主题研究过程中全球学者关注的一些相关课题。

第八节　全球知识产权学科热点主题的演进

一、关于学科热点主题的演进

如果说学科分布、研究领域分布是从比较宏观的层面考察学科进展的话，那么学科热点主题的演进分析，则是从比较微观的层面去发现一个学科随着历史的推进，而展现出不同的研究热点主题。在 SSCI 和 A&HCI 数据库记录中，1992 年之前的文献没有关键词栏目。因此笔者选择知识产权主题文献的篇名字数虽然不多，但却是一篇文献全部内容的高度概括和凝练，能准确地反映该篇文献的精髓和主题思想[133]。因此，这里笔者选择知识产权主题文献篇名中的主题词进行共词分析，运用 CiteSpace 软件绘制主题词演进图谱[80,134]。频次高的主题词常被用来确定一个研究领域的热点问题。

二、全球知识产权学科热点主题发展阶段

1. 知识产权发展第一阶段热点主题（1900 ～ 1987 年）

笔者选择 CiteSpace 平台的主题词作为网络结点，主题词从知识产权主题文献篇名中的名词短语（noun phrases）中提取，进行知识产权研究主题文献的共词分析[133]，绘制两个发展阶段的专利研究主题词图谱，考察其发展和演进趋势。确定了网络结点为主题词之后，将每 10 年时间划分为一个时区，选择每一时区显示 20 个高频主题词，运行 CiteSpace，生成图 2-14 所示的"全球知识产权学科热点主题第一阶段图谱（1900 ～ 1987 年）"。图谱中代表主题词的标签越大，表示该主题词出现的频次越高。

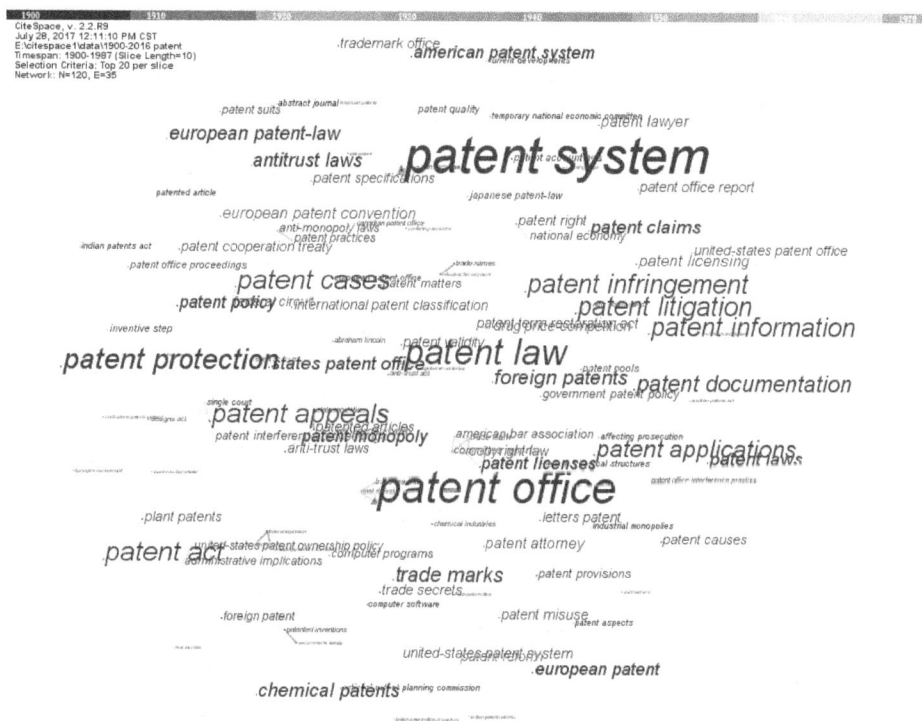

图 2-14　全球知识产权学科热点主题第一阶段图谱（1900 ～ 1987 年）

图 2-14 显示，在第一阶段知识产权研究主题文献的主题词图谱上面，比较突出的几个研究热点是专利制度、专利局、专利法、专利保护、专利文献、专利信息、专利法案等。绝大多数热点领域跟知识产权法学学科关系密切。在第一阶段（1900～1987 年）出现频次超过 10 次的主题词如表 2-17 所示。

表 2-17 全球知识产权学科频次超过 10 次的主题词（1900～1987 年）

序号	频次/次	主题词
1	90	专利制度（patent system）
2	70	专利局（patent office）
3	49	专利法（patent law）
4	33	专利保护（patent protection）
5	27	专利法案（patent act）
6	26	专利权案例（patent cases）
7	26	专利上诉（patent appeals）
8	24	专利诉讼（patent litigation）
9	24	专利侵权（patent infringement）
10	24	专利信息（patent information）
11	21	专利申请（patent applications）
12	20	专利文献（patent documentation）
13	16	商标（trade marks）
14	15	国外专利（foreign patents）
15	13	欧洲专利法（European patent-law）
16	13	反托拉斯法（antitrust laws）
17	13	化学专利（chemical patents）
18	12	专利法律（patent laws）
19	12	国家专利局（states patent office）
20	12	专利权利要求（patent claims）
21	11	专利政策（patent policy）
22	11	欧洲专利（European patent）
23	11	专利许可证（patent licenses）
24	11	美国专利制度（american patent system）
25	11	专利垄断（patent monopoly）
26	10	专利许可（patent licensing）
27	10	欧洲专利公约（European patent convention）

表 2-17 显示，在第一阶段，频次最高的主题词是专利制度，频次为 90 次，说明国际上更多的学者研究了专利制度的起源、发展、特征和制度产生、形成与完善等诸多相关问题。专利局作为专利申请受理和专利权的授权机关，也受

到学者的关注，关于专利局的设置、专利局的权限、专利的审理期限、专利公告等一些与专利申请和授权相关的问题，比较广泛地被探讨。在各国专利法与专利法案的建立、完善和发展过程中，一些相关的议题得到国际学者的关注。随着专利制度的不断发展，专利侵权与专利案件的诉讼也相应地出现，专利保护也随之提上日程，如何通过行政和司法的途径保护授权专利，成为专利权利人和学者关注的课题。

2.知识产权发展第二阶段热点主题（1988～2016年）

同样方法，在绘制第二阶段（1988～2016年）知识产权主题词图谱时，确定了网络结点为主题词之后，将每3年时间划分为一个时区，选择每一时区显示30个高频主题词，运行CiteSpace，生成图2-15所示的第二阶段"全球知识产权学科热点主题第二阶段图谱（1988～2016年）"。图谱中代表主题词的标签越大，表示该主题词出现的频次越高。

图 2-15　全球知识产权学科热点主题第二阶段图谱（1988～2016年）

图2-15显示，在第二阶段知识产权研究主题文献的主题词图谱上面，出现了更多的热点研究领域：最突出的热点和重点研究领域是技术创新，产业研发与知识产权保护也是非常突出的一个热点领域；同时还有专利产出、创新绩效、知识流动、专利引文、技术转移、经济增长、知识溢出、专利保护、吸收

能力、经济与市场等。在第二阶段（1988～2016 年）出现频次超过 240 次的主题词如表 2-18 所示。

表 2-18　全球知识产权学科频次超过 240 次的主题词（1988～2016 年）

序号	频次/次	主题词
1	1954	创新（innovation）
2	1373	专利（patents）
3	970	研发（research-and-development）
4	811	知识产权（intellectual property）
5	691	技术（technology）
6	612	产业（industry）
7	561	绩效（performance）
8	540	专利引文（patent citations）
9	532	知识（knowledge）
10	498	科学（science）
11	481	专利（patent）
12	477	公司（firms）
13	441	增长（growth）
14	358	溢出（spillovers）
15	353	指标（indicators）
16	348	专利保护（patent protection）
17	313	知识溢出（knowledge spillovers）
18	302	竞争（competition）
19	297	政策（policy）
20	295	生物技术（biotechnology）
21	284	生产力（productivity）
22	265	专利数据（patent data）
23	246	美国（United-States）

表 2-18 显示，在第二阶段，创新成为最突出的研究热点和重点主题，其仅仅在第二阶段的全部知识产权主题文献的篇名中出现的频次就接近 2000 次，在主题中出现的频次将远远高于这个数字。研发是另一个重点和热点研究领域，产业技术研发活动是专利产生的前提和基础，随着各国科学技术竞争日益白热化，加大研发投入和管理、提高研发效率和质量，是各国政府和产业、企业倍加关注的大事。创新发展的绩效及衡量与测度其的指标等，也受到国内外学者的广泛关注和探讨。技术创新过程中的技术转移、知识流动和知识溢出等许多问题，都成为第二阶段全球专利研究的热点和重点领域。同时，专利技术与创新的发展对经济增长的贡献、专利技术的竞争发展、专利技术对生产力提

高的影响等，也是全球专利研究关注的一些热点和重点。随着大数据概念的提出和相关研究的深入，专利数据、专利引文等一些实证分析方法，逐渐被从事专利研究的学者采用。

第九节　小　　结

一、主要结论

本章基于来源于 SSCI 和 A&HCI 数据库的、发表于 1900～2016 年全球知识产权学科发展成果的 11 485 条知识产权主题文献，采用文献计量与信息可视化方法，对全球知识产权学科发展的整体态势、科学合作、代表人物、经典文献、核心期刊、学科演进和热点主题演进等方面进行了全面的梳理。主要得到以下结论。

第一，从全球知识产权学科发展的整体态势来看，知识产权学科在 1900～1987 年呈现出低缓、波动的发展态势；1988～2016 年呈现出迅猛增长态势。基于这样的发展态势，笔者将 1900～2016 年全球知识产权学科的发展划分为两个阶段，以 1988 年为界，该年度也是知识产权法学学科首次落后于其他学科而位居第二位的年份。从知识产权学科成果的国家 / 地区分布来看，超过 35% 的成果产于美国，英格兰和德国的成果分别超过 5%。从知识产权学科成果的机构分布来看，产出超过 100 篇论文的高产机构有哈佛大学、美国国家经济研究局、加州大学伯克利分校、鲁汶大学、佐治亚理工学院和宾夕法尼亚大学。从 WOS 学科分布来看，超过 10% 的 WOS 学科有法学、商学、经济学和管理学；从研究领域（也是另外一种学科分类方法）分布来看，比例超过 10% 的研究领域 / 学科只有两个，即商科与经济及政府与法律。从知识产权学科成果的国际学术期刊分布来看，超过 1% 的刊物有《专利局协会期刊》《科研政策》《科学计量学》《国际工业产权和版权法评论》《技术预测与社会变革》。从知识产权学科成果的国际学术会议分布来看，超过 7 篇成果的会议有第五届国际生物伦理学会议、知识产权法律和经济的评估会议、创新和知识产权价值会议、反垄断部门年度春季会议和第六届科学技术指标国际会议。

第二，从全球知识产权学科成果的科学合作网络来看，两个阶段都比较稀疏，尚未形成比较稳固的科学合作共同体。知识产权学科发展的代表人物，高被引的学者主要有卡内基·梅隆大学社会科学与决策科学系教授 Cohen, W. M.、哈佛大学经济系教授 Jaffe, A. B.、加州大学伯克利分校经济系教授 Hall, B.

H. 等。经典文献主要有 Griliches，Z. 于 1990 年发表在《经济文献期刊》的经典文献《作为经济指标的专利统计》，Jaffe，A. B. 于 1993 年发表于《经济学季刊》的论文《基于专利引证分析的知识溢出地域特征》，Cohen 在 1990 年发表于《管理科学季刊》的论文《吸收能力：学习与创新研究的新视角》等。

全球知识产权学科高被引的核心期刊主要有：1972 年由英国萨塞克斯大学科学技术政策研究中心主办的《科研政策》；由美国经济学会于 1911 年首次创刊的《美国经济评论》等。知识产权学科在第一阶段以知识产权法学为主导，在第二阶段以知识产权商业经济学为主导。知识产权学科研究热点主题，第一阶段主要是专利制度、专利法、专利侵权与专利保护等；第二阶段主要是技术创新、经济增长、技术扩散、知识溢出、产业研发、研发绩效等。

二、对我国知识产权人才培养的启示

本章全球知识产权学科理论进展的分析结果，对我国知识产权人才培养具有重要的启示作用。我国自 20 世纪 80 年代以来开始的知识产权人才培养，更多地侧重了法学学科的教育，一些大学的知识产权学院，也往往是跟法学院两块牌子、一班人马的建制和发展模式。实践证明，这种培养知识产权人才的模式，跟社会经济发展、技术发展和商业发展过程中真正需要的知识产权人才还是差距较大、难以衔接的。从全球知识产权学科成果的分布角度来看，我国知识产权人才培养过程中的对外合作与交流，应更多选择美国的一些知识产权学科成果高产机构。从知识产权学科建设的理论基础和来源角度来看，应注重本章提炼的经典文献的研读与剖析，并对其进行深入的发展和完善。从知识产权学科分布与研究热点主题分布角度来看，全球知识产权学科分布图谱已经揭示了最近 30 年来，全球的知识产权研究主要集中于"商科与经济"学科领域；与此对应的该阶段知识产权研究热点主题词图谱也揭示了知识产权研究的核心是围绕着"技术创新"主题进行的。由此可见，全球最近 30 年知识产权研究的重点学科领域，已经由传统的知识产权法学学科转移到知识产权商科与经济学科了，关注的核心议题也由知识产权法律制度而发展为技术创新、技术转移、产业研发、创新指标和绩效、经济增长与知识流动等这样一些热点主题，因此，我们的知识产权人才培养，也应该转变传统观念，跟上国际知识产权发展和前进的步伐。知识产权人才培养过程中，除了传统的知识产权法律类课程之外，应大量增加知识产权与创新创业、知识产权与风险投资、知识产权与科技成果转化、知识产权与专利价值评估、知识产权与专利检索和数据处理、知识产权服务的软件平台开发等适应当前全球知识产权发展需要的、应用性比较强的知识产权相关课程。知识产权法律制度、知识产权保护和知识产权诉讼方面的人才队伍在从事知识产权实务工作中，若能懂一些技术、管理、商业运营或创新创业方面的知识和技能，将非常有利于我国知识产权战略的实施，对科技成果的转化也会有较强的促进作用。

参 考 文 献

［1］Kwon S，Porter A，Youtie J. Navigating the innovation trajectories of technology by combining specialization score analyses for publications and patents：Graphene and nano-enabled drug delivery ［J］. Scientometrics，2016，106（3）：1057-1071.

［2］Jo H，Park Y，Kim S E，et al. Exploring the intellectual structure of nanoscience and nanotechnology：Journal citation network analysis ［J］. Journal of Nanoparticle Research，2016，18（6）：1-21.

［3］Ballardini R. Patents，inventions and the dynamics of innovation：A multidisciplinary study ［J］. Journal of Intellectual Property Rights，2009，13（2）：188.

［4］侯海燕，赵楠楠，胡志刚，等.国际知识产权研究的学科交叉特征分析——基于期刊学科分类的视角［J］.中国科技期刊研究，2014，（3）：416-426.

［5］吴汉东.知识产权的学科特点与人才培养要求［J］.中华商标，2007，（11）：11.

［6］丁桂芝，李建生，王文生.论知识产权文化在技术型创新人才培养领域的价值［J］.中国成人教育，2013，（24）：164-167.

［7］孟丽华，李磊，张玉萍.基于创新人才培养的高校知识产权发展研究［J］.技术与创新管理，2012，（3）：338-341.

［8］Gallie E P，Legros D. French firms' strategies for protecting their intellectual property ［J］. Research Policy，2012，41（4）：780-794.

［9］Autio E，Acs Z. Intellectual property protection and the formation of entrepreneurial growth aspirations ［J］. Strategic Entrepreneurship Journal，2010，4（3）：234-251.

［10］陶鑫良.知识产权运行人才的培养模式［J］.河南科技，2016，（22）：11-14.

［11］谢乒，王新华.应用型知识产权人才的高校培养机制研究［J］.中国高校科技，2012，（11）：52-54.

［12］雷鸣.论应用型知识产权管理人才的培养［J］.郑州牧业工程高等专科学校学报，2014，（1）：35-37.

［13］唐珺.企业需求视角下高校知识产权管理人才培养研究［J］.南方论刊，2016，（1）：70-73.

［14］赵建国.开辟知识产权人才培养新路径.中国知识产权报，2017-04-12：20.

［15］孙迪，赵勇．知识产权筑巢引凤　人才培养诗在前方．中国知识产权报，2017-08-16：8.

［16］钱建平．知识产权人才的知识结构与培养模式研究［J］.中国大学教学，2013，（11）：33-36.

［17］陶丽琴，陈璐．我国知识产权人才培养模式和学科建设研究［J］.知识产权，2011，（7）：94-96.

［18］叶美霞，曾培芳，李羊城．德国知识产权人才培养模式研究及其对我国的启示［J］.科学管理研究，2008，（5）：82-85.

［19］郑丽娜，于慧丽．理工类院校知识产权人才培养模式探析［J］.长春教育学院学报，2013，（1）：15-16.

［20］秦琴．重庆市理工科院校加强知识产权人才培养模式的研讨［J］.南昌教育学院学报，2012，（8）：100-101.

［21］陆嘉丽，侯圣君，黄华钦．广西高新技术企业知识产权人才培养研究［J］.中国发明与专利，2016，（6）：37-42.

［22］王宇．为知识产权强国建设提供强有力的人才支撑．中国知识产权报，2016-05-27：1.

［23］管丽丽，林玉双，林琛琛．美国哈佛大学科技成果转化收益分配方式解析和借鉴［J］.科技管理研究，2014，（4）：29-32.

［24］刘春田．知识产权制度是创造者获取经济独立的权利宪章［J］.知识产权，2010，（6）：18-22.

［25］Benneworth P，Charles D，Madanipour A. Building localized interactions between universities and cities through university spatial development［J］. European Planning Studies，2010，18（10）：1611-1629.

［26］NBER History［EB/OL］. http：//www.nber.org/［2017-10-13］.

［27］Frankel J A，Giavazzi F，Rey H. Introduction：NBER international seminar on macroeconomics 2015［J］. Journal of International Economics，2016，99：S1.

［28］Feenberg D，Ganguli I，Gaule P，et al. It's good to be first：Order bias in reading and citing NBER working papers［J］. Review of Economics and Statistics，2017，99（1）：32-39.

［29］卓杰，王绩琨．教学论在中国：称谓演变和学科体系演进［J］.高等教育研究，2017，（5）：43-48.

［30］王绩琨，冯茹．科学学科的自我认识：科学学科学［J］.科学与管理，2015，（1）：26-33.

［31］Bartol T，Budimir G，Juznic P，et al. Mapping and classification of agriculture in Web of Science：Other subject categories and research fields may benefit［J］. Scientometrics, 2016, 109（2）：979-996.

［32］马芸, 郑燕林, 史慧姗. 国内高校 MOOC 的学科分布现状研究［J］. 现代远距离教育, 2017,（1）：11-19.

［33］胡志刚, 陈华雄, 林歌歌. 基于 CNKI 数据库的我国各学科论文分布地图的绘制和分析［J］. 中国科技资源导刊, 2017,（2）：53-61.

［34］Web of Science 核心合集·学科分类［EB/OL］. http：//images.webofknowledge.com/WOKRS56B5/help/zh_CN/WOS/hp_subject_area_terms_easca.html［2017-03-16］.

［35］王宜强, 赵媛. 资源流动研究现状及其主要研究领域［J］. 资源科学, 2013,（1）：89-101.

［36］封利强. 司法证明机理：一个亟待开拓的研究领域［J］. 法学研究, 2012,（2）：143-162.

［37］安璐, 余传明, 李纲, 等. 中美图情科研机构研究领域比较研究［J］. 中国图书馆学报, 2014,（3）：64-77.

［38］Wei F F, Zhang G J, Feng Y Q, et al. A co-authorship network-based method for understanding the evolution of a research area：A case of information systems research［J］. Malaysian Journal of Library and Information Science, 2017, 22（2）：1-14.

［39］Keathley-Herring H, van Aken E, Gonzalez-Aleu F, et al. Assessing the maturity of a research area：Bibliometric review and proposed framework［J］. Scientometrics, 2016, 109（2）：927-951.

［40］叶继元. 学术期刊的质量与创新评价［J］. 浙江大学学报（人文社会科学版）, 2013,（2）：108-117.

［41］王路昊. 是共识还是边界概念：基于扎根理论对学术期刊中"孵化器"的定义分析［J］. 科学学与科学技术管理, 2014,（4）：146-153.

［42］Park Y, Bhuyan R, Wahab S. Can an academic journal promote radical scholarship？［J］. Affilia-Journal of Women and Social Work, 2017, 32（3）：273-275.

［43］Rowley J, Johnson F, Sbaffi L, et al. Academics' behaviors and attitudes towards open access publishing in scholarly journals［J］. Journal of the Association for Information Science and Technology, 2017, 68（5）：1201-1211.

［44］Journal of the patent and Trademark Office Society［EB/OL］. http：//www.jptos.org/about-jptos-2.html［2017-04-15］.

［45］Tether B S, Smith I J, Thwaites A T. Smaller enterprises and innovation in the UK：The SPRU innovations database revisited［J］. Research Policy, 1997, 26（1）：19-32.

［46］Harris R I D. Technological change and regional development in the UK：Evidence from the spru database on innovations［J］. Regional Studies，1988，22（5）：361-374.

［47］McCrory P，Meeuwisse W H，Aubry M，et al. Consensus statement on concussion in sport：The 4th International Conference on concussion in sport，Zurich，November 2012［J］. Journal of Athletic Training，2013，48（4）：554-575.

［48］McCrory P，Meeuwisse W H，Aubry M，et al. Consensus statement on concussion in sport：the 4th International Conference on concussion in sport held in Zurich，November 2012［J］. British Journal of Sports Medicine，2013，47（5）：250-258.

［49］邱均平，曾倩 . 国际合作是否能提高科研影响力——以计算机科学为例［J］. 情报理论与实践，2013，（10）：1-5.

［50］谭晓，张志强，韩涛 . 基础科学国际合作的测度和分析［J］. 图书情报知识，2013，（2）：97-104.

［51］刘俊婉，郑晓敏，王菲菲，等 . 基于结点进退的中科院院士合作网络演化研究——以信息技术科学部为例［J］. 情报杂志，2016，（12）：162-168.

［52］Wang W，Yu S O，Bekele T M，et al. Scientific collaboration patterns vary with scholars' academic ages［J］. Scientometrics，2017，112（1）：329-343.

［53］Campos M M，Guimaraes M，Ferreira L J A，et al. Study of the scientific collaboration network in nanotechnology at the Brazilian Agricultural Research Corporation［J］. Transinformacao，2017，29（1）：115-123.

［54］Araujo E B，Araujo N A M，Moreira A A，et al. Gender differences in scientific collaborations：Women are more egalitarian than men［J］. PLoS One，2017，12（5）.

［55］Mao J，Cao Y J，Lu K，et al. Topic scientific community in science：A combined perspective of scientific collaboration and topics［J］. Scientometrics，2017，112（2）：851-875.

［56］Fahnrich B. Science diplomacy：Investigating the perspective of scholars on politics-science collaboration in international affairs［J］. Public Understanding of Science，2017，26（6）：688-703.

［57］Federico P J［EB/OL］. http：//www.squaring.net/history_theory/pj_federico.html［2017-03-09］.

［58］Scholars @ Duke［EB/OL］. https：//scholars.duke.edu/person/boyle.

［59］毛鹿祯 . 关于知识产权和公共领域的多语教育资源系统［EB/OL］. https：//law.duke.edu/cspd/chinese/manifesto/［2016-03-06］.

［60］武汉大学 . 台湾大学黄慕萱教授、陈达仁教授应邀做专题学术报告，黄教授并受聘我

校客座教授［J］.评价与管理，2015，（4）：78.

［61］Chuang H M，Lin C K，Chen D R，et al. Evolving MCDM applications using hybrid expert-based ISM and DEMATEL models：An example of sustainable ecotourism［J］. Scientific World Journal，2013（1）：751-728.

［62］Chen M Y，Chen D R，Fan M H，et al. International transmission of stock market movements：An adaptive neuro-fuzzy inference system for analysis of TAIEX forecasting ［J］. Neural Computing & Applications，2013，23：369-378.

［63］Chen D R，Chen M Y，Huang T C，et al. Developing a mobile learning system in augmented reality context［J］. International Journal of Distributed Sensor Networks，2013，（1）：47-49.

［64］Huang M H，Chang Y W. Characteristics of research output in social sciences and humanities：From a research evaluation perspective［J］. Journal of the American Society for Information Science and Technology，2008，59（11）：1819-1828.

［65］Chen S H，Huang M H，Chen D Z. Identifying and visualizing technology evolution：A case study of smart grid technology［J］. Technological Forecasting and Social Change，2012，79（6）：1099-1110.

［66］陈喜乐，李腾达，刘伟榕. 定性评价方法的极限与超越——基于对同行评议的研究综述［J］. 未来与发展，2014，（5）：16-20.

［67］栾春娟，侯海燕. 科技政策研究代表人物与核心文献可视化网络［J］. 科学学研究，2008，（6）：1164-1167，1187.

［68］刘则渊，陈悦，朱晓宇. 普赖斯对科学学理论的贡献——纪念科学计量学之父普赖斯逝世30周年［J］. 科学学研究，2013，（12）：1761-1772.

［69］李冲. 引文分析的本质与学术评价功能的条件性［J］. 科学学研究，2013，（8）：1121-1127.

［70］冯兴元. 弗莱堡学派代表人物欧肯其人及其经济思想［J］. 学术界，2014，（3）：45-64，307.

［71］侯海燕，刘则渊，陈悦，等. 当代国际科学学主流学术群体及其代表人物［J］. 科学学研究，2006，（2）：161-165.

［72］Freeman L C. Centrality in social networks：Conceptual clarification［J］. Social Networks，1979，（1）：215-239.

［73］Burt R S. Structure Holes：The Social Structure of Competition［M］. Cambridge：Harvard University Press，1992：237.

［74］Liu S B，Chen C M. The differences between latent topics in abstracts and citation contexts of citing papers [J]. Journal of the American Society for Information Science and Technology, 2013, 64 (3): 627-639.

[75] Chen C M. Hindsight, insight, and foresight: A multi-level structural variation approach to the study of a scientific field [J]. Technology Analysis & Strategic Management, 2013, 25 (6): 619-640.

[76] Grassi R, Scapellato R, Stefani S, et al. Betweenness centrality: Extremal values and structural properties [A] // Naimzada A K, Stefani S, Torriero A. Networks, Topology and Dynamics: Theory and Applications to Economics and Social Systems [C]. Berlin: Springer-Verlag Berlin, 2009: 161-175.

[77] Newman M E J. A measure of betweenness centrality based on random walks [J]. Social Networks, 2005, 27 (1): 39-54.

[78] Leydesdorff L. Betweenness centrality as an indicator of the interdisciplinarity of scientific journals [J]. Journal of the American Society for Information Science and Technology, 2007, 58 (9): 1303-1319.

[79] Rousseau R, Zhang L. Betweenness centrality and Q-measures in directed valued networks [J]. Scientometrics, 2008, 75 (3): 575-590.

[80] Chen C M. CiteSpace II: Detecting and visualizing emerging trends and transient patterns in scientific literature [J]. Journal of the American Society for Information Science and Technology, 2006, 57 (3): 359-377.

[81] Freeman L. Centrality in social networks conceptual clarification [J]. Social Networks, 1979, 1 (3): 215-239.

[82] Sporns O, Honey C J, Kotter R. Identification and classification of hubs in brain networks [J]. PLoS One, 2007, 2 (10): 14.

[83] Cohen W M, Levinthal D A. Absorptive capacity: A new perspective on learning and innovation [J]. Administrative Science Quarterly, 1990, 35 (1): 128-152.

[84] 邹国庆, 贺胜德, 孙婧. 国外关于企业吸收能力的研究文献述评 [J]. 经济纵横, 2011, (4): 117-120.

[85] 徐闻. 哈贝马斯的商谈民主论研究 [D]. 山东大学博士学位论文, 2011.

[86] 栾春娟, 侯海燕. 世界创新地图——SSCI 创新主题文献计量与信息可视化 [A] // 全国科学技术学暨科学学理论与学科建设 2008 年联合年会 [C]. 中国安徽黄山, 2008: 15.

[87] Jaffe A B, Trajtenberg M, Henderson R. Geographic localization of knowledge spillovers as evidenced by patent citations [J]. Quarterly Journal of Economics, 1993, 108 (3):

577-598.

［88］Jaffe A B. Technological opportunity and spillovers of research and development：Evidence from firms patents，profits，and market value［J］. American Economic Review，1986，76（5）：984-1001.

［89］Hall B H，Jaffe A，Trajtenberg M. Market value and patent citations［J］. Rand Journal of Economics，2005，36（1）：16-38.

［90］Hall B H. The financing of research and development［J］. Oxford Review of Economic Policy，2002，18（1）：35-51.

［91］Hall B H，Ziedonis R H. The patent paradox revisited：An empirical study of patenting in the US semiconductor industry，1979-1995［J］. Rand Journal of Economics，2001，32（1）：101-128.

［92］Griliches Z. Patent statistics as economic indicators：A survey［J］. Journal of Economic Literature，1990，28（4）：1661-1707.

［93］Griliches Z. Market value，R and D，and patents［J］. Economics Letters，1981，7（2）：183-187.

［94］陈立新，刘则渊. 引文半衰期与普赖斯指数之间的数量关系研究［J］. 图书情报知识，2007，（1）：25-28.

［95］陈京莲，罗红，罗小臣，等. 基于文献老化负指数方程的半衰期与普赖斯指数关系的研究［J］. 图书情报工作，2012，（8）：73-76，101.

［96］Kim M C，Zhu Y J，Chen C M. How are they different？A quantitative domain comparison of information visualization and data visualization（2000-2014）［J］. Scientometrics，2016，107（1）：123-165.

［97］Kim M C，Chen C M. A scientometric review of emerging trends and new developments in recommendation systems［J］. Scientometrics，2015，104（1）：239-263.

［98］Merges R P，Nelson R R. On the complex economics of patent scope［J］. Columbia Law Review，1990，90（4）：839-916.

［99］Merges R P. Contracting into liability rules：Intellectual property rights and collective rights organizations［J］. California Law Review，1996，84（5）：1293-1393.

［100］Merges R P，Nelson R R. On limiting or encouraging rivalry in technical progress：The effect of patent scope decisions［J］. Journal of Economic Behavior & Organization，1994，25（1）：1-24.

［101］Scotchmer S. Standing on the shoulders of giants：Cumulative research and the patent-law［J］. Journal of Economic Perspectives，1991，5（1）：29-41.

[102] Scotchmer S, Green J. Novelty and disclosure in patent law [J]. Rand Journal of Economics, 1990, 21（1）: 131-146.

[103] Scotchmer S. Protecting early innovators: Should second-generation products be patentable？ [J]. Rand Journal of Economics, 1996, 27（2）: 322-331.

[104] Barnett O R. The proposed court of patent appeals revision of our patent system by the oldfield bill [J]. Michigan Law Review, 1908, 8（7）: 427-441.

[105] Barnett O R. The new equity rules as they affect patent infringement suits [J]. Illinois Law Review, 1913, 7（8）: 465-473.

[106] Dasgupta P, Stiglitz J. Industrial-structure and the nature of innovative activity [J]. Economic Journal, 1980, 90（358）: 266-293.

[107] Dasgupta P, Stiglitz J. Uncertainty, industrial structure, and the speed of R and D [J]. Bell Journal of Economics, 1980, 11（1）: 1-28.

[108] Lemley M A, Shapiro C. Patent holdup and royalty stacking [J]. Texas Law Review, 2007, 85（7）: 1991-2049.

[109] Lemley M A, Weiser P J. Should property or liability rules govern information？ [J]. Texas Law Review, 2007, 85（4）: 783-841.

[110] 康珂, 倪鹏飞. 经典文献中的国家竞争力理论: 一个文献综述 [J]. 江淮论坛, 2014, （3）: 54-61.

[111] 包妍, 程革. 经典文献对本土话语的拯救——1980 年代 "手稿热" 探源 [J]. 东北师大学报（哲学社会科学版）, 2014, （2）: 221-224.

[112] Chinn P L. The value of classic literature in shaping the future [J]. Advances in Nursing Science, 2015, 38（2）: 69.

[113] Ruiz L. Transforming the vision of classic literature: A personal narrative of a researcher [J]. Qualitative Inquiry, 2015, 21（10）: 899-905.

[114] Feuer M. The patent monopoly and the anti-trust laws [J]. Columbia Law Review, 1938, 38（7）: 1145-1178.

[115] Levin R C, Klevorick A K, Nelson R R, et al. Appropriating the returns from industrial research and development [J]. Brookings Papers on Economic Activity, 1987, （3）: 783-831.

[116] Levin R C, Klevorick A K, Nelson R R, et al. Appropriating the returns from industrial research and development [J]. Competition Policy International, 2013, 9（2）: 160-196.

[117] Arrow K. Economic welfare and the allocation of resources for invention [A] //The Rate and Direction of Inventive Activity: Economic and Social Factors [C] .Princeton:

Princeton University Press, 1962: 609-626.

[118] Taylor C T. The Economic Impact of the Patent System: A Study of British Experience [M]. Cambridge: Cambridge University Press, 1973.

[119] Venable G T, Shepherd B A, Loftis C M, et al. Bradford's law: Identification of the core journals for neurosurgery and its subspecialties [J]. Journal of Neurosurgery, 2016, 124 (2): 569-579.

[120] Alvarado R U. Growth of literature on bradford's law [J]. Investigacion Bibliotecologica, 2016, 30 (68): 51-72.

[121] Grunefeld H D. The role of information in the realization of the human rights of migrant workers: 2nd specialist meeting of the unesco project, september 23-26 1985 in Bradford, Great Britain [J]. Argument, 1986, 28: 250-251.

[122] 栾春娟, 黄福, 李红林, 等. 基于引文与载文指标的中国科普领域核心期刊分析 [J]. 中国科技期刊研究, 2017, (2): 171-175.

[123] 栾春娟. 国内外技术预见研究的核心期刊比较 [J]. 中国科技期刊研究, 2011, (4): 565-568.

[124] Garfield L D, Brown D S, Allaire B T, et al. Psychotropic drug use among preschool children in the medicaid program from 36 states [J]. American Journal of Public Health, 2015, 105 (3): 524-529.

[125] Garfield L D, Scherrer J F, Hauptman P J, et al. Association of anxiety disorders and depression with incident heart failure [J]. Psychosomatic Medicine, 2014, 76 (2): 128-136.

[126] 侯海燕. 国际科学计量学核心期刊知识图谱 [J]. 中国科技期刊研究, 2006, (2): 240-243.

[127] 栾春娟, 王续琨, 王贤文, 等. 国际科学技术政策研究核心期刊的可视化网络 [J]. 中国科技期刊研究, 2008, 19 (4): 561-563.

[128] 邱均平. 信息计量学 [M]. 武汉: 武汉大学出版社, 2007.

[129] 吴汉东. 知识产权的多元属性及研究范式 [J]. 中国社会科学, 2011, (5): 39-45, 219.

[130] 栾春娟, 罗海山, 金保德. 国际专利研究的核心期刊与主要学科分布 [J]. 情报科学, 2010, (11): 1689-1692.

[131] 丁卫明, 汤易兵. 交叉学科视野下的知识产权文化探微 [J]. 中国发明与专利, 2009, (10): 20-22.

［132］Kesan J P. Intellectual property protection and agricultural biotechnology: A multidisciplinary perspective［J］. American Behavioral Scientist, 2000, 44（3）: 464-503.

［133］Tomson Reuters: 专利文献价值及 Derwent Innovations Index 数据库介绍［EB/OL］. https://www.brainshark.com/thomsonscientific/DII1/zGKzu2GiZzKsQz0［2017-02-16］.

［134］栾春娟. 基于专利计量与可视化手段的技术前沿探测——以波音公司为例［J］. 情报理论与实践, 2009,（8）: 68-71.

第三章 全球知识产权管理学科研究进展

第一节 数据来源与发展阶段

一、数据来源

笔者选择 SSCI 数据库和 A&HCI 数据库，作为本章研究的数据来源，检索了 SSCI 与 A&HCI 这两个数据库主题中含有专利的、研究方向为商业经济学或公共管理或运筹学与管理科学的研究论文，时间跨度为 1900 ～ 2016 年，即检索策略为：主题 =patent；研究方向 =Business Economics or Public Administration or Operations Research Management Science；文献类型 =Article；时间跨度 =1900 ～ 2016；数据库 =SSCI、A&HCI。得到的检索结果是 6094 条专利主题论文，笔者将其视为全球知识产权管理学科的研究成果，对其进行国家/地区与高产机构分布、主要发文期刊与研究热点主题、高被引的代表人物、经典文献、主要研究领域和 WOS 学科分布等多项分析，期望分析结果对我国知识产权管理学科的建设和发展规划提供重要的设计和决策参考。

二、发展趋势

如图 3-1 所示，全球知识产权管理学科的国际发展趋势：在 1991 年之前的比较长的一段时期内，国际上知识产权管理相关学科的研究成果数量不多，发展基本处于比较低速、平稳的态势；但在 1992 年之后，全球知识产权管理相关学科的研究成果开始快速增加，呈现出明显的上升、高速发展势头。由此可见，在 20 世纪 90 年代之际，全球知识经济初见端倪，人们开始重视科学技术的实际应用而带来的经济发展，推动了知识产权相关学科管理成果的急剧增加。与知识产权相关的权利取得、成果转化利用、保护与维权等问题，开始成为国际学者关注的热点[1]，推动了知识产权管理学科开始蓬勃发展。随着电子信息和互联网的建立与高效使用，人们开始共同参与知识产权的创造、创新与知识产权成果的共享，知识产权管理相关研究逐步被人们重视，知识产权管理学科得到长足的发展。同时，世界知识产权组织在召开的第三十五届成员大会上通过决议，决定从 2001 年起建立"世界知识产权日"。"世界知识产权日"的确定提高了世界各国人民对知识产权及其管理的认识和理解，营造出鼓励知识创新和保护知识产权的社会环境，使知识产权管理学科的国际发展趋势一路突飞猛进。

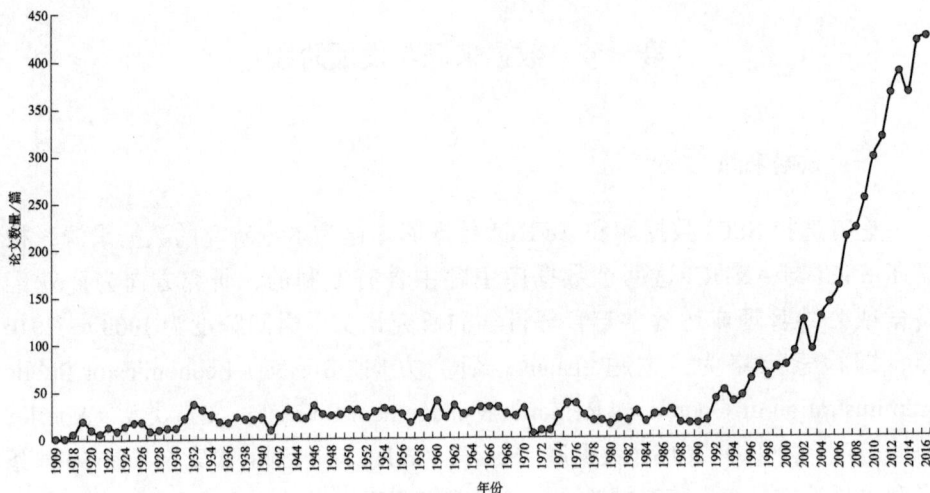

图 3-1　全球知识产权管理学科的国际发展趋势（1909～2016 年）

第二节　高产国家 / 地区与高产机构

一、高产国家 / 地区

考察全球知识产权管理学科成果的国家 / 地区分布状况，主要是为了了解和把握全球领域中的知识产权管理学科的科研状况，以便进一步深入探讨知识产权管理学科成果显著的国家 / 地区的高产机构、研究团队、研究热点主题、经典文献、主要发文期刊及主要研究领域等，可以为今后的研究提供重要的参考信息和较明确的指引方向。

图 3-2 是采用陈超美博士开发的 CiteSpace 应用软件制作的全球知识产权管理学科成果的高产国家 / 地区图谱。图中知识产权管理学科成果高产国家 / 地区显而易见，主要高产国家 / 地区有美国（USA）、英格兰（England）、德国（Germany）、意大利（Italy）、法国（France）、中国（China）、西班牙（Spain）

等，这些国家/地区对全球知识产权管理学科的研究进展做出了重要的贡献。表 3-1 列出了 1900～2016 年全球知识产权管理学科论文数量高于 70 篇的、排名前 18 位的国家/地区。

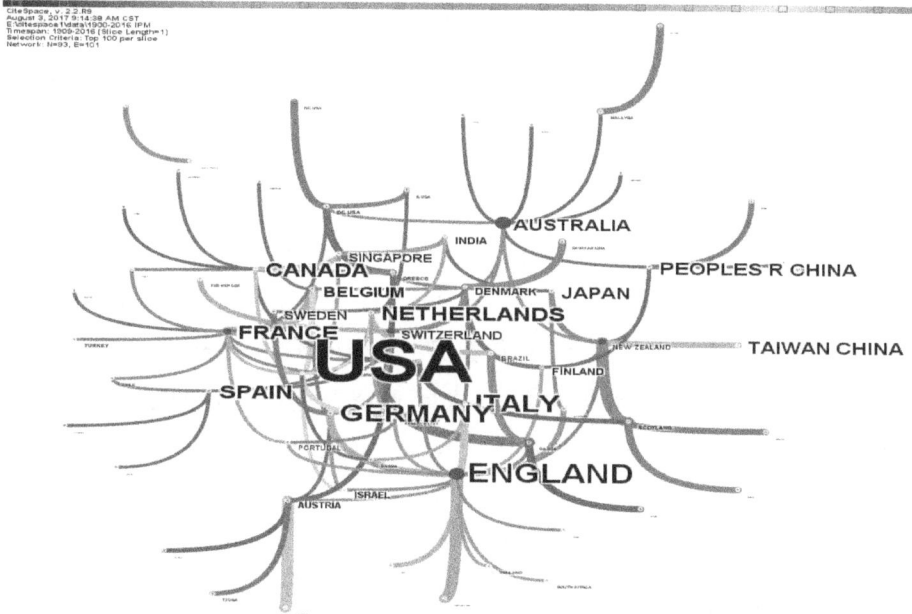

图 3-2 全球知识产权管理学科成果的高产国家/地区图谱

中国（China），在 Web of Science 数据统计中指中国大陆，不包括香港、澳门、台湾地区

表 3-1 全球知识产权管理学科论文产出高于 70 篇的国家/地区（1900～2016 年）

序号	国家/地区	论文数量/篇	占全部论文（6094 篇）比例/%
1	美国（USA）	2122	34.821
2	英格兰（England）	520	8.533
3	德国（Germany）	421	6.908
4	意大利（Italy）	390	6.400
5	法国（France）	251	4.119
6	中国（China）	232	3.807
7	西班牙（Spain）	230	3.774
8	加拿大（Canada）	230	3.774
9	荷兰（Netherlands）	222	3.643
10	中国台湾（Taiwan，China）	220	3.610
11	韩国（Republic of Korea）	212	3.479
12	日本（Japan）	158	2.593

序号	国家 / 地区	论文数量 / 篇	占全部论文（6094 篇）比例 /%
13	比利时（Belgium）	152	2.494
14	澳大利亚（Australia）	151	2.478
15	瑞典（Sweden）	104	1.707
16	瑞士（Switzerland）	87	1.428
17	丹麦（Denmark）	73	1.198
18	新加坡（Singapore）	71	1.165

注：表中中国的数据不包括香港、澳门、台湾地区的数据。

在数据统计过程中，笔者发现有的国家 / 地区在历史发展过程中发生过国家 / 地区主体的变更，这种情况下，笔者将论文产出原始统计数据中的几个相关部分进行了合并处理。例如，原始数据中分别出现了 Germany（德国）、Fed Rep Ger（联邦德国）、Ger Dem Rep（民主德国）、West Germany（西德）等，我们将其统一合并为 Germany（德国）。

表 3-1 显示，全球知识产权管理学科论文产出最高的国家是美国，共产出 2122 篇论文，占全部产出总数量的 34.821%，遥遥领先于其他国家 / 地区。排在第二位和第三位的国家分别是英格兰和德国：英格兰的论文产出 520 篇，占比为 8.533%；德国的论文产出为 421 篇，占比为 6.908%。意大利的论文产出为 390 篇，占比为 6.400%，排在第四位。排在第五位的国家是法国，共产出 251 篇论文，占比为 4.119%。排在第六位的是中国，论文产出为 232 篇，占比为 3.807%。论文产出超过 200 篇的国家 / 地区还有西班牙、加拿大、荷兰、中国台湾和韩国。论文产出高于 100 篇的国家还有日本、比利时、澳大利亚和瑞典。

二、高产机构

分析全球知识产权管理学科成果的高产机构的分布状况，可以帮助我们发现高产机构主要分布于哪些国家 / 地区，洞察全球知识产权管理学科研究发展态势，便于为进一步探讨知识产权管理学科成果显著的高产机构的研究团队、研究热点主题、经典文献、主要发文期刊及主要研究领域等问题提供方向。同时，分析结果还可以为促进知识产权管理学科的建设与国际交流的发展，尤其是培养知识产权管理学科人才、高校知识产权管理学科设立和发展等，提供具有参考价值的先进经验和学术信息。全球知识产权管理学科于 1900 ～ 2016 年产出的全部论文 6094 篇中，产出高于 60 篇的高产机构共有 13 个（表 3-2）。同样，笔者合并了写法不同但实质上为同一机构的情形。例如，将 NBER 与

Natl Bur Econ Res 统一合并为 National Bureau of Economic Research，美国国家经济研究局。

表 3-2　全球知识产权论文产出高于 60 篇的高产机构（1900～2016 年）

序号	高产机构	论文数量/篇	占全部论文（6094 篇）比例 /%
1	加州大学系统（University of California System）	158	2.593
2	哈佛大学（Harvard University）	136	2.232
3	伦敦大学（University of London）	128	2.100
4	美国国家经济研究局（National Bureau of Economic Research）	122	2.002
5	佐治亚大学系统（University System of Georgia）	118	1.936
6	加州大学伯克利分校（University of California, Berkeley）	91	1.493
7	佐治亚理工学院（Georgia Institute of Technology）	88	1.444
8	博科尼大学（Bocconi University）	87	1.428
9	鲁汶大学（Katholieke Ku Leuven）	71	1.165
10	伦敦政治经济学院（London School Economics Political Science）	65	1.067
11	麻省理工学院（Massachusetts Institute of Technology，MIT）	62	1.017
12	比利时微电子研究中心（IMEC）	62	1.017
13	国立首尔大学（Seoul National University）	61	1.001

表 3-2 显示，全球知识产权管理学科论文产出最高的前三个机构分别是加州大学系统、哈佛大学和伦敦大学。排在第一位的是加州大学系统，知识产权管理论文产出共计 158 篇，占全部产出的 2.593%。加州大学系统是位于美国加州的一个由 10 所公立大学组成的大学系统，是世界上最具影响力的公立大学系统，其旗下大学在各项学术指标和排名中均名列前茅。以加州大学伯克利分校为例，该校最先开创了知识产权与技术相关法律，其创建的伯克利法律与技术中心更是成为各国知识产权研究机构的楷模，知识产权研究一直名列前茅。排在第二位的是哈佛大学，其论文产出为 136 篇，占全部产出的 2.232%。哈佛大学作为享誉世界的私立研究型大学，其知识产权研究一直备受学术界的关注，哈佛大学知识产权管理模式在一定程度上也促进了美国波士顿地区的知识产权发展[2]。伦敦大学排名第三，其知识产权管理学科的论文产出为 128 篇，占全部产出的 2.100%。伦敦大学是世界上最具影响力的公立大学系统之一[3]，是世界最大的大学联邦体之一，由不同的学院和研究院联合而成，是英国办学规模最大、学科设置最全的大学，其旗下学院在各项学术指标和排名中均名列前茅。伦敦大学学科齐全，其中关于法律的研究更是十分优秀，在世界上享有盛名。

知识产权管理学科论文产出超过 90 篇的高产机构还有美国国家经济研究局（122 篇）、美国佐治亚大学系统（118 篇）和美国加州大学伯克利分校（91 篇）。表 3-2 中列出的 13 个高产机构，其中有 7 个机构隶属于美国，2 个机构隶属于英国，2 个机构隶属于比利时，1 个机构隶属于意大利，1 个机构隶属于韩国，高产机构中并不包括中国大陆的机构。7 个隶属于美国的高产机构中，有 6 个机构发表的论文数量排名在前 7 位，这些数据充分地说明美国在知识产权管理学科方面的科研实力和研究成果处于遥遥领先的地位。

第三节　主要发文期刊与研究热点主题

一、主要发文期刊

探索全球知识产权管理学科的主要发文期刊，有助于我们发现知识产权管理学科的学术期刊群体，了解知识产权管理学科成果发表的主要阵地。1900 ～ 2016 年，全球知识产权管理学科论文共产出 6094 篇，其中刊载知识产权管理学科论文比例超过 1% 的国际学术期刊共有 14 本（表 3-3）。

表 3-3　全球知识产权管理学科论文刊载比例超过 1% 的国际学术期刊（1900 ～ 2016 年）

序号	期刊名称	论文数量 / 篇	占全部论文（6094 篇）比例 /%
1	专利局协会期刊（Journal of the Patent Office Society）	1254	20.578
2	科研政策（Research Policy）	523	8.582
3	技术预测与社会变革（Technological Forecasting and Social Change）	188	3.085
4	技术转移杂志（The Journal of Technology Transfer）	113	1.854
5	技术创新（Technovation）	104	1.707
6	技术分析战略管理（Technology Analysis Strategic Management）	102	1.674
7	国际技术管理杂志（International Journal of Technology Management）	99	1.625
8	国际产业组织杂志（International Journal of Industrial Organization）	93	1.526
9	战略管理期刊（Strategic Management Journal）	72	1.181
10	管理科学（Management Science）	72	1.181
11	经济学快报（Economics Letters）	66	1.083
12	研究与发展管理（R & D Management）	64	1.05
13	产业与公司变迁（Industrial and Corporate Change）	63	1.034
14	美国经济评论（American Economic Review）	62	1.017

表 3-3 显示，1900～2016 年刊载全球知识产权管理学科论文超过全球知识产权管理学科论文总量 5% 的期刊有两本，分别为《专利局协会期刊》和《科研政策》。其中，《专利局协会期刊》共刊载知识产权管理学科论文 1254 篇，所占比例为 20.578%；《科研政策》期刊共刊载知识产权管理学科论文 523 篇，所占比例为 8.582%。

排在第三位的是《技术预测与社会变革》，共刊载知识产权管理学科论文 188 篇，所占比例为 3.085%。《技术预测与社会变革》于 1969 年创刊，原刊名为 "技术预测"（Technological Forecasting），1970 年更改为现刊名。该刊聚焦于社会、环境与技术各因素之间的关系，主要探讨技术预测、未来研究的方法论与实践等问题。《技术转移杂志》刊载论文 113 篇，占比为 1.854%。《技术转移杂志》是技术转移社团（Technology Transfer Society）的官方刊物，该刊作为国际技术转移实践等问题的研讨媒介，在聚焦管理学实践和技术转移战略研究的同时，探索公共政策、法律、国际形势等外部环境对科技转移的影响。知识产权管理学科论文产出超过 100 篇的还有：《技术创新》，共产出论文 104 篇，占比为 1.707%，排在第五位；《技术分析战略管理》，产出论文 102 篇，占比为 1.674%，排在第六位。

二、研究热点主题

笔者选择 CiteSpace 平台的主题词作为网络结点，主题词从文献篇名中的名词短语中提取，进行知识产权管理学科国际研究主题文献的共词分析，绘制知识产权管理学科国际研究主题词图谱。确定了网络结点为主题词之后，将每 5 年时间划分为一个时区，选择每一时区显示 30 个高频主题词，运行 CiteSpace，共得到 56 个结点（node）、134 条连线（link），生成图 3-3 所示的"全球知识产权管理学科的研究热点主题词图谱"。图谱中代表主题词的标签越大，表示该主题词出现的频次越高。

图 3-3 显示，知识产权管理研究的国际热点图谱中，最突出的热点和重点研究领域是技术创新[4, 5]；产业研发[6, 7]也是非常突出的一个热点领域；同时还有专利产出[8]、创新绩效[9]、知识流动[10]、专利引文[11, 12]、技术转移[13, 14]、经济增长[15, 16]、知识溢出[17, 18]、吸收能力[19]、经济与市场[20]等。全球知识产权管理学科论文中出现频次超过 100 次的主题词如表 3-4 所示。

表 3-4 显示，"创新"（innovation）一词出现频次超过 1000 次，是全球知识产权管理学科论文中出现频次最高的主题词。出现频次超过 500 次的主题词

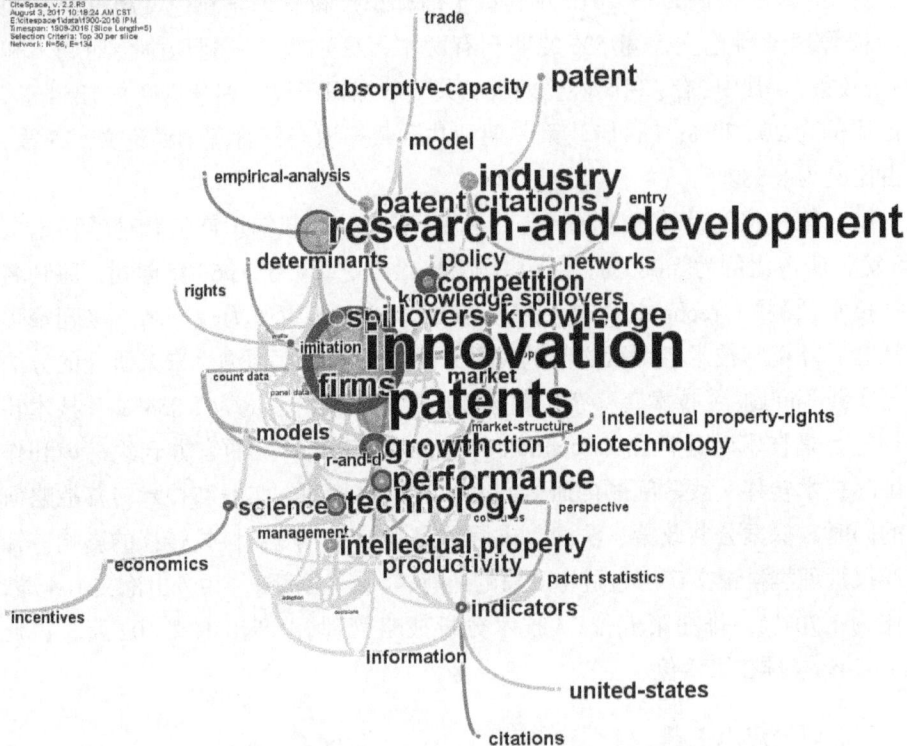

图 3-3　全球知识产权管理学科的研究热点主题词图谱

表 3-4　全球知识产权管理学科频次超过 100 次的热点主题词（1900～2016 年）

序号	频次／次	关键词
1	1175	创新（innovation）
2	788	专利（patents）
3	715	研发（research-and-development）
4	375	产业（industry）
5	352	技术（technology）
6	343	绩效（performance）
7	321	知识（knowledge）
8	317	公司（firms）
9	296	增长（growth）
10	266	专利引文（patent citations）
11	258	溢出（spillovers）
12	237	专利（patent）
13	221	知识产权（intellectual property）
14	210	竞争（competition）

续表

序号	频次 / 次	关键词
15	188	生产力（productivity）
16	175	科学（science）
17	160	模型（model）
18	159	生物技术（biotechnology）
19	158	指标（indicators）
20	153	保护（protection）
21	150	知识溢出（knowledge spillovers）
22	146	政策（policy）
23	146	美国（united-states）
24	142	市场（market）
25	138	吸收能力（absorptive-capacity）
26	137	模型（models）
27	137	决定因素（determinants）
28	126	网络（networks）
29	119	知识产权（intellectual property-rights）
30	119	引文（citations）
31	112	信息（information）
32	108	经济（economics）
33	105	公司（firm）

还有排名第二位的"专利"（patents），共出现 788 次，是全球知识产权管理学科中另一突出的研究热点和重点主题。技术创新与产业研发的热潮中，全球科学技术竞争日趋激烈，如何强化知识产权绩效管理、提高专利产出效率、增强企业技术吸收能力、推动知识流动与技术转移从而带动经济增长，是学者关注与探讨的重要课题。数据挖掘理论与实践的发展助推了知识产权管理学科的研究。专利数据、专利引文、建立技术评价体系与技术预测模型等实证分析方法，被广泛应用于知识产权管理学科的研究中。知识溢出、生物技术管理等主题也是国际知识产权管理领域学者的关注重点。

第四节 代表人物

一、代表人物图谱绘制

知识产权管理学科的代表人物，是指对该学科发展起着重要推动和促进作用的那些国际学者，表现为被该学科领域的研究成果大量引用的那些高被引作者。在此笔者就采用共被引分析方法，绘制作者共被引网络图谱，即代表人物图谱。笔者选择 CiteSpace 平台结点类型（node types）中的被引作者（cited author）作为网络结点，每一时区为 20 年，在每个时区中选取被引频次最高的 30 位作者进行作者共被引分析。运行 CiteSpace，共得到 137 个结点，441 条连线，生成图 3-4"全球知识产权管理学科代表人物图谱"，图中显示的结点越大说明该点被引频次越高。

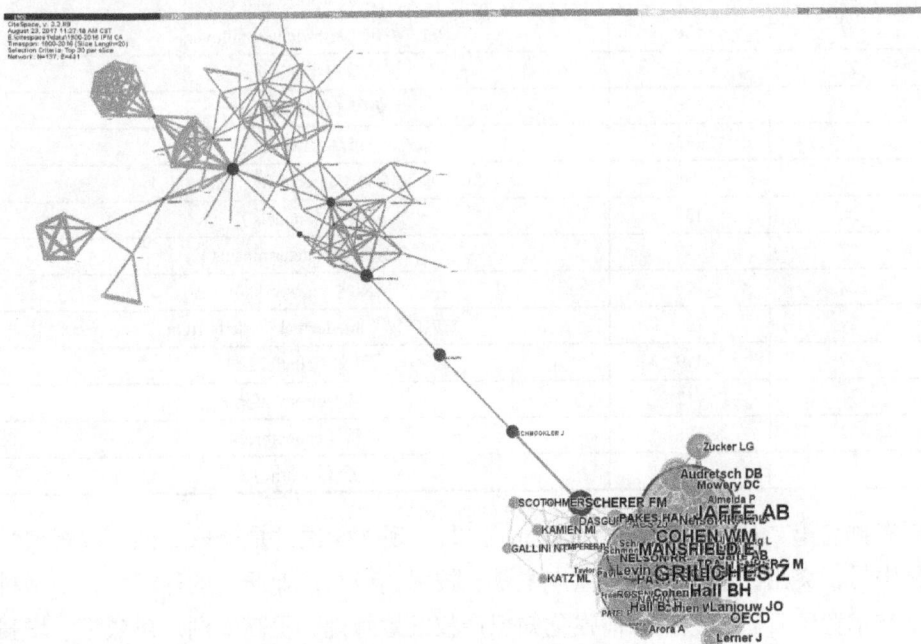

图 3-4　全球知识产权管理学科代表人物图谱

图 3-4 显示，全球知识产权管理学科代表人物图谱的重心集中于右下半部分，橘黄色部分（黑白图则为较深颜色部分）即距离当前较近的时期。图中较大的结点有 Griliches, Z.、Cohen, W. M.、Jaffe, A. B. 和 Hall, B. H. 等。图 3-4 中结点大小的排序似乎与表 3-5 中的被引频次排序并不完全对应，原因是我们绘制图 3-4 时用的是下载于 Web of Science 的原始数据，对被引作者的名字没有进行处理，采取尊重原始引文的标注方式；而表 3-5 中按照作者被引频次排序时，笔者合并了写法不同实质上为同一作者的情形，如 Hall BH（被引 543 次）、Hall B. H.（被引 316 次）、HALL BH（被引 252 次），将其统一合并为 Hall, B. H.，合并后被引的总频次为 1111 次，排在了第一位。同样，GRILICHES Z（被引 792 次）、Griliches Z.（被引 196 次），将其合并为

Griliches，Z.，被引总频次为 988 次；COHEN WM（被引 549 次）、Cohen W. M.（被引 235 次）、Cohen WM（被引 234 次），统一合并为 Cohen，W. M.，被引总频次 1018 次。

二、代表人物分析

表 3-5 列出了被引频次超过 100 次的 38 位高被引作者。在 1900 ～ 2016 年长达 100 多年的时间里，这些高被引作者对全球知识产权管理学科的发展做出了巨大的贡献。表 3-5 高被引作者的初现年份统计结果显示，有 27 位作者的初现年份是在 1980 年之后，即 71.05% 的高被引作者是在 1980 年后被大量引用的。这说明最近 30 多年时间里，全球知识产权管理学科领域涌现了大批的、对该学科发展提供重要理论基础的代表人物。

表 3-5　被引频次超过 100 次的知识产权管理学科的高被引作者（1900 ～ 2016 年）

序号	频次 / 次	中介度	作者	初现年份
1	1111	18.53	Hall, B. H.	1985
2	1018		Cohen, W. M.	1987
3	1004		Jaffe, A. B.	1985
4	988	7.53	Griliches, Z.	1973
5	538		Nelson, R. R.	1962
6	500	28.60	Scherer, F. M.	1965
7	497	22.44	Mansfield, E.	1968
8	377	14.51	Pavitt, K.	1980
9	337	15.62	OECD	1997
10	326	10.55	Levin, R.	1984
11	306		Lanjouw, J. O.	1998
12	292		Teece, D. J.	1977
13	281		Trajtenberg, M.	1990
14	280	7.93	Harhoff, D.	1999
15	268		Audretsch, D. B.	1996
16	261		Hausman, J.	1984
17	254		Mowery, D. C.	1996
18	249	6.05	Lerner, J.	1997
19	247	9.96	Pakes, A.	1980
20	234		Henderson, R.	1996
21	229		Kogut, B.	1992

序号	频次/次	中介度	作者	初现年份
22	220		Zucker, L. G.	1998
23	215		Almeida, P.	1999
24	206	8.1	Kamien, M. I.	1978
25	202	8.49	Ahuja, G.	2000
26	197	13.47	Narin, F.	1977
27	188	18.95	Fleming, L.	2001
28	187	7.69	Scotchmer, S.	1988
29	187	6.28	Gallini, N. T.	1984
30	186		Acs, Z. J.	1988
31	185	5.31	Katz, M. L.	1985
32	184	10.38	Dasgupta, P.	1980
33	175	14.03	Arora, A.	1997
34	163	6.45	Rosenberg, N.	1976
35	153	22.92	Schmookler, J.	1966
36	120	12.28	Freeman, C.	1974
37	115	19.47	Klemperer, P.	1990
38	113	15.43	Nordhaus, W. D.	1969

被引频次最高的作者是 Hall，B. H.，被引 1111 次，首次被引年份是 1985 年。作为加州大学伯克利分校经济系教授和美国国家经济研究局的高级研究人员，Hall，B. H. 发表的知识产权管理学科方向的学术研究论文《专利引证与市场价值》[21] 和《研发融资》[22] 等，对全球知识产权管理学科的发展和知识产权商业与市场运营的开拓，做出了重要的学术贡献，受到国内外学者广泛关注和引用。被引频次在 1000 次左右的还有 Cohen，W. M.（被引 1018 次），他作为卡内基·梅隆大学社会科学与决策科学系教授，与 Levinthal[23] 关于企业吸收能力的相关研究成果[24-26]，受到国际学者广泛引用。Jaffe，A. B. 被引频次 1004 次，这位哈佛大学经济系教授，长期致力于知识产权与技术创新和经济发展的关系研究，其相关成果《基于专利引证分析的知识溢出地域特征》[27]《基于公司专利、利润和市场价值分析的研发技术发展机会和溢出效应》[28] 等，为全球知识产权管理学科的理论发展提供了重要的思想来源。Griliches，Z. 的被引频次为 988 次，作为哈佛大学经济系教授和 NBER 的高级研究人员，Griliches，Z. 的学术成果《作为经济指标的专利统计》[29] 等对全球知识产权管理学科的发展做出了重要的学术贡献。

第五节 经典文献

一、经典文献图谱绘制

经典文献通常是指那些研究对象重要、研究结论正确程度较高，其内容对整个学科领域具有较长时间影响，并且能够显示方法论方面意义的学术论文及专著。探索学科中的经典文献，能够帮助我们了解整个学科的演进历程及发展趋势，以及该学科的学科特点及运用方式，同时能够为我们认知该学科的完整理论体提供参考[30, 31]。知识产权管理学科中的经典文献，通常是指知识产权领域中被引频次较高的文献。通过被引频次指标来衡量论文的影响力的方法，已经以其客观且直观的特点得到广泛应用。

笔者选择 CiteSpace 平台结点类型中的被引文献（Cited References）作为网络结点，每一时区为 20 年，在每个时区中选取被引频次最高的 30 篇文献进行共被引分析。运行 CiteSpace，共得到 139 个结点、313 条连线，生成"全球知识产权管理学科的经典文献图谱"，如图 3-5 所示。图中显示的结点越大说明该点被引频次越高，其中共得到被引频次高于 130 次的文献 26 篇。

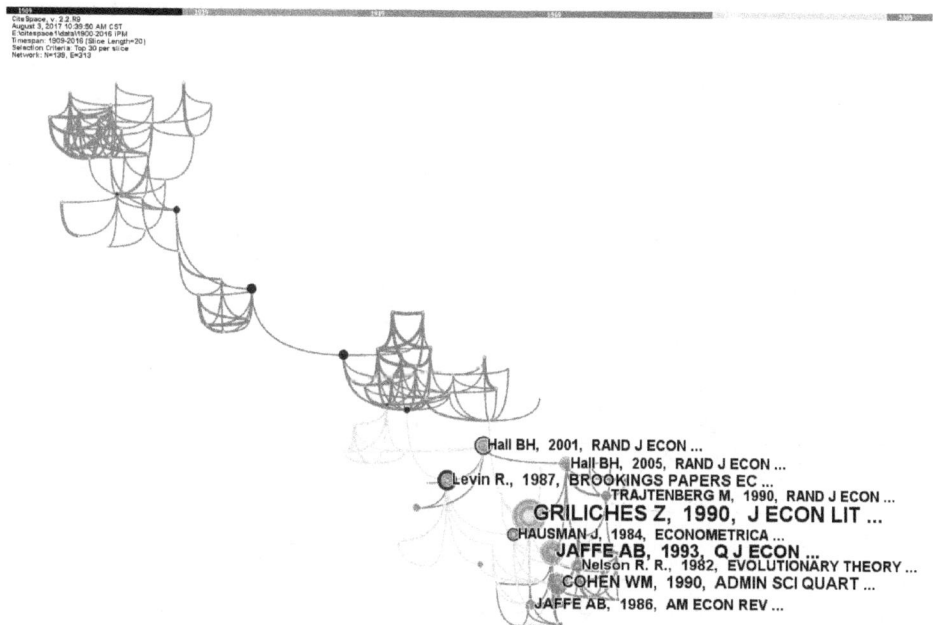

图 3-5 全球知识产权管理学科的经典文献图谱

二、经典文献分析

表 3-6 为被引频次超过 130 次的 26 篇知识产权管理学科的经典文献。其中被引频次最高的文献为 562 次，这篇经典文献为 1990 年 Griliches，Z. 发表在著名的《经济文献期刊》上的、篇名为"专利统计作为经济指标的调查"（Patent Statistics as Economic Indicators：A Survey）的综述性文章[29]。该文章首先阐述了专利数据在经济学中的广泛应用，专利及专利数据特点；然后以美国专利、欧洲专利为例，分析了专利申请与研发支出间的关系；最后着重阐述并强调了专利作为研究技术变革的独特资源是如何在技术演变及经济分析方面进行作用的。从该篇文章的年被引频次来看，其对整个知识产权管理研究领域影响巨大且具有持续性，今天这篇文章仍在被大量文章引用。

表 3-6　被引频次超过 130 次的知识产权管理学科的经典文献（1900～2016 年）

序号	被引频次/次	被引文献
1	562	Griliches Z，1990，*J Econ Lit*，V28，P1661
2	411	Jaffe A B，1993，*Q J Econ*，V108，P577，Doi 10.2307/2118401
3	337	Cohen W M，1990，*Admin Sci Quart*，V35，P128，Doi 10.2307/2393553
4	311	Levin R，1987，*Brookings Papers Ec*，V18，P783
5	276	Nelson R R，1982，*Evolutionary Theory*，V3，P126
6	263	Jaffe A B，1986，*Am Econ Rev*，V76，P984
7	259	Hall B H，2001，*Rand J Econ*，V32，P101，Doi 10.2307/2696400
8	252	Hausman J，1984，*Econometrica*，V52，P909，Doi 10.2307/1911191
9	247	Hall B H，2005，*Rand J Econ*，V36，P16
10	242	Trajtenberg M，1990，*Rand J Econ*，V21，P172，Doi 10.2307/2555502
11	199	Cohen W M，1989，*Econ J*，V99，P569，Doi 10.2307/2233763
12	198	Teece D J，1986，*Res Policy*，V15，P285，Doi 10.1016/0048-7333（86）90027-2
13	168	Cohen W M，2000，*7552 Nber*，V6，P927
14	158	Hall B H，2001，*8498 Nber*，V8，P378
15	156	Grossman G M，1991，*Innovation Growth GL*，V2，P367
16	153	Griliches Z，1979，*Bell J Econ*，V10，P92，Doi 10.2307/3003321
17	152	Jaffe A B，1989，*Am Econ Rev*，V79，P957
18	152	Mansfield E，1986，*Manage Sci*，V32，P173，Doi 10.1287/mnsc. 32.2.173
19	147	Schmookler J，1966，*Invention Ec Growth*，V2，P137
20	146	Harhoff D，1999，*Rev Econ Stat*，V81，P511，Doi 10.1162/003465399558265
21	140	Kogut B，1992，*Organ Sci*，V3，P383，Doi 10.1287/orsc. 3.3.383
22	139	Audretsch D B，1996，*Am Econ Rev*，V86，P630
23	133	Aghion P，1992，*Econometrica*，V60，P323，Doi 10.2307/2951599
24	133	March J G，1991，*Organ Sci*，V2，P71，Doi 10.1287/orsc. 2.1.71
25	131	Romer P M，1990，*J Polit Econ*，V98，pS71，Doi 10.1086/261725
26	130	Henderson R，1998，*Rev Econ Stat*，V80，P119，Doi 10.1162/003465398557221

Jaffe，A. B. 与 Henderson，R. 于 1993 年发表在《经济学季刊》上的文章 "基于专利引证的知识溢出地域性"（Geographic Localization of Knowledge Spillovers as Evidenced by Patent Citations）[27]，被引频次 411 次，排在第二位。该文章采用专利引文的地理位置与被引证专利的地理位置进行比较，提出了知识溢出存在地理局限性的依据；分析结果揭示了美国专利引证的专利大多来自美国本土的现象。该文章从引文角度向我们阐述了专利与专利引文间存在的关系，为认识专利之间关系提供了全新的思路。

被引频次排在第三位的文章为 1990 年 Cohen，W. M. 与 Levinthal，D. A. 发表在《管理科学季刊》的《吸收能力：关于学习的新视角》[23]，该文章共被引用了 337 次。除此之外，知识产权管理领域中的经典文献多篇文章来自《兰德经济学杂志》《美国经济评论》等国际顶级学术期刊。

第六节　主要研究领域与 WOS 学科分布

一、主要研究领域

探索全球知识产知识产权管理学科的主要研究领域能够帮助研究人员有针对性地对多个数据库中共同的热点主题领域进行挖掘与分析，通过对其的深入分析可以准确定位知识产权管理学科中的核心研究方向。表 3-7 显示了知识产权学科中发文比例超过 1% 的 11 个研究领域。

表 3-7　知识产权管理学科中发文比例超过 1% 的研究领域（1900～2016 年）

序号	研究领域	论文数量/篇	占全部论文（6094 篇）比例 /%
1	商科经济学（Business Economics）	5920	97.145
2	政府与法律（Government & Law）	1535	25.189
3	公共管理学（Public Administration）	960	15.753
4	工程学（Engineering）	497	8.156
5	运筹学／管理科学（Operations Research Management Science）	367	6.022
6	生态环境科学（Environmental Sciences Ecology）	190	3.118
7	地理学（Geography）	146	2.396
8	社会科学数学方法（Mathematical Methods in Social Sciences）	124	2.035
9	科学技术其他主题（Science Technology Other Topics）	122	2.002
10	社会科学其他主题（Social Sciences Other Topics）	113	1.854
11	国际关系学（International Relations）	74	1.214

表 3-7 显示，全球知识产权管理学科成果中最核心的研究领域为商科经济学，该领域共产出文章 5920 篇，占文章总量的 97% 以上，几乎覆盖了整个知识产权管理学科的全部研究成果。政府与法律作为影响知识产权发展的重要领域，共产出文章 1535 篇，占总论文总量的 25.189%，排在第二位。排在第三位的为公共管理学，共产出文章 960 篇，占比为 15.753%。其他占比超过 1% 的研究领域分别为工程学、运筹学 / 管理科学、生态环境科学、地理学、社会科学中数学方法（Mathematical Methods in Social Sciences）、科学技术其他主题、社会科学其他主题及国际关系学（International Relations）。

二、WOS 学科分布

知识产权管理的 WOS 学科分类，是采用 SCI、SSCI、A&HCI 数据库中的学科分类方法 Web of Science Category（Web of Science 学科），从生命科学与生物医学、自然科学、应用科学、艺术人文和社会科学五大类，以及在此基础上扩展的 151 个小类对知识产权管理的相关文献进行学科分布的统计分析。通过该分析可以准确把握知识产权管理的主要学科分布状况，表 3-8 列出了全球知识产权管理论文产出比例高于 1% 的 WOS 学科共有 17 个。

表 3-8　知识产权管理文献产出比例高于 1% 的 WOS 学科（1900～2016 年）

序号	WOS 学科	论文数量 /篇	占全部论文（6094 篇）比例 /%
1	商科（Business）	2361	38.743
2	经济学（Economics）	2351	38.579
3	管理学（Management）	2005	32.901
4	法学（Law）	1454	23.852
5	规划发展（Planning Development）	909	14.916
6	运筹学 / 管理科学（Operations Research Management Science）	367	6.022
7	产业工程（Engineering Industrial）	356	5.842
8	财政金融（Business Finance）	247	4.053
9	环境学（Environmental Studies）	190	3.118
10	地理学（Geography）	146	2.396
11	社会科学数学方法（Social Sciences Mathematical Methods）	124	2.035
12	多学科科学（Multidisciplinary Sciences）	122	2.002
13	工程多学科（Engineering Multidisciplinary）	100	1.641
14	公共行政学（Public Administration）	86	1.411
15	政治学（Political Science）	83	1.362
16	社会科学史（History of Social Sciences）	79	1.296
17	国际关系学（International Relations）	74	1.214

全球知识产权管理论文分布最多的 WOS 学科为商科，共有文章 2361 篇，占总量的 38.743%。排在第二位的学科为经济学，共有文章 2351 篇，占总量的 38.579%。占比超过 10% 的学科还包括排在第三位的管理学（Management），共有文章 2005 篇，占总量的 32.901%；排在第四位的法学，共有文章 1454 篇，占总量的 23.852%；排在第五位的规划发展（Planning Development），共有文章 909 篇，占比为 14.916%。其他文献数量超过 100 的学科还有运筹学／管理科学 367 篇；产业工程（Engineering Industrial）356 篇；财政金融 247 篇；环境学（Environmental Studies）190 篇；地理学 146 篇；社会科学数学方法（Social Sciences Mathematical Methods）124 篇；多学科科学（Multidisciplinary Sciences）122 篇；工程多学科（Engineering Multidisciplinary）100 篇。

笔者选择 Ucinet 软件包的 Netdraw 网络绘图工具，绘制了知识产权管理相关学科的图谱（图 3-6）。图谱中两个结点之间的连线越粗，说明两个学科之间的联系越密切。

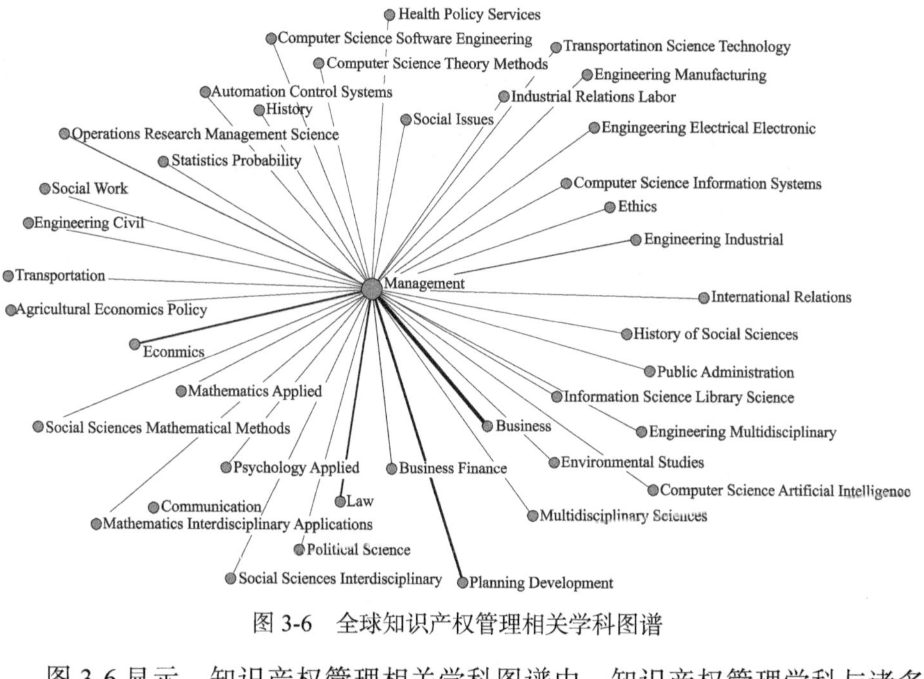

图 3-6　全球知识产权管理相关学科图谱

图 3-6 显示，知识产权管理相关学科图谱中，知识产权管理学科与诸多其他学科之间存在着联系。其中，与知识产权管理学科最密切的是商科；此外，知识产权管理学科与经济学、法学、商科金融等相关学科的联系也比较紧密。

第七节 小 结

一、主要结论

以上分析结果显示，全球知识产权管理学科自 1992 年之后展示出蓬勃发展的势头；全球知识产权管理学科的主要研究成果分布于美国、英格兰和德国等国家 / 地区。论文产出超过 100 篇的高产机构有加州大学系统、哈佛大学、伦敦大学、美国国家经济研究局和佐治亚大学系统。发文超过 100 篇的国际学术期刊有《专利局协会期刊》《科研政策》《技术预测与社会变革》《技术转移杂志》《技术创新》和《技术分析与战略管理》。全球知识产权管理学科研究的热点主题主要有技术创新、产业研发、专利产出、创新绩效、知识流动、专利引文、技术转移、经济增长、知识溢出、吸收能力、经济与市场等。全球知识产权管理学科的代表人物主要有 Hall，B. H. 、Cohen，W. M. 、Jaffe，A. B. 、Griliches，Z. 、Nelson，R. R. 、Scherer，F. M. 、Mansfield，E. 、Pavitt，K. 等，他们多为美国国家经济研究局的高级研究人员或哈佛大学经济系的教授或英国萨塞克斯大学科学技术政策研究中心的高级研究人员。全球知识产权管理学科的经典文献主要有 Griliches，Z. 发表在《经济文献期刊》上的、篇名为"专利统计作为经济指标的调查"的论文；Jaffe，A. B. 与 Henderson，R. 发表在《经济学季刊》上的、篇名为"基于专利引证的知识溢出地域性"的论文等。全球知识产权管理成果中比例高于 10% 的主要研究领域有商科经济学、政府与法律和公共管理学；比例高于 10% 的 WOS 学科主要有商学、经济学、管理学、法学和规划发展等。

二、简要评述

已有全球知识产权管理学科领域相关的研究成果中，对知识产权管理学科的建设和发展等相关的研究成果却很少见。本书拟基于国内外的比较分析，深入探讨知识产权管理学科发展的理论基础、人才培养方案与学科未来发展规划。期望相关的研究成果为加速我国知识产权人才战略工程的实施、推动创新驱动发展战略和知识产权强国战略提供重要的决策支撑和理论基础。

本章的研究结果对我国知识产权管理学科的建设和发展具有重要的参考价值。我国虽在高产国家 / 地区排名中位于第六位，但却没有一个机构进入高产机构行列，说明我国知识产权管理相关学科的研究成果还比较分散，没有形成自己的品牌和强大的研究团队。代表人物的分析结果，也揭示了对全球知识产权管理学科发展提供重要理论支撑和学术贡献的高被引作者多分布于美国和英国的世界著名学术研究机构，如美国国家经济研究局、哈佛大学经济系、英国萨塞克斯大学科学技术政策研究中心等。全球知识产权管理学科的经典文献为知识产权管理学科发展提供了重要的理论基础和思想来源，应该成为知识产权学科建设发展过程中相关研究人员的经典必读。知识产权管理学科与研究领域分布的分析结果揭示了知识产权管理学科与商科、经济学、公共管理学科、法学学科等的关系，一方面说明了知识产权管理学科的多学科与跨学科属性；另一方面也是我们建设和发展知识产权管理学科、设计该学科培养方案和课程时，应该予以充分考虑的因素；同时也说明了知识产权管理人才的高端复合型特征。

参 考 文 献

［1］朱清平.知识产权管理学科初探［J］.发明与创新，2003，（4）：36-37.

［2］孙舒眉.美国大学知识产权管理模式［J］.中国发明与专利，2011，（7）：100-103.

［3］宋焕斌.伦敦大学［J］.昆明理工大学学报（社会科学版），2005，（2）：108.

［4］Sunder J，Sunder S V，Zhang J J. Pilot CEOs and corporate innovation［J］. Journal of Financial Economics，2017，123（1）：209-224.

［5］Grafström J，Lindman A. Invention，innovation and diffusion in the European wind power sector［J］. Technological Forecasting and Social Change，2016，114：179-191.

［6］Fujii H，Managi S. Research and development strategy for environmental technology in Japan：A comparative study of the private and public sectors［J］. Technological Forecasting and Social Change，2016，112：293-302.

［7］Hemphill T A. The biotechnology sector and US gene patents：Legal challenges to intellectual property rights and the impact on basic research and development［J］. Science and Public Policy，2012，39（6）：815-826.

［8］Zhang G P，Duan H B，Zhou J H. Network stability，connectivity and innovation output［J］. Technological Forecasting and Social Change，2017，114：339-349.

［9］Zwick T，Frosch K，Hoisl K，et al. The power of individual-level drivers of inventive performance［J］. Research Policy，2017，46（1）：121-137.

［10］Kim S，Kim H，Kim E. How knowledge flow affects Korean ICT manufacturing firm performance：A focus on open innovation strategy［J］. Technology Analysis & Strategic Management，2016，28（10）：1167-1181.

［11］Lee C, Kim J, Noh M, et al. Patterns of technology life cycles: Stochastic analysis based on patent citations［J］. Technology Analysis & Strategic Management, 2017, 29（1）: 53-67.

［12］Rodriguez A, Tosyali A, Kim B, et al. Patent clustering and outlier ranking methodologies for attributed patent citation networks for technology opportunity discovery［J］. IEEE Transactions on Engineering Management, 2016, 63（4）: 426-437.

［13］Zhang G P, Duan H B, Zhou J H. Investigating determinants of inter-regional technology transfer in China: A network analysis with provincial patent data［J］. Review of Managerial Science, 2016, 10（2）: 345-364.

［14］Kochenkova A, Grimaldi R, Munari F. Public policy measures in support of knowledge transfer activities: A review of academic literature［J］. Journal of Technology Transfer, 2016, 41（3）: 407-429.

［15］Lamperti F, Mavilia R, Castellini S. The role of Science Parks: A puzzle of growth, innovation and R&D investments［J］. Journal of Technology Transfer, 2017, 42（1）: 158-183.

［16］Liu W H. Intellectual property rights, FDI, R&D and economic growth: A cross-country empirical analysis［J］. World Economy, 2016, 39（7）: 983-1004.

［17］Kim D H, Lee B K, Sohn S Y. Quantifying technology-industry spillover effects based on patent citation network analysis of unmanned aerial vehicle（UAV）［J］. Technological Forecasting and Social Change, 2016, 105: 140-157.

［18］Isaksson O H D, Simeth M, Seifert R W. Knowledge spillovers in the supply chain: Evidence from the high tech sectors［J］. Research Policy, 2016, 45（3）: 699-706.

［19］Chang C W, Lin Y S, Tsai M F. Technology licensing with asymmetric absorptive capacity ［J］. Asia-Pacific Journal of Accounting & Economics, 2016, 23（3）: 278-290.

［20］Blind K, Petersen S S, Riillo C A F. The impact of standards and regulation on innovation in uncertain markets［J］. Research Policy, 2017, 46（1）: 249-264.

［21］Hall B H, Jaffe A, Trajtenberg M. Market value and patent citations［J］. Rand Journal of Economics, 2005, 36（1）: 16-38.

［22］Hall B H. The financing of research and development［J］. Oxford Review of Economic Policy, 2002, 18（1）: 35-51.

［23］Cohen W M, Levinthal D A. Absorptive capacity: A new perspective on learning and innovation［J］. Administrative Science Quarterly, 1990, 35（1）: 128-152.

［24］邹国庆, 贺胜德, 孙婧. 国外关于企业吸收能力的研究文献述评［J］. 经济纵横,

2011，（4）：117-120.

［25］徐闻．哈贝马斯的商谈民主论研究［D］．山东大学博士学位论文，2011.

［26］栾春娟，侯海燕．世界创新地图——SSCI 创新主题文献计量与信息可视化［A］//
全国科学技术学暨科学学理论与学科建设 2008 年联合年会论文集［C］．中国安徽黄
山，2008：15.

［27］Jaffe A B，Trajtenberg M，Henderson R. Geographic localization of knowledge spillovers
as evidenced by patent citations［J］. Quarterly Journal of Economics，1993，108（3）：
577-598.

［28］Jaffe A B. Technological opportunity and spillovers of research-and-development：Evidence
from firms patents，profits，and market value［J］. American Economic Review，1986，
76（5）：984-1001.

［29］Griliches Z. Patent statistics as economic indicators：A survey［J］. Journal of Economic
Literature，1990，28（4）：1661-1707.

［30］孙迪，赵勇．知识产权筑巢引凤　人才培养诗在前方［N］．中国知识产权报，2017-08-
04：8.

［31］赵建国．开辟知识产权人才培养新路径［N］．中国知识产权报，2017-04-12：20.

第四章 国内知识产权管理学科研究进展

第一节 引言与资料来源

一、研究概念

探索国内知识产权管理学科研究进展，有助于我们把握我国知识产权管理学科研究领域已有的研究基础、研究力量和研究成果，为正式设置知识产权管理学科、更好地培养国家知识产权强国战略实施而急需的大批知识产权管理人才提供决策支撑[1]。知识产权管理学科是20世纪80年代兴起的一门前沿学科。它的主要研究对象是智力劳动成果的创造、运营、商业化及保护过程中的规律、方法、模式与制度等。知识产权管理研究的核心是如何更有效地激发人类的创造性，更充分地、合理合法地利用人类的智力劳动成果，使其为社会、经济、文化的发展及人们生活水平的提高做出积极的贡献，进而提高综合国力，推动创新型国家建设。因此，知识产权管理的基础理论主要包括：一是提高智力劳动成果的创造效率，充分激发人类创造创新的积极性[2-4]；二是提高智力劳动成果的使用效率[5, 6]，使其更好地服务于社会发展和国家经济建设，更好地改善和提高人们的生活质量。知识产权管理学科是在法学、管理学、经济学、商科、计算机与信息科学等多门学科充分融合之下形成的[7]，具有明显的交叉学科特征。

国内外关于知识产权管理的研究成果主要集中于知识产权管理模式[8-10]、知识产权管理机制[11-14]、知识产权管理体系[15-18]、知识产权管理制度[4, 12]、知识产权管理能力[19, 20]、知识产权管理战略[21-23]和知识产权管理系统[24-26]等方面。关于学科进展的研究，学者探索了土地资源管理学科进展[27]、教育学学科进展[28]、知识管理学科进展[29]、人文-经济地理学科进展[30]等。但关于知识产权管理学科进展的研究成果却很少。朱清平[31]提出，知识产权管理的落后已经严重妨碍了知识产权工作与时俱进，建立知识产权管理学科已迫在眉睫。他认为应建立知识产权管理学科，对以下几个方面知识产权事务进行研究：知识产权成果创造方面、知识产权成果授权方面、知识产权成果转化方面、知识产权保护方面和知识产权行政管理方面等。柯涛与龙珊瑚[32]认为，技术经济与管理学科和知识产权管理学科存在着密切关系。他们提出，随着社会更加注重科学技术知识的实际应用而带来的经济水平的提升，如何运用、控制和管理自己的科技成果进而提高竞争力、适应经济发展非常关键。研究技术经济学科与知识产权学科发展的相关性，对培养复合型的技术经济与管理及知识产权管理的高级管理人才、促进技术与经济的紧密结合、建设创新型国家等，具有重要的现实意义。

本书拟通过对国家自然科学基金项目资助产出的、知识产权管理领域的学术论文成果进行信息可视化和定量分析，比较全面地梳理我国知识产权管理领域的主要研究机构、研究团队和研究热点主题，考察我国知识产权管理学科的研究进展。

二、资料来源

本章第二节的研究数据来源于中国知识基础设施工程（China National Knowledge Infrastructure），简称"中国知网"，英文缩写为 CNKI。笔者检索了国家自然科学基金项目资助产出的知识产权主题文献，检索年度范围为全部年度，检索日期为 2017 年 3 月 6 日。共得到 3600 篇检索结果，我们将其视为国内知识产权管理学科研究成果。文献的年度分布如图 4-1 所示。本章第三节、第四节的研究数据将在相应的小节中分别予以阐述。

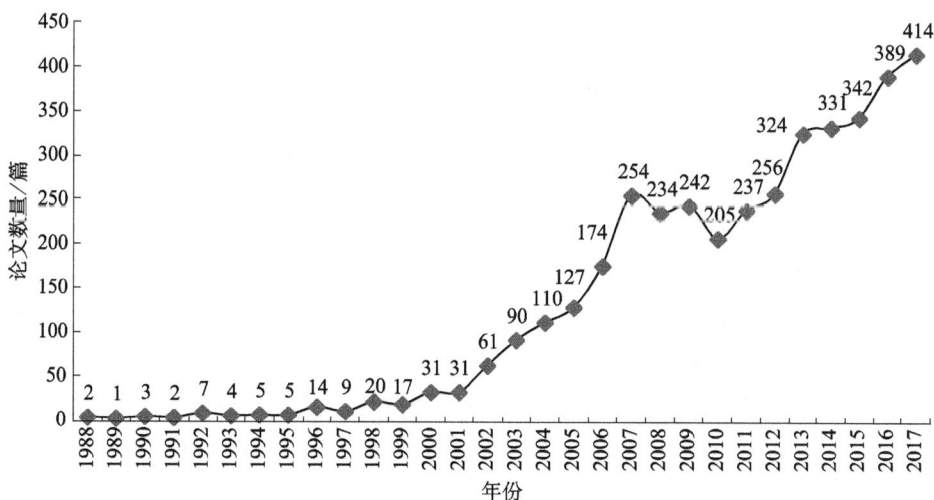

图 4-1　国内知识产权管理学科研究成果年度分布（2017 年为预测值）

图 4-1 显示，知识产权管理学科研究成果呈现出明显的增长发展态势。尤其是 2000 年之后，发表的论文数量迅速增加，2016 年已经达到 389 篇。说明知识产权管理学科的研究实力越来越强，成果越来越多，研究队伍在逐渐壮大，研究基础也越来越雄厚。

本书主要采用共现分析方法[33]和信息可视化分析方法[34, 35]进行研究。共现分析包括机构共现[36]、作者共现[37, 38]、主题词共现[39, 40]等，共现分析方法被广泛应用于信息科学研究领域。在本书中，知识产权管理学科主要研究机构的分析采用的是机构共现分析方法；知识产权管理学科主要研究团队的分析采用的是作者共现分析方法，即作者合作分析方法；知识产权管理学科研究热点主题的分析，采用的是关键词共现分析方法，即共词分析方法。信息可视化分析方法，主要是借助陈超美博士研发团队开发的 CiteSpace 系列应用软件[41, 42]。随着信息技术和计算机技术的发展，信息可视化已成为数据可视化技术中新的热点。基于 JAVA 平台的 CiteSpace 系列应用软件[7, 43]，正成为科学计量学与信息科学研究领域普遍应用的新手段。

第二节　国内知识产权管理学科研究进展的宏观分析

一、知识产权管理学科主要研究机构

选择 1988 ～ 2017 年的知识产权管理学科研究论文，运用 CiteSpace 平台嵌入的数据格式转换功能，将其转换为 CiteSpace 软件能够处理的数据格式，并选择中文文献处理程序。网络结点选择机构（institution），运行 CiteSpace，生成图 4-2 所示的"国内知识产权管理学科主要机构图谱"。图谱中的结点越大，表示该机构产出的论文数量越多。

图 4-2 显示，华中科技大学管理学院作为论文的署名单位，其知识产权管理学科的研究成果最多；排在第二位的是西安交通大学管理学院；排在第三位的是北京理工大学管理与经济学院。图中结点所代表的单位，是文献中作者标注的文章署名单位，即"一级 + 二级单位"，如一级单位为华中科技大学，二级单位为管理学院。所以图中的结点直接反映的是一个具体的二级单位，即论文的署名单位的发文情况在整个图谱中的地位。笔者按照一级单位的名称，进行了数据合并处理后，得到如表 4-1 所示的主要研究机构论文产出情况。

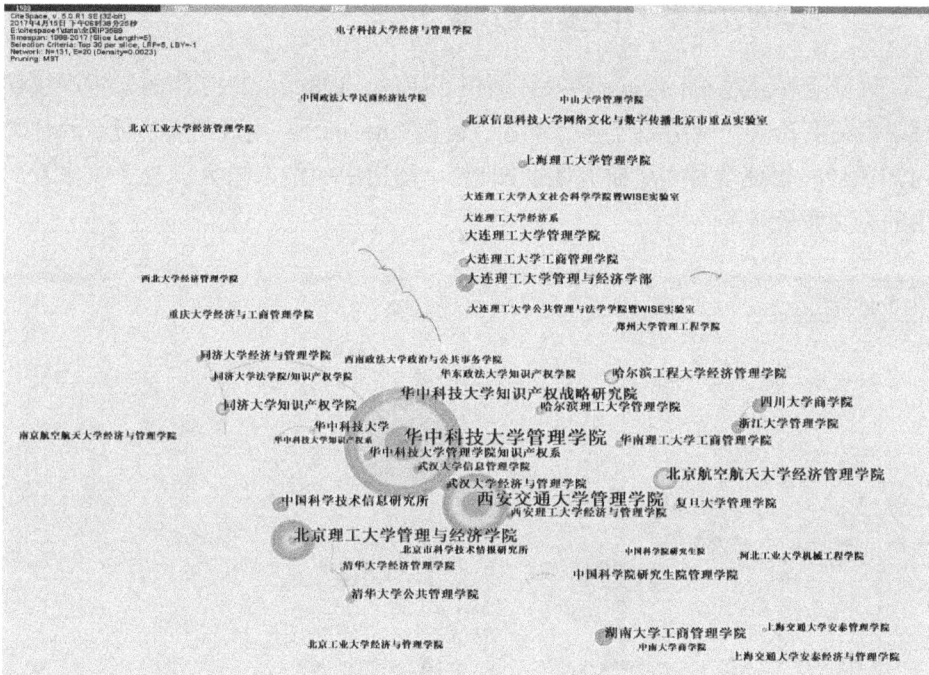

图 4-2 国内知识产权管理学科主要机构图谱

表 4-1 国内知识产权管理学科的高产研究机构

一级单位名称	论文数量/篇	一级单位名称	论文数量/篇
华中科技大学	336	华南理工大学	46
大连理工大学	215	北京工业大学	43
西安交通大学	150	中国科学技术信息研究所	39
浙江大学	133	重庆大学	38
清华大学	116	复旦大学	36
同济大学	80	北京大学	34
北京理工大学	79	哈尔滨工程大学	34
武汉大学	79	中南大学	33
湖南大学	72	哈尔滨理工大学	33
上海交通大学	67	中国科学院研究生院	30
四川大学	58	南京信息工程大学	30
北京航空航天大学	54	南京航空航天大学	30

  表 4-1 列出了 24 家论文产出 30 篇以上的知识产权管理学科的高产研究机构。从一级单位视角看，华中科技大学名列第一，其在知识产权管理学科的研究成果数量是最多的，336 篇，远远高于其他单位。排在第二位的是大连理工大学，论文产出超过 200 篇；另外三家超过 100 篇的单位分别是西安交通大学、浙江大学和清华大学。

二、知识产权管理学科主要研究团队

同样选择经过 CiteSpace 转换数据格式后的、1988～2017 年的知识产权管理学科研究论文，网络结点选择作者，运行 CiteSpace，生成图 4-3 所示的"国内知识产权管理学科主要研究团队图谱"。图谱中的结点越大，表示该作者产出的论文数量越多。

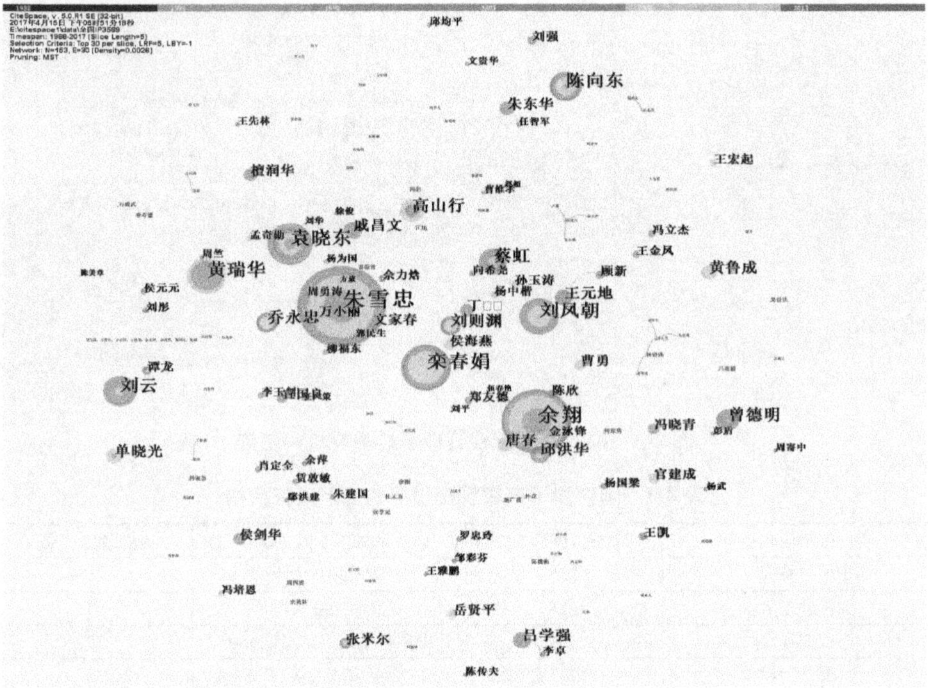

图 4-3　国内知识产权管理学科主要研究团队图谱

图 4-3 显示，我国知识产权管理学科的主要研究团队有朱雪忠－文家春－柳福东等研究团队、余翔－邱洪华－陈欣等研究团队、袁晓东－孟奇勋等研究团队、刘凤朝－王元地等研究团队、栾春娟－侯海燕等研究团队、陈向东等研究团队、蔡虹等研究团队、刘云等研究团队、曾德明等研究团队、高山行等研究团队等。表 4-2 列出了知识产权管理研究方向论文产出 20 篇以上的高产作者。

表4-2 显示，朱雪忠在知识产权管理研究方向的论文产出数量最多，85 篇，排在第一位；余翔 68 篇，排在第二位；栾春娟 47 篇，排在第三位；袁晓东 46 篇，排在第四位；黄瑞华和刘凤朝皆为 38 篇；陈向东 33 篇；超过 20 篇的还有刘云、蔡虹、高山行、曾德明、乔永忠和刘则渊。

表 4-2　国内知识产权管理学科的高产作者

作者	论文数量 / 篇	作者	论文数量 / 篇
朱雪忠	85	刘云	31
余翔	68	蔡虹	28
栾春娟	47	高山行	24
袁晓东	46	曾德明	23
黄瑞华	38	乔永忠	22
刘凤朝	38	刘则渊	21
陈向东	33		

三、知识产权管理学科研究热点主题

同样选择经过 CiteSpace 转换数据格式后的、1988 ～ 2017 年的知识产权管理学科研究论文，网络结点选择关键词（keyword），运行 CiteSpace，生成图 4-4 所示的"知识产权管理学科研究热点主题图谱"。图谱中的结点越大，表示该关键词出现的频次越高。

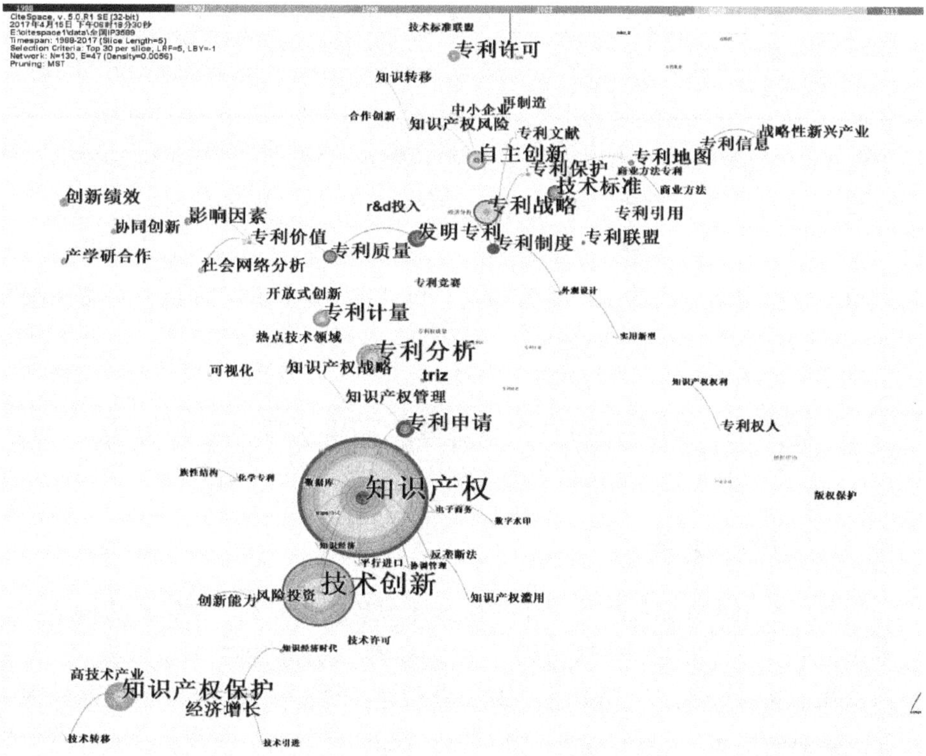

图 4-4　知识产权管理学科研究热点主题图谱

图 4-4 显示，我国知识产权管理学科研究热点主题主要围绕知识产权与技术创新、专利战略与技术标准、知识产权与经济增长、专利计量与专利战略、专利许可与专利价值、产学研合作与创新绩效等。表 4-3 列出了知识产权管理学科出现频次高于 20 次的 25 个高频关键词。

表 4-3 知识产权管理学科的高频关键词

关键词	频次／次	关键词	频次／次
知识产权	246	影响因素	30
技术创新	155	专利地图	30
专利分析	78	专利制度	30
知识产权保护	74	创新绩效	27
专利战略	60	经济增长	24
自主创新	51	专利联盟	24
专利申请	49	专利价值	23
技术标准	48	专利信息	22
专利计量	47	TRIZ	22
专利许可	44	专利引用	21
发明专利	38	产学研合作	21
专利质量	32	社会网络分析	20
专利保护	31		

表 4-3 的高频关键词显示出，知识产权管理学科的研究热点围绕着知识产权与技术创新、专利战略、专利质量、专利价值和经济增长等热点主题；同时，管理学、信息科学和社会学等学科领域的一些研究方法，如专利分析、专利地图、社会网络分析等，也成为知识产权管理学科广泛应用的一些实证研究方法。

第三节 国内知识产权管理学科研究进展的中观分析

一、华中科技大学

笔者在 CNKI 数据库中检索了主题为知识产权或专利、国家自然科学基金资助的期刊论文，检索年度为全部年度，检索日期为 2017 年 8 月 6 日，发文单位为华中科技大学。共得到 324 篇检索结果，将其视为华中科技大学知识产权管理的研究成果，并对其进行主要研究机构、主要研究团队和研究热点主题的可视化分析。

1.知识产权管理学科主要研究机构

选择华中科技大学产出的 324 篇知识产权管理学科研究论文，运用 CiteSpace 平台嵌入的数据格式转换功能，将其转换为 CiteSpace 软件能够处理的数据格式，并选择中文文献处理程序。网络结点选择机构，每个时区为 1 年，每个时区选择出现频次最高的 30 个结点，运行 CiteSpace，共得到 100 个结点和 78 条连线，如图 4-5 所示的"华中科技大学知识产权管理学科主要研究机构图谱"。图谱中的结点越大，表示该机构产出的论文数量越多。

图 4-5　华中科技大学知识产权管理学科主要研究机构图谱

图 4-5 显示，华中科技大学管理学院作为论文的署名单位，其知识产权管理学科的研究成果最多；其次是华中科技大学知识产权战略研究院，以及华中科技大学、华中科技大学管理学院知识产权系和华中科技大学管理学院中德知识产权研究所等。表 4-4 列出了论文发表过程中产出高于 5 篇的实际署名单位共 11 个。

表 4-4　知识产权管理学科的高产研究机构

序号	论文数量/篇	机构
1	170	华中科技大学管理学院
2	54	华中科技大学知识产权战略研究院
3	25	华中科技大学

序号	论文数量/篇	机构
4	23	华中科技大学管理学院知识产权系
5	10	华中科技大学管理学院中德知识产权研究所
6	9	同济大学知识产权学院
7	8	华中科技大学经济学院
8	7	华中科技大学知识产权系
9	6	华中科技大学法学院
10	5	台州学院
11	5	五邑大学经济管理学院

笔者分析的华中科技大学知识产权管理学科论文样本数据中，共涉及100个发文单位。表4-4显示，论文产出10篇以上的，前5位全部是华中科技大学的机构：其中，产出最高的是华中科技大学管理学院，论文产出170篇；而后是华中科技大学知识产权战略研究院，论文产出54篇；排在第三位的是华中科技大学，二级单位不详，论文产出25篇；排在第四位的是华中科技大学管理学院知识产权系，论文产出23篇；华中科技大学管理学院中德知识产权研究所排在第五位，论文产出10篇。此外还有3个华中科技大学的机构，分别是华中科技大学经济学院、华中科技大学知识产权系和华中科技大学法学院。另外的3个机构，同济大学知识产权学院、台州学院和五邑大学经济管理学院，似乎与华中科技大学无直接关系，它们或者是与华中科技大学联合署名发表论文的单位，或者是华中科技大学学者工作调动过程中发表论文的不同署名单位。

2. 知识产权管理学科主要研究团队

同样选择华中科技大学产出的324篇知识产权管理学科研究论文，运用CiteSpace平台嵌入的数据格式转换功能，将其转换为CiteSpace软件能够处理的数据格式，并选择中文文献处理程序。网络结点选择作者，每个时区为1年，每个时区选择出现频次最高的100个结点，运行CiteSpace，共得到248个结点和353条连线，如图4-6所示的"华中科技大学知识产权管理学科主要研究团队图谱"。图谱中的结点越大，表示该机构产出的论文数量越多。

图4-6显示，华中科技大学知识产权管理学科的主要研究团队有朱雪忠-文家春-万小丽-乔永忠-周勇-蒋逊明-黄光辉-柳福东-詹映等研究团队、余翔-邱洪华-金泳锋-罗立国-琼娣-冯仁涛-武兰芬-陈欣-张玉蓉等研究团队、袁晓东-孟奇勋-戚昌文-杨为国等研究团队、曹勇-赵莉等研究团队、戚昌文-刘华等研究团队。表4-5列出了华中科技大学知识产权管理研究方向论文产出5篇以上的30位高产作者。

图 4-6 华中科技大学知识产权管理学科主要研究团队图谱

表 4-5 华中科技大学知识产权管理学科的高产作者

序号	论文数量/篇	作者	序号	论文数量/篇	作者
1	68	余翔	16	7	胡允银
2	64	朱雪忠	17	7	陈琼娣
3	45	袁晓东	18	6	漆苏
4	18	文家春	19	6	黄光辉
5	13	曹勇	20	6	刘立春
6	12	戚昌文	21	6	冯仁涛
7	11	万小丽	22	5	柳福东
8	10	金泳锋	23	5	刘珊
9	9	郑友德	24	5	武兰芬
10	9	邱洪华	25	5	罗立国
11	8	乔永忠	26	5	詹映
12	8	孟奇勋	27	5	张玉蓉
13	8	陈欣	28	5	蒋逊明
14	7	杨为国	29	5	薛明皋
15	7	周勇涛	30	5	伍春艳

华中科技大学知识产权管理学科的论文成果共涉及 248 位作者。表 4-5 显示，论文产出前三位作者分别是：余翔，产出论文 68 篇，排名第一；朱雪忠，产出论文 64 篇，排名第二；袁晓东，产出论文 45 篇，排在第三位。论文产出高于 10 篇的作者还有文家春、曹勇、戚昌文、万小丽和金泳锋。

3. 知识产权管理学科研究热点主题

同样选择华中科技大学产出的 324 篇知识产权管理学科研究论文，运用 CiteSpace 平台嵌入的数据格式转换功能，将其转换为 CiteSpace 软件能够处理的数据格式，并选择中文文献处理程序。网络结点选择关键词，每个时区为 1 年，每个时区选择出现频次最高的 30 个结点，运行 CiteSpace，共得到 377 个结点和 648 条连线，如图 4-7 所示的"华中科技大学知识产权管理学科研究热点主题图谱"。图谱中的结点越大，表示该关键词出现的频次越高。

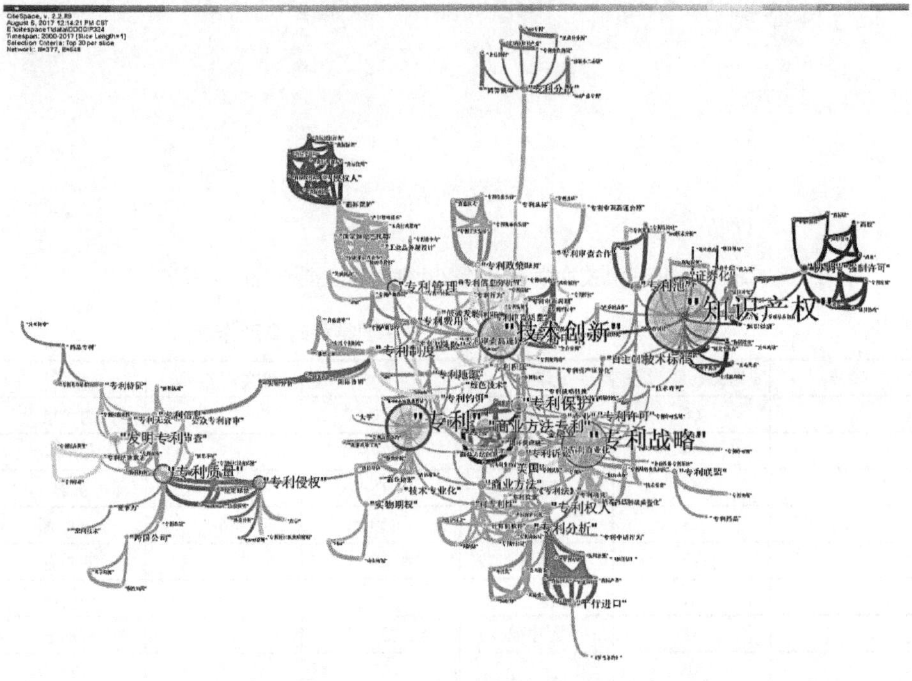

图 4-7　华中科技大学知识产权管理学科研究热点主题图谱

图 4-7 显示，华中科技大学知识产权管理学科研究热点主题主要围绕着知识产权、技术创新、专利战略、专利保护、专利质量、专利制度、商业方法专利等。表 4-6 列出了华中科技大学知识产权管理研究成果中出现频次高于 3 次的 28 个关键词。

表 4-6　华中科技大学知识产权管理学科论文成果高频关键词

序号	频次 / 次	关键词	序号	频次 / 次	关键词
1	40	知识产权	15	7	专利池
2	25	专利	16	6	美国
3	24	专利战略	17	6	商业方法
4	24	技术创新	18	6	专利许可
5	11	专利保护	19	6	证券化
6	11	专利质量	20	6	协调
7	10	商业方法专利	21	6	技术标准
8	9	发明专利	22	5	专利地图
9	8	专利管理	23	5	专利分散
10	8	专利制度	24	5	专利费用
11	8	专利权人	25	5	风险
12	8	专利申请	26	5	平行进口
13	7	专利侵权	27	5	知识产权战略
14	7	专利分析	28	5	专利诉讼

华中科技大学知识产权管理学科的论文成果共涉及 377 个关键词。其中频次高于 20 次的关键词有：知识产权，出现频次为 40 次，排名第一；专利，出现频次为 25 次，排名第二；专利战略，出现频次为 24 次，排名第三；技术创新，出现频次为 24 次，同样排在第三位。由此可见，华中科技大学的知识产权研究主要是围绕着知识产权、专利战略与技术创新等展开的。此外，出现频次高于 10 次的关键词还有专利保护、专利质量和商业方法专利。

二、大连理工大学

笔者在 CNKI 数据库中检索了主题为知识产权或专利、国家自然科学基金资助的期刊论文，检索年度为全部年度，检索日期为 2017 年 8 月 6 日，发文单位为大连理工大学。共得到 193 篇检索结果，将其视为大连理工大学知识产权管理的研究成果，并对其进行主要研究机构、主要研究团队和研究热点主题的可视化分析。

1. 知识产权管理学科主要研究机构

选择大连理工大学产出的 193 篇知识产权管理学科研究论文，运用 CiteSpace 平台嵌入的数据格式转换功能，将其转换为 CiteSpace 软件能够处理的数据格式，并选择中文文献处理程序。网络结点选择机构，每个时区为 1 年，每个时区选择出现频次最高的 30 个结点，运行 CiteSpace，共得到 73 个结点和

47 条连线，如图 4-8 所示的"大连理工大学知识产权管理学科主要研究机构图谱"。图谱中的结点越大，表示该机构产出的论文数量越多。

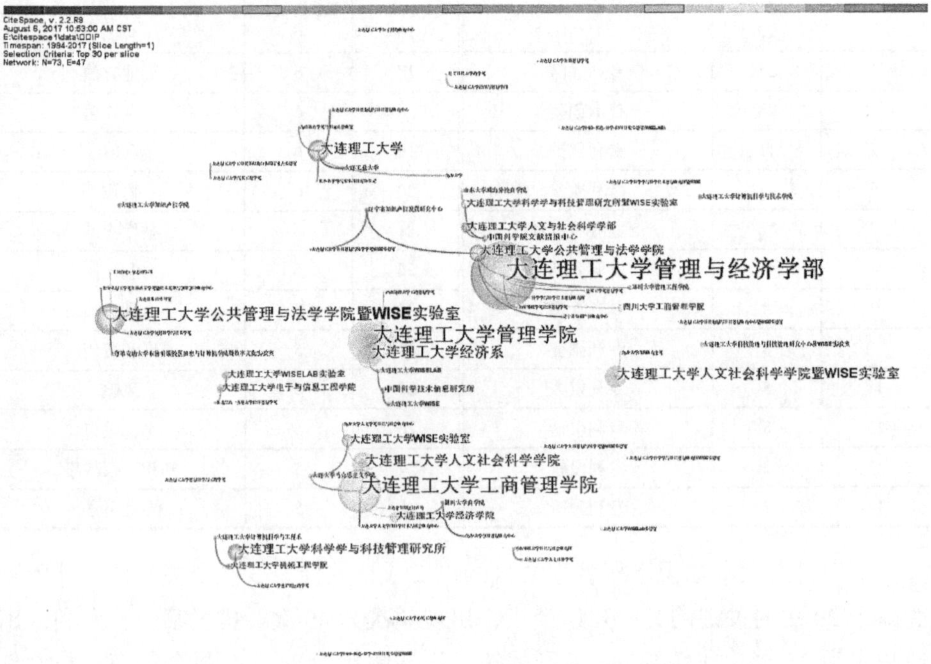

图 4-8　大连理工大学知识产权管理学科主要研究机构图谱

图 4-8 显示了以论文的实际署名单位为机构的网络图谱。大连理工大学管理与经济学部产出的论文数量最多；而后依次为大连理工大学管理学院、大连理工大学工商管理学院、大连理工大学公共管理与法学学院暨 WISE 实验室、大连理工大学经济系、大连理工大学人文社会科学学院、大连理工大学和大连理工大学人文社会科学学院暨 WISE 实验室等。表 4-7 列出了署名单位论文产出高于 5 篇的 13 个高产机构。

表 4-7　大连理工大学知识产权管理研究领域的高产署名机构

序号	论文数量 / 篇	机构
1	31	大连理工大学管理与经济学部
2	22	大连理工大学管理学院
3	20	大连理工大学工商管理学院
4	14	大连理工大学公共管理与法学学院暨 WISE 实验室
5	11	大连理工大学经济系
6	10	大连理工大学人文社会科学学院

序号	论文数量/篇	机构
7	10	大连理工大学
8	10	大连理工大学人文社会科学学院暨 WISE 实验室
9	8	大连理工大学科学学与科技管理研究所
10	8	大连理工大学公共管理与法学学院
11	6	大连理工大学 WISE 实验室
12	5	大连理工大学人文与社会科学学部
13	5	大连理工大学经济学院

大连理工大学在知识产权管理方向署名的机构共有 73 个。表 4-7 显示，产出高于 20 篇论文的三个高产机构分别是：大连理工大学管理与经济学部，论文产出 31 篇，排名第一；大连理工大学管理学院，论文产出 22 篇，排在第二位；大连理工大学工商管理学院，产出论文 20 篇，排在第三位。实际上，我们知道大连理工大学的工商管理学院隶属于大连理工大学管理学院，而管理学院隶属于大连理工大学管理与经济学部，我们这里统计的只是以 CNKI 论文署名单位为依据，并不探索署名单位之间的隶属关系。另外，论文产出高于 10 篇的署名单位依次为大连理工大学公共管理与法学学院暨 WISE 实验室、大连理工大学经济系、大连理工大学人文社会科学学院、大连理工大学、大连理工大学人文社会科学学院暨 WISE 实验室。

2. 大连理工大学知识产权管理学科主要研究团队

同样选择大连理工大学产出的 193 篇知识产权管理学科研究论文，运用 CiteSpace 平台嵌入的数据格式转换功能，将其转换为 CiteSpace 软件能够处理的数据格式，并选择中文文献处理程序。网络结点选择作者，每个时区为 1 年，每个时区选择出现频次最高的 100 个结点，运行 CiteSpace，共得到 191 个结点和 333 条连线，如图 4-9 所示的"大连理工大学知识产权管理学科主要研究团队图谱"。图谱中的结点越大，表示该作者产出的论文数量越多。

图 4-9 显示，大连理工大学知识产权管理学科的主要研究团队有刘凤朝－孙玉涛－马荣康－王元地－马艳艳－姜滨滨－潘雄峰等研究团队、栾春娟－王绫琨－侯海燕－王贤文－侯剑华等研究团队、刘则渊－梁永霞－尹丽春等研究团队、丁堃－高继平等研究团队、杨中楷－刘则渊等研究团队、张米尔－国伟等研究团队、苏敬勤－林海芬－孙大鹏等研究团队。表 4-8 列出了大连理工大学知识产权管理研究方向论文产出 4 篇以上的 29 位高产作者。

图 4-9 大连理工大学知识产权管理学科主要研究团队图谱

表 4-8 大连理工大学知识产权管理学科的高产作者

序号	论文数量/篇	作者	序号	论文数量/篇	作者
1	41	栾春娟	16	6	马艳艳
2	37	刘凤朝	17	6	王元地
3	24	刘则渊	18	6	姜照华
4	17	丁 堃	19	5	曲 昭
5	17	杨中楷	20	4	侯剑华
6	14	侯海燕	21	4	陈 悦
7	14	孙玉涛	22	4	殷福亮
8	12	张米尔	23	4	韩 爽
9	11	马荣康	24	4	姜滨滨
10	10	高继平	25	4	张春博
11	10	苏敬勤	26	4	冯永琴
12	9	王续琨	27	4	徐梦真
13	9	王贤文	28	4	国 伟
14	9	梁永霞	29	4	尹丽春
15	6	林德明			

大连理工大学知识产权管理学科的论文成果共涉及 191 位作者。表 4-8 显示，论文产出高于 20 篇的作者有三位：栾春娟，论文产出 41 篇，排名第一；刘凤朝，论文产出 37 篇，排名第二；刘则渊，论文产出 24 篇，排名第三。论文产出高于 10 篇的作者还有丁堃、杨中楷、侯海燕、孙玉涛、张米尔、马荣康、高继平、苏敬勤。

3. 知识产权管理学科研究热点主题

同样选择大连理工大学产出的 193 篇知识产权管理学科研究论文，运用 CiteSpace 平台嵌入的数据格式转换功能，将其转换为 CiteSpace 软件能够处理的数据格式，并选择中文文献处理程序。网络结点选择关键词，每个时区为 1 年，每个时区选择出现频次最高的 30 个结点，运行 CiteSpace，共得到 250 个结点和 329 条连线，如图 4-10 所示的"大连理工大学知识产权管理学科研究热点主题图谱"。图谱中的结点越大，表示该关键词出现的频次越高。

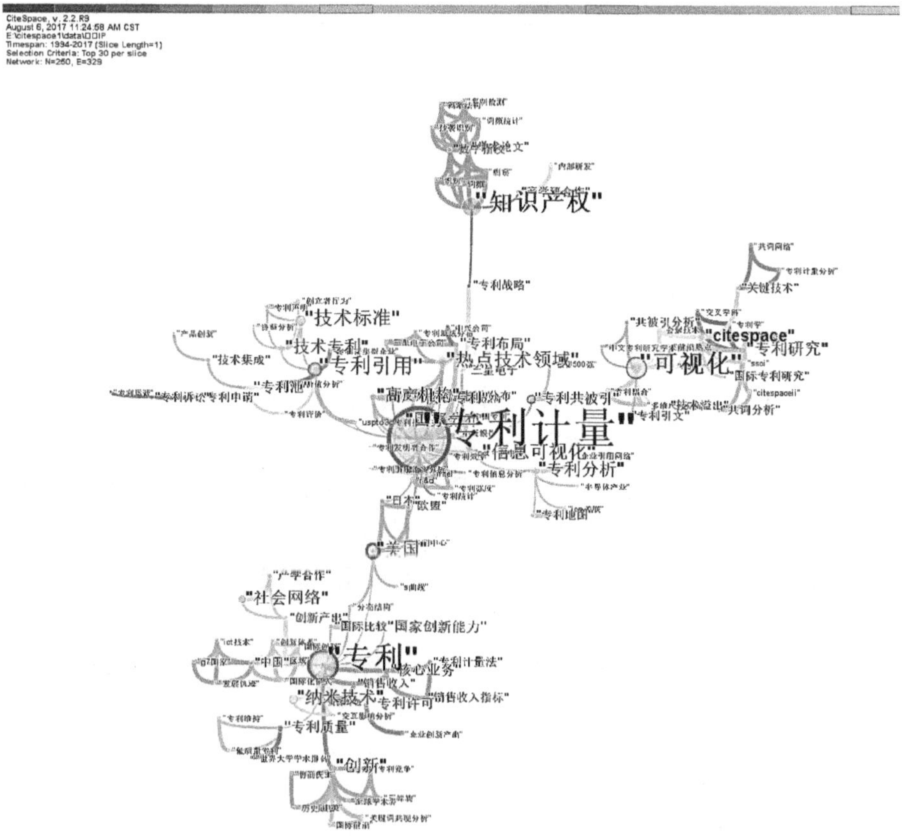

图 4-10 大连理工大学知识产权管理学科研究热点主题图谱

图 4-10 显示，大连理工大学知识产权管理学科研究热点主题主要围绕着专利计量、专利、可视化、知识产权、专利引用等高频关键词展开。专利计量与信息可视化，以及专利引用分析等这些偏重知识产权方法研究的主题，成为大连理工大学知识产权管理研究的特色。表 4-9 列出了大连理工大学知识产权管理研究成果中出现频次高于 3 次的 32 个关键词。

表 4-9　大连理工大学知识产权管理学科论文成果高频关键词

序号	频次／次	关键词	序号	频次／次	关键词
1	28	专利计量	17	4	高产机构
2	14	专利	18	4	专利研究
3	10	可视化	19	4	社会网络
4	10	知识产权	20	4	CiteSpace
5	7	专利引用	21	4	国家分布
6	6	信息可视化	22	3	核心专利
7	6	热点技术领域	23	3	国家创新能力
8	6	技术标准	24	3	核心业务
9	5	美国	25	3	专利布局
10	5	专利分析	26	3	科技创新
11	5	创新	27	3	专利许可
12	5	技术共类分析	28	3	专利池
13	5	纳米技术	29	3	专利共被引
14	5	系统动力学	30	3	国家创新体系
15	4	技术专利	31	3	研发合作
16	4	专利文献	32	3	专利质量

大连理工大学知识产权管理学科的论文成果共涉及 250 个关键词。其中频次高于 10 次的关键词有：专利计量，出现频次为 28 次，排在第一位；专利，频次为 14 次，排在第二位；可视化与知识产权出现频次皆为 10 次，并列排在第三位。频次高于 6 次的关键词还有专利引用、信息可视化、热点技术领域、技术标准等。表 4-9 显示出大连理工大学知识产权研究很大程度上偏重方法研究。

第四节　国内知识产权管理学科研究进展的微观分析

一、朱雪忠研究团队

笔者在 CNKI 数据库中检索了主题为知识产权或专利、作者为朱雪忠的期刊论文，检索年度为全部年度，检索日期为 2017 年 8 月 6 日。共得到 143 篇检索结果，对其进行研究团队和研究热点主题的可视化分析。

1. 朱雪忠教授研究团队

选择朱雪忠教授产出的 143 篇研究论文，运用 CiteSpace 平台嵌入的数据格式转换功能，将其转换为 CiteSpace 软件能够处理的数据格式，并选择中文文献处理程序。网络结点选择作者，每个时区为 1 年，每个时区选择出现频次最高的 100 个结点，运行 CiteSpace，共得到 60 个结点和 82 条连线，如图 4-11 所示的"朱雪忠教授研究团队图谱"。图谱中的结点越大，表示该作者产出的论文数量越多。

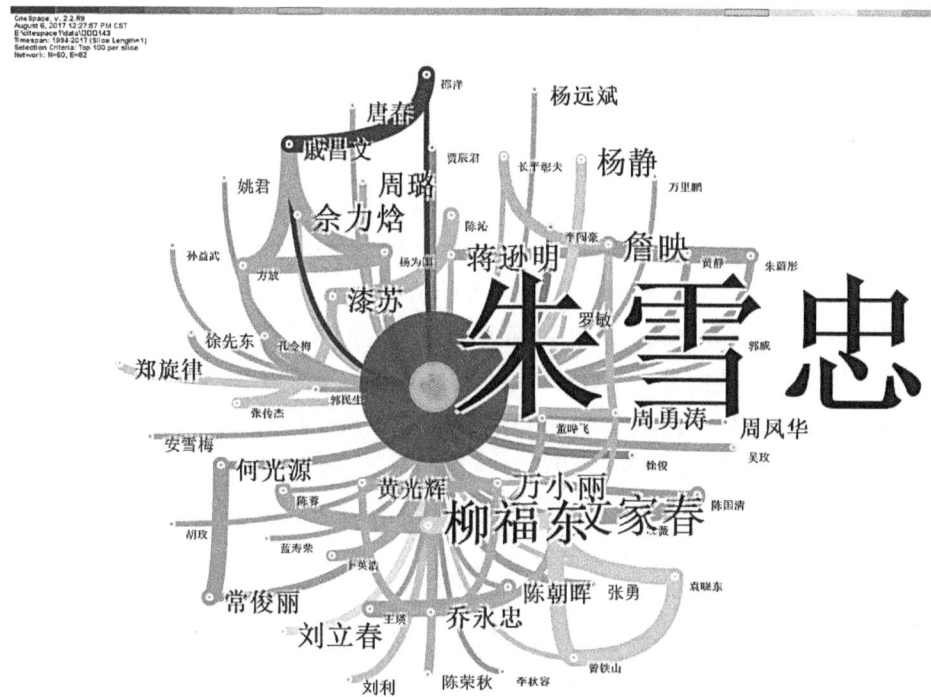

图 4-11 朱雪忠教授研究团队图谱

图 4-11 显示，朱雪忠教授的研究团队主要有朱雪忠 - 柳福东 - 文家春 - 詹映 - 佘力焰 - 蒋逊明 - 万小丽 - 杨静 - 漆苏 - 刘立春 - 周璐等。在我国，朱雪忠教授是很典型的高端复合型知识产权人才，其具有工学学士、工学硕士和管理学博士学位；具有中国律师执业资质和专利代理人执业资质；现任同济大学特聘教授、博士生导师，知识产权学院院长、国家知识产权战略实施研究基地主任；曾经在德国联邦国防军大学、德国马克斯·普朗克知识产权研究所、美国乔治·华盛顿大学和加州大学伯克利分校等分别从事 3 ～ 6 个月的知识产权

研究等；主持完成了国家自然科学基金重点项目，共同主持完成了国家社会科学基金重大招标项目等多项知识产权管理学科领域的科研项目等。表 4-10 列出了朱雪忠教授团队中论文产出 3 篇以上的高产作者。

表 4-10　朱雪忠教授团队的高产作者

序号	论文数量/篇	初现年份	作者	序号	论文数量/篇	初现年份	作者
1	137	1994	朱雪忠	12	4	2006	常俊丽
2	14	1998	柳福东	13	4	2006	何光源
3	12	2005	文家春	14	4	2008	乔永忠
4	7	2003	詹　映	15	4	2009	周勇涛
5	6	2014	余力烨	16	3	2003	杨远斌
6	6	2003	蒋逊明	17	3	2006	周凤华
7	6	2008	万小丽	18	3	2013	郑旋律
8	6	2013	杨　静	19	3	2003	唐　春
9	5	2009	漆　苏	20	3	2007	陈朝晖
10	5	2012	刘立春	21	3	1994	戚昌文
11	5	2014	周　璐	22	3	2008	黄光辉

以朱雪忠教授为核心的研究团队共有 60 位学者。表 4-10 显示，朱雪忠教授团队论文产出 10 篇以上的作者除了朱雪忠教授本人外，还有柳福东，1998 年开始与朱雪忠教授合作，合作产出论文 14 篇；文家春，2005 年开始与朱雪忠教授合作，合作产出论文 12 篇。与朱雪忠教授合作产出论文 5 篇以上的还有 8 位作者，分别是詹映、余力烨、蒋逊明、万小丽、杨静、漆苏、刘立春和周璐，他们在 2003～2014 年与朱雪忠教授合作发表了很多论文。

2. 朱雪忠教授团队研究的热点主题

同样选择以朱雪忠教授为核心的团队产出的 143 篇研究论文，运用 CiteSpace 平台嵌入的数据格式转换功能，将其转换为 CiteSpace 软件能够处理的数据格式，并选择中文文献处理程序。网络结点选择关键词，每个时区为 1 年，每个时区选择出现频次最高的 100 个结点，运行 CiteSpace，共得到 503 个结点和 1803 条连线，如图 4-12 所示的"朱雪忠教授团队研究的热点主题时区图谱"。图谱中的结点越大，表示该关键词出现的频次越高。

图 4-12 显示出 1994～2017 年，以朱雪忠教授为核心的团队在每一年度发表论文的热点主题变更状况。该团队的研究热点随着时间的推移而不断地变化着：从 1994 年的知识产权逐步发展为专利、国际协调、数据库、专利费用、专利质量、低碳发展、专利审查高速路等，到 2017 年发展为知识产权国际保护秩序等。表 4-11 列出了朱雪忠教授团队研究热点主题中频次高于 4 次的 19 个高频关键词。

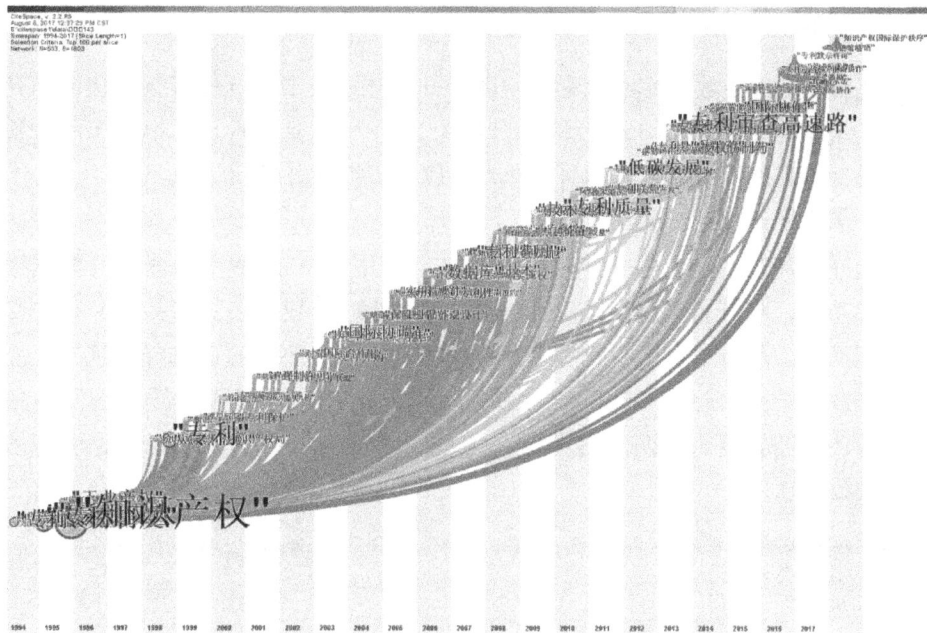

图 4-12 朱雪忠教授团队研究的热点主题时区图谱

表 4-11 朱雪忠教授团队研究的热点主题

序号	频次/次	初现年份	关键词	序号	频次/次	初现年份	关键词
1	24	1994	知识产权	11	5	1994	专利政策
2	12	1994	专利权人	12	5	1994	华中理工大学
3	11	1998	专利	13	5	1995	工业产权
4	11	1994	专利制度	14	4	2003	国际协调
5	10	1994	专利审查	15	4	2007	自主创新
6	9	1994	专利申请	16	4	2007	专利费用
7	8	2013	专利审查高速路	17	4	1994	专利无效
8	6	1994	专利战略	18	4	2006	数据库
9	6	2009	专利质量	19	4	2009	技术创新
10	5	2011	低碳发展				

朱雪忠教授为核心的团队的论文成果共涉及 503 个关键词。其中出现频次高于 10 次的关键词有：知识产权，初现年为 1994 年，出现频次为 24 次，排在第一位；专利权人，初现年为 1994 年，出现频次为 12 次，排在第二位；专利，初现年为 1998 年，出现频次为 11 次；专利制度，初现年为 1994 年，出现频次为 11 次，与专利并列为第三位；专利审查，初现年为 1994 年，出现频次为 10 次。

二、余翔研究团队

笔者在 CNKI 数据库中检索了主题为知识产权或专利、作者为余翔的期刊论文，检索年度为全部年度，检索日期为 2017 年 8 月 6 日。共得到 101 篇检索结果，对其进行研究团队和研究热点主题的可视化分析。

1. 余翔教授研究团队

选择余翔教授产出的 101 篇研究论文，运用 CiteSpace 平台嵌入的数据格式转换功能，将其转换为 CiteSpace 软件能够处理的数据格式，并选择中文文献处理程序。网络结点选择作者，每个时区为 1 年，每个时区选择出现频次最高的 100 个结点，运行 CiteSpace，共得到 49 个结点和 71 条连线，如图 4-13 所示的"余翔教授研究团队聚类图谱"。图谱中的结点越大，表示该作者产出的论文数量越多。

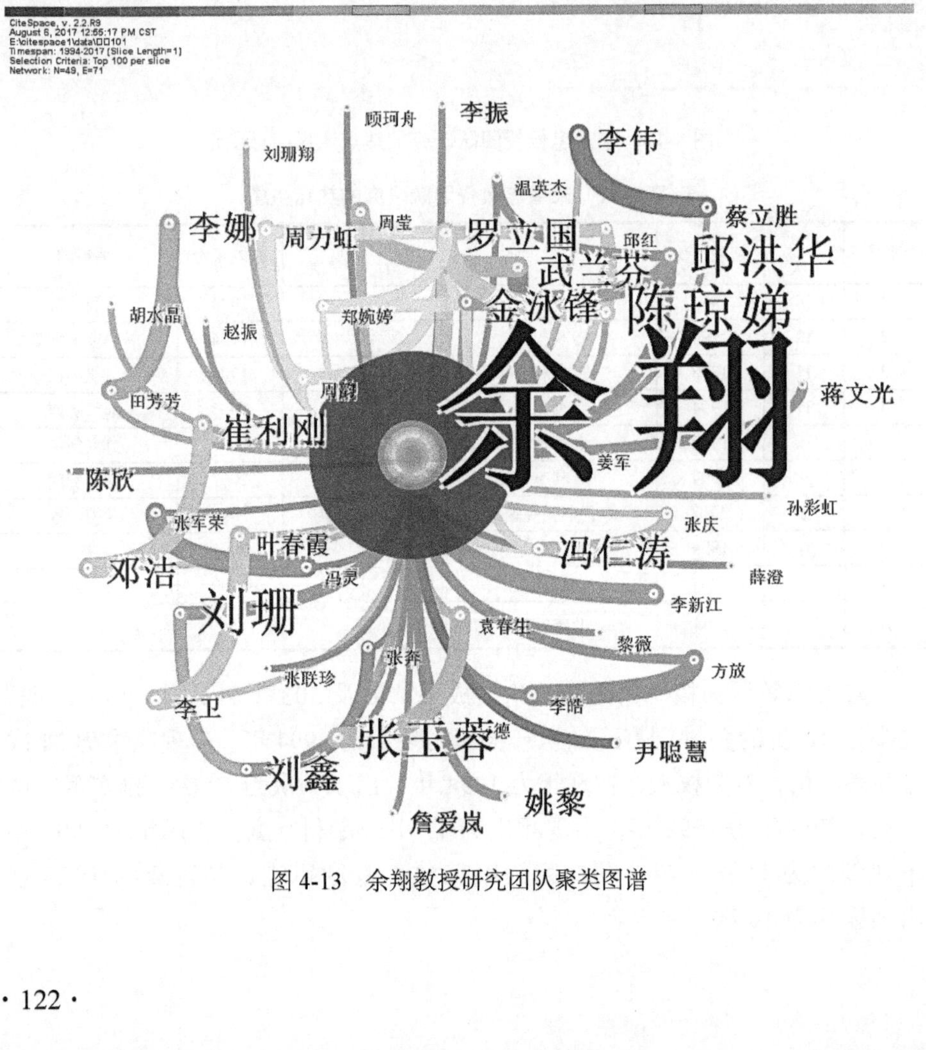

图 4-13 余翔教授研究团队聚类图谱

图 4-13 显示，余翔教授的研究团队主要成员有余翔 - 陈琼娣 - 刘珊 - 邱洪华 - 张玉蓉 - 金泳锋 - 武兰芬 - 罗立国 - 冯仁涛 - 刘鑫等。余翔教授也是非常典型的高端复合型知识产权人才，其具有"化学矿开采专业"工学学士、"专利与科技管理专业"管理学第二学士学位、"管理科学与工程"管理学博士学位；主要研究方向为专利战略与技术创新、与国际贸易有关的知识产权、技术转移与许可证贸易等。在世界多个国家/地区学术兼职：德国慕尼黑工业大学管理学院客座教授；法国斯特拉斯堡大学国际知识产权研究中心客座教授；澳大利亚悉尼科技大学法学院客座教授；瑞士苏黎世应用科技大学管理与法学院客座教授；中国台湾"清华大学"科技管理学院客座教授。担任中美政府合作项目清洁能源中心清洁煤技术联盟中方知识产权项目负责人，同时担任中欧政府合作项目煤炭利用二氧化碳近零排放示范项目、二氧化碳捕捉利用与封存项目中方知识产权子项目负责人。先后主持或参加完成 6 项国家自然科学基金资助的知识产权领域项目的研究工作。

图 4-14 显示出不同年份余翔教授的合作伙伴。例如，2009 年开始，与陈琼娣合作发表论文；2005 年开始，与刘珊合作发表论文；2007 年开始与邱洪华合作研究，发表论文；2006 年与张玉蓉开始发表论文；2008 开始与金泳锋合作发表论文；2006 年开始与武兰芬合作发表论文；2011 年开始与罗立国联署发表论文等。表 4-12 列出了余翔教授团队中论文产出 3 篇以上的 15 位高产作者。

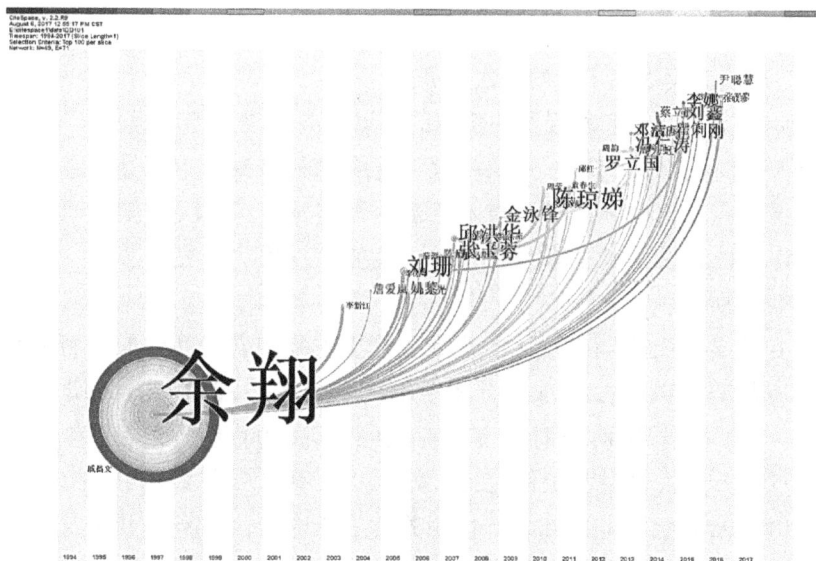

图 4-14 余翔教授研究团队时区图谱

表 4-12　余翔教授团队的高产作者

序号	频次 / 次	初现年份	作者	序号	频次 / 次	初现年份	作者
1	100	1997	余　翔	9	5	2012	冯仁涛
2	9	2009	陈琼娣	10	5	2014	刘　鑫
3	8	2005	刘　珊	11	4	2014	李　娜
4	7	2007	邱洪华	12	4	2013	崔利刚
5	6	2006	张玉蓉	13	3	2013	邓　洁
6	5	2008	金泳锋	14	3	2013	李　伟
7	5	2006	武兰芬	15	3	2004	姚　黎
8	5	2011	罗立国				

余翔教授的合作团队共有 49 位学者。表 4-12 显示，余翔教授团队论文产出 6 篇以上的作者除了余翔教授本人外，还有陈琼娣（与余翔教授合作发表论文 9 篇）、刘珊（与余翔教授合作发表论文 8 篇）、邱洪华（与余翔教授合作发表论文 7 篇）、张玉蓉（与余翔教授合作发表论文 6 篇）。与余翔教授合作发表论文 5 篇的，还有金泳锋、武兰芬、罗立国、冯仁涛和刘鑫。

2. 余翔教授团队的研究热点主题

同样选择余翔教授产出的 101 篇研究论文，运用 CiteSpace 平台嵌入的数据格式转换功能，将其转换为 CiteSpace 软件能够处理的数据格式，并选择中文文献处理程序。网络结点选择作者关键词，每个时区为 1 年，每个时区选择出现频次最高的 100 个结点，运行 CiteSpace，共得到 320 个结点和 1132 条连线，如图 4-15 所示的"余翔教授团队研究的热点主题聚类图谱"。图谱中的结点越大，表示该关键词出现的频次越高。

图 4-15 显示，余翔教授团队研究的热点主题围绕着专利战略、平行进口、专利权人、商业方法专利、知识产权、发明专利和专利申请等。这与余翔教授的主要研究方向专利战略与技术创新、与国际贸易有关的知识产权、技术转移与许可证贸易等，基本是吻合的。余翔教授团队研究的热点主题时区图谱如图 4-16 所示。

图 4-16 显示出余翔教授团队研究的热点主题随着时间的推移而不断变化着的发展趋势。例如，1994 年开始研究专利战略，2000 年开始研究平行进口主题，2007 年开始研究商业方法专利问题，2000 年开始关注专利权人主题，2005 年开始发表发明专利主题论文，2000 年开始发表专利产品主题论文，2008 年开始发表金融业与知识产权相关的主题论文，2006 年开始发表技术创新与知识产权相关的主题论文等。表 4-13 列出了余翔教授团队研究热点主题中频次高于 3 次的 28 个高频关键词。

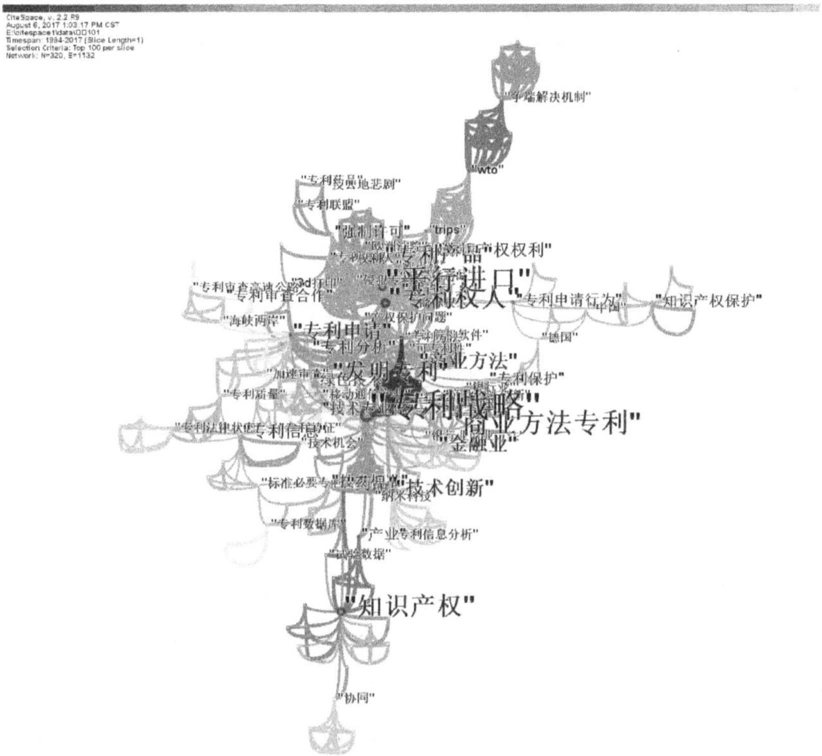

图 4-15 余翔教授团队研究的热点主题聚类图谱

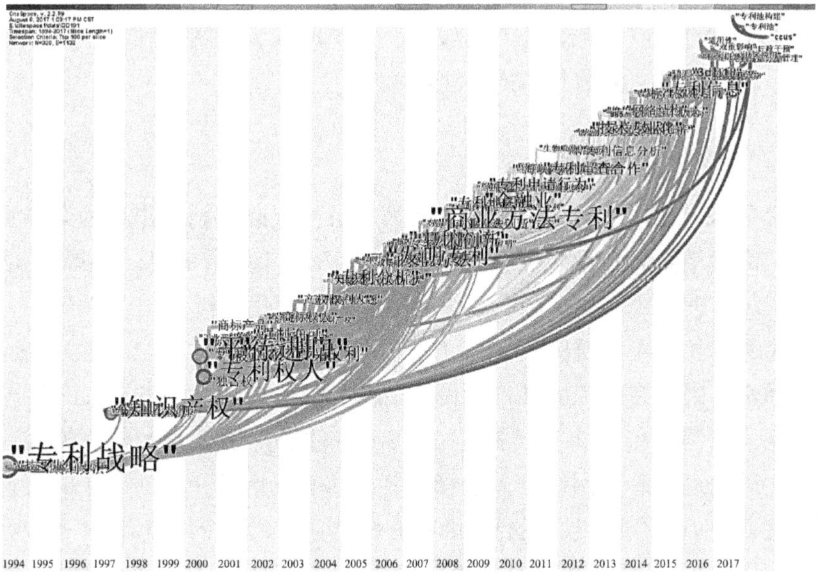

1994 1995 1996 1997 1998 1999 2000 2001 2002 2003 2004 2005 2006 2007 2008 2009 2010 2011 2012 2013 2014 2015 2016 2017

图 4-16 余翔教授团队研究的热点主题时区图谱

表 4-13　余翔教授团队研究热点主题

序号	频次/次	初现年份	关键词	序号	频次/次	初现年份	关键词
1	15	1994	专利战略	15	4	2014	专利信息
2	11	2000	专利	16	4	2005	药品
3	11	2000	平行进口	17	4	2000	知识产权权利
4	10	2007	商业方法专利	18	3	2008	专利地图
5	9	2000	专利权人	19	3	2009	专利申请行为
6	9	1997	知识产权	20	3	2004	知识产权保护
7	7	2005	发明专利	21	3	2001	强制许可
8	6	2000	专利产品	22	3	2010	专利审查合作
9	5	2005	商业方法	23	3	2012	绿色技术
10	5	2006	专利申请	24	3	2000	被许可人
11	5	2008	金融业	25	3	2012	技术专业化
12	5	2006	技术创新	26	3	2006	专利保护
13	4	2006	美国	27	3	1997	产业
14	4	2004	专利分析	28	3	2006	技术标准

　　余翔教授团队研究的热点主题共涉及 320 个不同的关键词。其中频次超过 10 次的有 4 个。这 4 个分别是：专利战略，1994 年开始发表该主题论文，共出现 15 次，排在第一位；专利，2000 年开始发表该主题论文，共出现 11 次，平行进口也是 2000 年开始发表该主题论文，频次同样为 11 次，并列排在第二位；商业方法专利，2007 年开始发表该主题论文，频次为 10 次，排在第四位。频次超过 5 次的热点主题还有专利权人、知识产权、发明专利、专利产品、商业方法、专利申请、金融业和技术创新。

三、栾春娟研究团队

　　笔者在 CNKI 数据库中检索了主题为知识产权或专利、作者为栾春娟的学术论文，检索年度为全部年度，检索日期为 2017 年 8 月 6 日。共得到 62 篇检索结果，对其进行研究团队和研究热点主题的可视化分析。

　　1. 栾春娟教授研究团队

　　选择栾春娟教授研究团队产出的 62 篇研究论文，运用 CiteSpace 平台嵌入的数据格式转换功能，将其转换为 CiteSpace 软件能够处理的数据格式，并选择中文文献处理程序。网络结点选择作者，每个时区为 1 年，每个时区选择出现频次最高的 100 个结点，运行 CiteSpace，共得到 27 个结点和 44 条连线，如图 4-17 所示的"栾春娟教授研究团队聚类图谱"。图谱中的结点越大，表示该作者产出的论文数量越多。

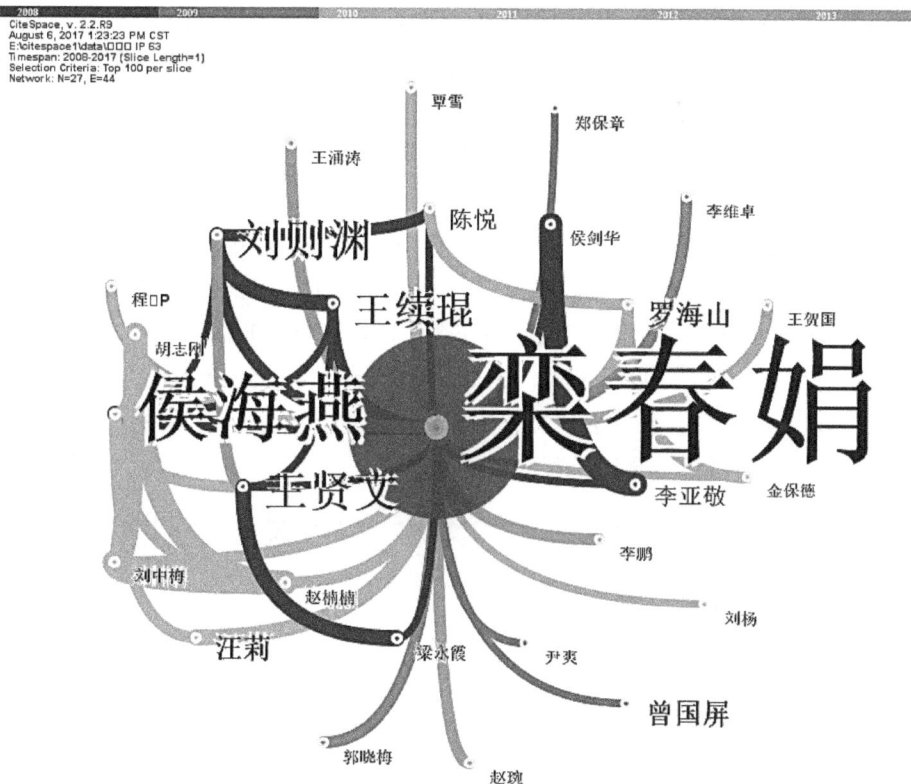

图 4-17　栾春娟教授研究团队聚类图谱

图 4-17 显示，栾春娟教授研究团队的主要成员有栾春娟–侯海燕–王续琨–刘则渊–王贤文–曾国屏–罗海山–陈悦等。栾春娟属于知识产权管理研究领域起步较晚的一位学者，其 2008 年开始发表相关论文，截至 2017 年 8 月，发表中英文论文共计 100 余篇。与朱雪忠教授和余翔教授兼具工科学位和管理学学位这样的高端复合型知识产权管理人才不同，栾春娟的本硕博学位是法学和管理学，缺少了理工科的学科背景。表 4-14 列出了栾春娟教授团队中论文产出 3 篇以上的 8 位高产作者。

表 4-14　栾春娟教授团队的高产作者

序号	频次/次	初现年份	作者	序号	频次/次	初现年份	作者
1	62	2008	栾春娟	5	5	2008	王续琨
2	18	2008	侯海燕	6	3	2014	汪莉
3	6	2008	刘则渊	7	3	2010	罗海山
4	6	2008	王贤文	8	3	2009	曾国屏

栾春娟的合作团队共有 27 位学者。表 4-14 显示，栾春娟团队合作论文产出 5 篇以上的作者除了栾春娟本人外，还有侯海燕（与栾春娟合作发表论文 18 篇）、刘则渊（与栾春娟合作发表论文 6 篇）、王贤文（与栾春娟合作发表论文 6 篇）、王续琨（与栾春娟合作发表论文 5 篇）。

2. 栾春娟教授团队的研究热点主题

同样选择栾春娟教授团队产出的 62 篇研究论文，运用 CiteSpace 平台嵌入的数据格式转换功能，将其转换为 CiteSpace 软件能够处理的数据格式，并选择中文文献处理程序。网络结点选择作者关键词，每个时区为 1 年，每个时区选择出现频次最高的 100 个结点，运行 CiteSpace，共得到 193 个结点和 515 条连线，如图 4-18 所示的"栾春娟教授团队研究的热点主题聚类图谱"。图谱中的结点越大，表示该关键词出现的频次越高。

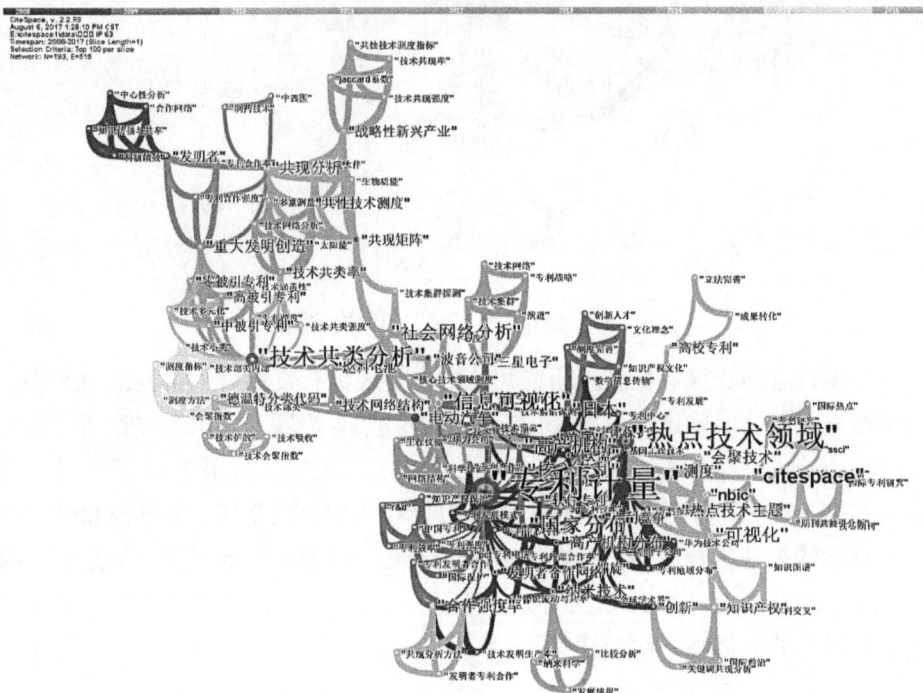

图 4-18　栾春娟教授团队研究的热点主题聚类图谱

图 4-18 显示，栾春娟教授团队研究的热点主题围绕着专利计量、热点技术领域、技术共类分析、信息可视化、战略性新兴产业、重大发明创造等主题进行。该团队的研究成果，较多涉及知识产权管理领域的方法研究。表 4-15 列出了栾春娟教授团队研究热点主题中频次高于 3 次的 25 个高频关键词。

表 4-15 栾春娟教授团队研究的热点主题

序号	频次/次	初现年份	关键词	序号	频次/次	初现年份	关键词
1	17	2008	专利计量	14	3	2008	欧盟
2	10	2008	热点技术领域	15	3	2008	航空航天
3	7	2013	技术共类分析	16	3	2008	合作率
4	5	2009	信息可视化	17	3	2013	重大发明创造
5	5	2010	CiteSpace	18	3	2010	测度
6	5	2008	国家分布	19	3	2008	高产机构分布
7	4	2008	日本	20	3	2008	合作强度
8	4	2008	核心专利	21	3	2011	共现分析
9	4	2009	高产机构	22	3	2010	热点技术主题
10	4	2010	社会网络分析	23	3	2010	NBIC
11	4	2010	可视化	24	3	2010	会聚技术
12	3	2011	电动汽车	25	3	2008	纳米技术
13	3	2008	美国				

栾春娟教授团队研究的热点主题共涉及 193 个不同的关键词。其中频次超过 5 次的有 6 个，分别是：专利计量，2008 年开始发表该主题论文，共发表了 17 篇；热点技术领域，2008 年开始发表该主题论文，共发表了 10 篇；技术共类分析，2013 年开始发表该主题论文，共发表了 7 篇；信息可视化，2009 年开始发表该主题论文，共发表了 5 篇；CiteSpace，2010 年开始发表该主题论文，共发表了 5 篇；国家分布，2008 年开始发表该主题论文，共发表了 5 篇。此外，该团队还对核心专利、重大发明创造和会聚技术等主题进行了研究，发表了相关的论文。总之，从栾春娟教授团队的研究热点主题，即高频关键词可以发现，该团队更加注重知识产权管理领域的方法研究。

第五节 小 结

一、主要结论

首先，本章选择国家自然科学基金资助产出的、知识产权主题文献，笔者将其视为国内知识产权管理学科的研究成果，通过共现分析中的机构共现分析、作者共现分析和关键词共现分析，并结合信息可视化技术，借助陈超美博士开发的 CiteSpace 平台，绘制了知识产权管理学科主要研究机构图谱、知识产权管理学科主要研究团队图谱和知识产权管理学科研究热点主题图谱。分析结果揭示了我国知识产权管理学科的研究进展：已有一批高产机构，其中论文产出高于100篇的机构有华中科技大学、大连理工大学、西安交通大学、浙江大学和清华大学；拥有一批高产作者，其中论文产出高出30篇的作者有朱雪忠、余翔、栾春娟、袁晓东、黄瑞华、刘凤朝、陈向东和刘云等；研究的热点主题围绕着知识产权与技术创新、创新绩效、经济增长和专利战略、专利质量与专利价值等，借鉴了管理学、社会学和信息科学领域的一些研究方法。

其次，笔者选择了华中科技大学和大连理工大学两个高产机构，下载了这两所高校国家自然科学基金资助的、知识产权主题论文，并对其署名单位的高产机构、研究团队和研究热点主题等，进行了中观层次的分析。分析结果揭示出两所高校的管理学院是其知识产权主题研究成果产出的主要机构。华中科技大学形成了朱雪忠教授、余翔教授和袁晓东教授三个研究团队；大连理工大学形成了刘凤朝教授、栾春娟教授、刘则渊教授、丁堃教授、张米尔教授、苏敬勤教授和杨中楷教授等诸多研究团队。知识产权管理学科研究热点主题分析结果显示，华中科技大学的研究热点主题主要集中于知识产权、专利、专利战略和技术创新等；大连理工大学的研究热点主题主要集中于专利计量、专利、可视化、知识产权、专利引用和信息可视化等，较多地偏重于知识产权管理的方法研究。

最后，笔者进行了国内知识产权管理学科研究进展的微观分析。笔者分别下载了CNKI数据库中朱雪忠教授、余翔教授和栾春娟教授发表的知识产权主题文献，对其研究团队和研究热点主题进行了分析，以把握核心教授团队的知识产权管理人才培养模式和研究主题随时间而变化的特征。朱雪忠和余翔教授皆为我国拟大力培养的高端复合型知识产权人才，他们都具有工学和管理学学位，具有丰富的海外留学、访学、科研工作经历；他们在20多年的知识产权管理研究领域，各自带出了一个强大的研究团队，为我国知识产权管理学科的发展做出了巨大贡献。栾春娟属于在知识产权管理研究领域起步较晚的一位学者，其研究重点主要是知识产权管理学科的工具和方法研究。

二、讨论

本章的创新之处在于：运用信息可视化技术，从研究机构、研究团队、研究热点主题几个方面，从宏观、中观和微观三个层次，比较全面地梳理了我国知识产权管理学科的研究进展，为有关部门正式设置知识产权管理学科提供了重要的决策支撑。党的十八大提出创新驱动发展战略，需要知识产权工作在该战略的实施中发挥更积极、更重要的驱动和支撑作用。知识产权是创新的源泉，创新驱动实质就是知识产权驱动。随着创新驱动发展战略的不断推进，社会对知识产权的创造、运用、保护和管理工作都提出了更高的要求，这样就需要培养出，尤其是高校培养出大批高端、复合型知识产权管理人才。设置知识产权管理学科，可以为高端知识产权复合型人才培养提供重要的基地。2015年，国务院印发《国务院关于新形势下加快知识产权强国建设的若干意见》，强调要加强知识产权专业人才队伍建设，加强知识产权相关学科建设，完善产学研联合培养模式，在管理学和经济学中增设知识产权专业，稳定和壮大知识产权专业人才队伍。因此，设置知识产权管理二级学科，是推动实施知识产权强国战略的必然要求。

参 考 文 献

［1］Fishman E A. The role of intellectual property management education in a technology management curriculum［J］. Journal of Technology Transfer，2010，35（4）：432-444.

［2］李克强. 最大限度激发科技人才的创造活力［J］. 中国科技产业，2017，（2）：12-13.

［3］Eshleman M O. Creativity without law：Challenging the assumptions of intellectual property［J］. Library Journal，2017，142（2）：90-91.

［4］Suleiman D，Rogers L. Copyrighting creativity：Creative values，cultural heritage institutions and systems of intellectual property［J］. International Journal of Arts Management，2016，19（1）：93-94.

［5］宋河发，吴博，吕磊. 促进科技成果转化知识产权实施权制度研究［J］. 科学学研究，2016，34（9）：1319-1325.

［6］张晓东. 论推进高校知识产权管理和科技成果转化工作的切入点［J］. 中国高校科技，2016，（4）：13-15.

［7］侯海燕，赵楠楠，胡志刚，等. 国际知识产权研究的学科交叉特征分析——基于期刊学科分类的视角［J］. 中国科技期刊研究，2014，25（3）：416-426.

［8］刘册，余翔. 基于TMP的中美清洁能源合作知识产权管理模式研究——突破、难点及对策［J］. 中国软科学，2016，（11）：44-51.

［9］Yang W G，Jin Z，Zheng Y，et al. Discussion for Enterprises Intellectual Property Operation and Protection Management Model［M］. Toronto：University of Toronto Press，2007.

［10］Yang C B，Qi M. Construction and Management Research of Pre-warning System Model about Intellectual Property［R］. Hangzhou：5th International Symposium on Management of Technology，2007.

［11］丁明磊，王春梅. 在科技计划管理中健全知识产权审查评议机制的研究建议［J］. 科学

管理研究，2016，34（4）：25-28，37.

［12］冯晓青. 企业知识产权管理制度与激励机制建构［J］. 南都学坛，2016，36（5）：65-72.

［13］厉宁，周笑足. 我国知识产权管理协调机制研究［J］. 中国科技论坛，2014，（11）：36-40.

［14］Zharinova A G. Dataware for the mechanism of intellectual property management［J］. Actual Problems of Economics，2012，136（10）：46-51.

［15］侯湘，张小强. 高校文献类科研成果知识产权归属与管理体系［J］. 科技与出版，2013，（7）：68-70.

［16］陆春宁. 企业知识产权管理规范体系审核的步骤与实施过程［J］. 轻工科技，2017，（2）：117-118，155.

［17］施学哲，杨晨，徐军海，等. 高新园区知识产权管理与服务绩效评价指标体系构建及研究［J］. 中国科技论坛，2016，（2）：154-160.

［18］Zhan G，Inc D E P. University intellectual property management system based on JFinal framework［J］. 2015 International Conference on Information Science and Intelligent Control（Isic 2015），2015：634-638.

［19］黄贤涛，王文心. 提升企业知识产权资产管理能力［J］. 电子知识产权，2013，（3）：22-23.

［20］Kochhar S. Institutions and capacity building for the evolution of intellectual property rights regime in India：II-Ownership and management issues in agricultural research［J］. Journal of Intellectual Property Rights，2008，13（2）：152-156.

［21］刘艳，张光宇. 高新区知识产权战略生态位管理研究——以广东为例［J］. 科技进步与对策，2014，31（9）：34-37.

［22］Mitchell W，Leiponen A. Virtual special issue on innovation，intellectual property and strategic management［J］. Strategic Management Journal，2016，37（13）：E1-E5.

［23］Zou Y X，Liu C C. Knowledge Management and Intellectual Property Protection in Developing Strategy of High-tech Enterprises［R］. Wuhan：12th International Conference on Innovation and Management，2015.

［24］陈伟，杨早立，李金秋. 区域知识产权管理系统协同及其演变的实证研究［J］. 科学学与科学技术管理，2016，37（2）：30-41.

［25］陈阳. 基于视频类素材管理系统的知识产权保护技术研究［J］. 中国教育信息化，2014，（2）：72-74.

［26］李潭，陈伟. 纵向视角下区域知识产权管理系统演化的协调度研究——基于复合系统

协调度模型的测度［J］.情报杂志，2012，31（10）：99-105.

［27］刘璐祯，周为吉，郑荣宝，等.基于学科知识图谱的国内土地资源管理学科演进及其进展研究［J］.中国农业大学学报，2017，22（1）：189-202.

［28］许丽丽，侯怀银.教育学学科性质在中国的研究：历程、进展和展望［J］.教育理论与实践，2016，36（34）：3-8.

［29］盛小平，刘泳洁.知识管理不是一种管理时尚而是一门学科——兼论知识管理学科研究进展［J］.情报理论与实践，2009，32（8）：4-7.

［30］樊杰，孙威.中国人文——经济地理学科进展及展望［J］.地理科学进展，2011，30（12）：1459-1469.

［31］朱清平.知识产权管理学科初探［J］.发明与创新，2003，（4）：36-37.

［32］柯涛，龙珊瑚.论技术经济及管理与知识产权管理学科关联性［J］.技术经济，2006，（12）：42-45，88.

［33］Zhong X，Liu J J，Gao Y，et al. Analysis of co-occurrence toponyms in web pages based on complex networks［J］. Physica A：Statistical Mechanics and its Applications，2017，466：462-475.

［34］Jun S P，Park D H. Visualization of brand positioning based on consumer web search information using social network analysis［J］. Internet Research，2017，27（2）：381-407.

［35］Mercun T，Zumer M，Aalberg T. Presenting bibliographic families using information visualization：Evaluation of FRBR-based prototype and hierarchical visualizations［J］. Journal of the Association for Information Science and Technology，2017，68（2）：392-411.

［36］Bornmann L，Stefaner M，Anegon F D，et al. Excellence networks in science：A web-based application based on Bayesian multilevel logistic regression（BMLR）for the identification of institutions collaborating successfully［J］. Journal of Informetrics，2016，10（1）：312-327.

［37］Lysaker J T，Nie A Y. Social and relational aspects of comprehending in one fourth grader's unaided and illustration-aided picturebook retellings：Retelling as co-Authoring［J］. Journal of Literacy Research，2017，49（1）：38-67.

［38］Raynaud D. Scientific signature and international collaborations：Inflation in the number of co-authors in particle physics［J］. Social Science Information Sur Les Sciences Sociales，2017，56（1）：142-167.

［39］Khasseh A A，Soheili F，Moghaddam H S，et al. Intellectual structure of knowledge in iMetrics: A co-word analysis [J]. Information Processing and Management, 2017, 53 (3): 705-720.

[40] Leydesdorff L, Nerghes A. Co-word maps and topic modeling: A comparison using small and medium-sized corpora (N < 1,000) [J]. Journal of the Association for Information Science and Technology, 2017, 68 (4): 1024-1035.

[41] Li X J, Ma E, Qu H L. Knowledge mapping of hospitality research-A visual analysis using CiteSpace [J]. International Journal of Hospitality Management, 2017, 60: 77-93.

[42] Chen Q Q, Zhang J B, Huo Y. A study on research hot-spots and frontiers of agricultural science and technology innovation-Visualization analysis based on the Citespace III [J]. Agricultural Economics-Zemedelska Ekonomika, 2016, 62 (9): 429-445.

[43] 栾春娟. "纳米 - 生物"会聚技术的测度及启示 [J]. 科研管理, 2012, 33 (7): 48-58.

第五章 国外 / 国内知识产权（管理）学科建设发展研究

第一节 国外知识产权（管理）学科建设发展

一、研究综述

探索国外高校知识产权专业硕士培养特色与经验，有助于加强我国高校知识产权人才的培养质量，推动国家知识产权战略的实施，为大众创业、万众创新培养和储备高层次、复合型知识产权人才队伍。随着国家知识产权战略的不断推进，各行各业对知识产权创造、运用、保护和管理工作都提出了更高的要求，对知识产权人才的需求也更加迫切。加强知识产权人才队伍建设是《国家知识产权战略纲要》的重要战略措施，知识产权人才培养将是我国今后一段历史时期中的一项重大任务和使命。据预测[1,2]，我国目前知识产权专门人才大约有 15 万人，知识产权从业人员大约有 50 万人，"十三五"规划期间我国知识产权专门人才将规划发展到 50 万人，知识产权从业人员将规划发展到 150万人，其中 80% 以上将是企事业单位急需的高端复合型和应用型的知识产权经营管理专业人才。

国内外学者对高校知识产权专业人才培养进行了以下几个方面的研究。第一，对知识产权人才培养模式的研究。钱建平[3]提出，知识产权教育应根据不同类型人才知识结构和层次差异，在机构、专业和学科等方面进行科学设置，形成与之相适应的教育培养模式。陶丽琴和陈璐[4]对高校知识产权人才培养模式和学科建设的关系进行了研究。叶美霞和曾培芳等[5]在总结德国知识产权人才培养模式基础上，对我国知识产权人才的培养提出了建议。秦琴、郑丽娜和于慧丽等[6,7]结合理工科院校的优势，对理工科院校知识产权人才的培养模式进行了研究。第二，对应用型知识产权人才培养的研究。雷鸣[8]指出，高职层次应用型知识产权管理人才培养目前存在种种问题，不能满足企业发展的需要，他结合自身知识产权人才培养的教育实践，进行了一系列的探索，以提高知识产权人才培养质量。谢乒和王新华[9]认为，我国高校应当结合社会需求和应用型人才的特点，立足于自身的教育优势，从培养模式、师资、课程设置等环节构建科学的人才培养机制。第三，创新型知识产权人才培养的研究。丁桂芝和李建生等[10]提出，高职院校以培育知识产权文化为切入点，是助推技术型创新人才培养的有效途径。孟丽华和李磊等[11]从高校知识产权教育和发展研究出发，探索了科技创新人才培养的模式和方法。Gallie和Legros[12]认为，法国公司创新过程中，必须加强知识产权保护和知识产权人才的培养。Autio和Acs[13]提出，创新创业过程中，加强知识产权教育和人才培养是必要的工程。

已有的研究成果为本书提供了重要的基础。但已有的研究尚比较宽泛、笼统，本书拟进行的国外高校知识产权专业硕士培养经验及启示研究，将通过具体分析美国和德国知识产权专业硕士培养的名校培养计划和课程设置，提炼其特色，总结和借鉴其值得我国高校知识产权专业硕士培养的经验，以期推动我国高校高层次知识产权人才的培养，为国家知识产权战略的实施培养和储备高质量人才队伍。

二、国外样本数据的选取

国外与知识产权管理（intellectual property management）学科相关的学科名称有多种叫法。例如，2010年伊利诺伊理工大学（Illinois Institute of Technology）设置的"知识产权管理与市场硕士"（Master of IP Management & Markets），加州大学伯克利分校设置了"知识产权与技术法"（Intellectual Property and Technology Law）。国外知识产权教育的课程体系设置中一般都包含了与知识产权管理相关的课程，而没有明显的学科之分。

笔者以美国加州大学伯克利分校知识产权与技术法、德国慕尼黑知识产权法中心的知识产权课程体系设置、英国伦敦玛丽女王大学知识产权硕士专业课程设置、悉尼科技大学知识产权等四个机构的知识产权硕士人才培养的课程体系为样本，阐述国外知识产权教育中的知识产权管理相关学科特征与发展趋势，剖析其知识产权管理相关学科的建设与发展经验，同时比较国内设有知识产权管理学科的高校的知识产权人才培养经验。

三、国外知识产权管理学科建设经验

1. 美国知识产权管理学科建设经验

2017年美国知识产权专业研究生教育排名前10位的学校分别是[14]：加州大学伯克利分校（University of California, Berkeley）、斯坦福大学

（Stanford University）、纽约大学（New York University）、乔治·华盛顿大学（George Washington University）、圣克拉拉大学（Santa Clara University）、新罕布什尔大学（University of New Hampshire）、得克萨斯 A&M 大学（Texas A&M University）、休斯敦大学（University of Houston）、波士顿大学（Boston University）、华盛顿大学（University of Washington）。2017 年美国法学院研究生教育排名前 10 位的学校分别是[15]：耶鲁大学（Yale University）、斯坦福大学（Leland Stanford Junior University）、哈佛大学（Harvard University）、芝加哥大学（University of Chicago）、哥伦比亚大学（Columbia University）、纽约大学（New York University）、宾夕法尼亚大学（University of Pennsylvania）、密歇根大学安娜堡分校（University of Michigan—Ann Arbor）、弗吉尼亚大学（University of Virginia）和杜克大学（Duke University）。笔者以加州大学伯克利分校、斯坦福大学、哈佛大学、纽约大学、乔治·华盛顿大学、新罕布什尔大学 2017 年知识产权研究生教育课程体系为例，提炼出美国高校知识产权专业研究生培养的特色和经验。

（1）知识产权研究生培养与创新创业实践紧密结合

加州大学伯克利分校 2017 年共开设知识产权与技术类课程 33 门，其中 14 门课程涉及对学生实践能力的培养（表 5-1）。伯克利知识产权实习 1—6，让学生在执业律师监督下，为生命科学行业处于起步期的公司提供知识产权方面的法律协助；与创业者一同工作，了解复杂的技术，学习如何创业与自主经营。专利经营、专利分析、战略及决策制定、计算机法、商业秘密、专利诉讼等课程，采取"理论＋实践"的授课模式，使学生深入知识产权实务领域，在实践中检验所学知识，培养实践能力。好莱坞合同谈判、娱乐法：电视和电影，通过模拟练习，使学生体验谈判过程，并向陪同的专业律师学习相关技能。加州大学伯克利分校 2017 年开设的知识产权实务类课程，包括知识产权实习学术讲座和系列实习课程。伯克利知识产权实习学术讲座：在知名律师事务所执业律师的指导下，知识产权实习课程提供学生感兴趣的在加州海湾区真实、亲自动手创办公司的实践。实习课程包括两个部分，一部分是 Robert Merges 教授每周做一个学术报告，讲授如何运用专利法知识去创业和开办公司；另一部分是亲自动手操作部分，学生在执业律师指导下组成团队，在生命科学领域做创业初期的准备工作，如绘制专利地图、学生会见客户、掌握创新技术等，随时准备运用风险投资基金创办公司。

表 5-1　加州大学伯克利分校 2017 年开设的知识产权实践能力培养类课程

序号	课程编号与课程名称
1	275.9A- 伯克利知识产权实习讲座（Berkeley IP Practicum Seminar）
2	275.9B sec. 1- 伯克利知识产权实习 1（Berkeley IP Practicum 1）
3	275.9B sec. 2- 伯克利知识产权实习 2（Berkeley IP Practicum 2）
4	275.9B sec. 3- 伯克利知识产权实习 3（Berkeley IP Practicum 3）
5	275.9B sec. 4- 伯克利知识产权实习 4（Berkeley IP Practicum 4）
6	275.9B sec. 5- 伯克利知识产权实习 5（Berkeley IP Practicum 5）
7	275.9B sec. 6- 伯克利知识产权实习 6（Berkeley IP Practicum 6）
8	276.9 sec. 1- 专利经营（Patent Prosecution）
9	279.3 sec. 1- 专利分析、战略与决策（IP Analytics，Strategy & Decision-Making）
10	255.1 sec. 1- 好莱坞合同谈判（Negotiating Hollywood Contracts）
11	276.4 sec. 1- 计算机法（Computer Law）
12	277.1 sec. 1- 商业秘密（Trade Secrets）
13	277.2 sec. 1- 专利诉讼（Patent Litigation I）
14	278.75 sec. 1- 娱乐法：电视和电影（Entertainment Law：TV and Film）

　　加州大学伯克利分校 2017 年开设的知识产权与创业（IP and Entrepreneurship）课程，实质上就是将知识产权战略（IP Strategy）与商业战略（Business Strategy）结合到一起，实现成功创业的一门课程。课程的总体目标是将特定的知识产权战略与特定的商业战略有机地衔接起来。具体包括企业家如何最好地发展和管理企业的知识产权，并且将其运作到一个成功的商业实体中。课程首先简要介绍各种类型的知识产权，包括专利、商标、版权、商业秘密等。该课程涵盖了最佳的知识产权实务：知识产权的开发、保护、许可、实施活动，什么时间、如何保护这些权利，保护这些权利的哪些具体内容，等等。课程还包括使用开源软件的利弊和天使投资者如何看待知识产权等主题。课程将充分利用案例学习、当前重大事件剖析和产业界的专家来提供实践知识和成功商业战略中知识产权资产运营的实战经验。

　　课程的主讲教师 Todd 是典型的具有理工科专业背景，兼具经济学和商业运营、知识产权专业知识的高端复合型知识产权人才。他本科毕业于圣何塞州立大学（San Jose State University）计算机科学系；通过伯克利－哥伦比亚的高级经理 MBA 项目（Berkeley-Columbia Executive MBA program）获得加州大学伯克利分校和哥伦比亚大学联合颁发的 MBA 学位。Todd 目前是加州大学伯克利分校哈斯商学院（Haas School of Business）的一名讲师，同时也是旧金山大学经济学系的一名兼职教授。他主讲的课程有教学法、知识产权战略、金融、商业数学、微观经济学和宏观经济学等。Todd 还是哈斯商学院教学卓越奖中心的主任。

在伯克利知识产权实习系列课程中，学生在实习律师指导下，向生命科学领域创业早期的公司提供知识产权法律服务。当事人包括加州大学伯克利分校创业加速器、加州首所高校创业的孵化器（SkyDeck）和其他一些同样处于创业早期阶段的加州大学伯克利分校企业。学生将深入了解创业早期阶段面对的知识产权问题，获取与企业家一起工作的切身实践经验。每个学生将被分配给该领域的一位执业律师和一位加州大学伯克利分校的企业家共同指导。学生在执业律师的指导下，直接和公司的创办者一起工作。学生和指导他们的律师将区分不同问题，分别进行法律研究或跟企业家一起解决问题，从中了解在公司创业早期律师如何发挥重要的积极角色。学生与公司创办人一起工作，从中会了解到创业中的技术选择问题，理解为什么专利地图中所选的技术是可行的。选择技术的分析报告，将被用于公司成立早期阶段的融资活动中。学生在知识产权实习过程中遇到的不仅是知识产权问题，还有如何架构公司经济实体和财务管理等问题。

新罕布什尔大学2017年共开设知识产权类课程42门，其中13门课程涉及对学生实践能力的培养（表5-2）。诉讼类课程，讲述具体诉讼程序，带领学生旁听真实审判过程，并通过团队合作等形式进行模拟法庭练习；实务类课程，讲授实务类文书写作技能，并由相关领域专家带领，进行实务实习；企业知识产权战略类课程，带领学生深入企业内部，使学生了解企业知识产权运作流程，体会知识产权转化为经济利益的过程，并在实践中学习知识产权战略制定与管理方法。

表5-2 新罕布什尔大学2017年开设的知识产权实践能力培养类课程

序号	课程编号与课程名称
1	LIP 894（01）- 美国诉讼程序及分析Ⅰ（American Legal Process and Analysis Ⅰ）
2	LIP 895（01）- 美国诉讼程序及分析Ⅱ（American Legal Process and Analysis Ⅱ）
3	LIP 915（01）- 娱乐法（Entertainment Law）
4	LIP 917（01）- 联邦商标和版权注册实务（Federal Trademark and Copyright Registration Practice）
5	LIP 919（01）- 专利诉讼（Advanced Patent Litigation）
6	LIP 928（01）- 知识产权管理（Intellectual Property Management）
7	LIP 961（01）- 专利实务及程序Ⅰ（Patent Practice and Procedure Ⅰ）
8	LIP 962（01）- 专利实务及程序Ⅱ（Patent Practice and Procedure Ⅱ）
9	LIP 967（01）- 专利局诉讼（Patent Office Litigation）
10	LIP 997（01）- 数字时代采矿业专利信息（Mining Patent Information in the Digital Age）
11	LIP 906（1BB）- 专利商业战略（Patent Strategies for Business）
12	LIP 907（1BB）- 专利诉前（Pretrial Patent Litigation）
13	LIP 981（01）- 在线品牌管理（Online Brand Management）

哈佛大学 2016～2017 年共开设知识产权类课程 8 门，其中 3 门课程涉及对学生实践能力的培养（表 5-3）。版权和商标诉讼，除教授基础法律知识外，会选择典型案件进行案件模拟，并要求学生开展口头辩论等；专利诉讼研讨会，引导学生参与预备侵权、不正当竞争和简易判决的口头辩论等模拟练习，并讲授完整的专利诉讼程序；娱乐和媒体法，关注日常法律和经济实践，并锻炼学生在此领域的咨询、诉讼和交易实践能力。

表 5-3　哈佛大学开设的知识产权实践能力培养类课程

序号	课程名称
1	版权和商标诉讼（Copyright and Trademark Litigation）
2	专利诉讼研讨会（Patent Litigation Workshop）
3	娱乐和媒体法（Entertainment and Media Law）

上述三所高校知识产权课程设置中，均有 30% 以上的课程涉及对学生实践能力的培养。实践能力培养类课程采取"实践"或"理论＋实践"的授课方式，使学生深入企业、律师事务所等实务领域，学习实务技能，能够避免理论与实践脱节，更好地实现学校教育与职业生涯的对接。

（2）注重企业知识产权管理能力训练

加州大学伯克利分校 2017 年知识产权与技术类课程中，有如下课程涉及对企业知识产权管理能力的培养：知识产权和创业（IP and Entrepreneurship）、伯克利知识产权实习 1—6、专利经营、知识产权分析、战略和决策制定。新罕布什尔大学 2017 年知识产权类课程中，有如下课程涉及对企业知识产权管理能力的培养：知识产权管理（Intellectual Property Management）、专利商业战略、专利布局管理（Patent Portfolio Management）、在线品牌管理。上述课程强调了在某一领域"拥有良好前景的专利"商业模式的可贵；讲述了如何更好地开发和管理知识产权资产，如何将知识产权战略与商业战略相匹配，最终将其整合成为一个成功的企业；同时让学生在实务中体验知识产权战略制定、企业风险管理及专利估值等过程，对培养实用性知识产权管理人才具有重大意义。

（3）注重新兴领域相关法律课程设置

电子信息技术对以往信息传播途径与方式进行了变革，使得相关领域知识产权问题逐步凸显。加州大学伯克利分校、新罕布什尔大学和哈佛大学在知识产权人才培养过程中均在新兴技术领域设置了主要课程。

加州大学伯克利分校的网络法基础理论（Fundamentals of Internet Law），涵盖了互联网及其他数字信息技术相关法律，除了要求学生掌握该领域的法律、法规、判例，还要求学生学习该领域基础技术，并公开发表与网络法和公共政策相关的博客文章。电子游戏法（Video Game Law），针对电子游戏产业所涉及的商标、版权等问题进行授课，并邀请实践经验丰富的从业人员分享经验。计算机法（Computer Law），探索电脑、软件、信息技术的发展与法律、政策的关系，同时探讨商业、国际、反垄断法以及第三方应用程序 APP、云等与互联网有关的热点话题，并要求学生在课堂中亲身实践，学习计算机技术。

新罕布什尔大学针对新兴技术领域设置了网络法（Internet Law）、数字时代采矿业专利信息、电子商务与法律（E-Commerce and The Law）、在线品牌管理等课程。上述课程在讲授网络领域相关法律的同时，探讨电子信息技术给采矿业、商业等领域带来的变革，以及美国法律体系在数字信息时代经受的挑战等课题。

哈佛大学开设的音乐和数字传媒（Music and Digital Media）重点讲授传统法律制度、经济模型在新技术时代面临的挑战，并讨论在数字时代特殊背景下对"音乐权"的保护等课题。

（4）与经济学等领域结合紧密

加州大学伯克利分校 2017 年知识产权与技术类课程中，知识产权法经济学（Economics of Intellectual Property Law）、艺术和文化财产法（Art and Cultural Property Law）等课程将法律、经济、艺术和文化等领域相融合，进行跨学科教育。新罕布什尔大学 2017 年知识产权类课程中，知识产权和国际贸易（Intellectual Property and International Trade）、专利商业战略、电子商务与法律等课程将法学与经济学紧密结合，向学生讲授与知识产权密切相关的学科知识体系。哈佛大学知识产权类课程中，音乐和数字传媒（Music and Digital Media）在关注传统法律制度的同时，探讨数字传媒发展的经济模型和经济战略问题，并进行相关领域的法律和经济实践能力培训。

（5）服务地方产业特色

加州大学伯克利分校位于美国加利福尼亚州（California）。加州生产的葡萄酒占美国总产量的 90%，是仅次于法国、意大利和西班牙的世界第四大葡萄酒生产地，葡萄酒产业也是加州重要的经济支柱。美国电影电视工业中心——好莱坞（Hollywood）也坐落于加州。基于此，加州大学伯克利分校在知识产权与技术类课程中加入了葡萄酒法（Wine Law），探讨葡萄酒产业中的宪法、行政法、知识产权法、土地利用、合同关系等一系列法律问题。该校同时开设了好莱坞合同谈判、娱乐和传媒法中的社会正义问题（Social Justice Issues in Entertainment and Media Law）等课程。好莱坞合同谈判，模拟好莱坞合同谈判过程，并邀请经验丰富的娱乐产业从业人员进行谈判引导与教学；娱乐和传媒法中的社会正义问题，探讨诸如"奥斯卡种族歧视争议"（Oscars So White）、性别薪资不平等等娱乐社会中的正义问题。

美国新罕布什尔州（New Hampshire）盛产花岗岩，花岗岩开采矿山遍布全州。新罕布什尔大学知识产权类课程中特设数字时代采矿业专利信息，讲述电子信息时代下，谁在挖掘专利信息、如何与专利数据供应商合作、如何挖掘采矿业专利信息等问题。新罕布什尔州有著名的"苏格兰高地运动会"，且由于优越的地理环境，该州成为冰上运动的重要基地。新罕布什尔大学知识产权类课程中加入了体育和娱乐法的知识产权议题（Intellectual Property Issues in Sports and Entertainment Law）、体育法和调查报告（Sports Law and Investigative Reporting）、业余体育法：青年、学校和休闲体育法律议题（Amateur Sports Law：Legal Issues in Youth，College and Rec Sport）等课程，为该州体育事业发展储备人才。

（6）教学形式丰富多样

传统的"讲－听－读－记－练"教学模式，课堂形式比较单一，与实践脱节严重，难以激发学生学习热情，不利于创新型、实践型人才培养。加州大学伯克利分校的知识产权类课程大都采取了新的教学形式（图5-1）。

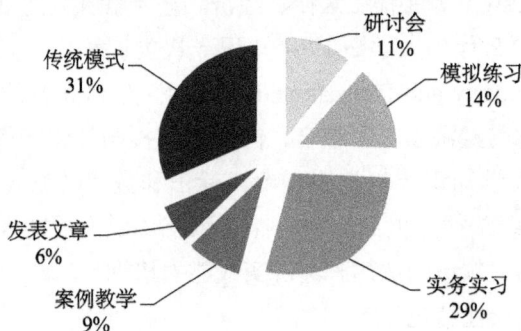

图 5-1 加州大学伯克利分校知识产权课程教学形式比例图

图 5-1 显示，加州大学伯克利分校知识产权硕士培养课程采取了多种多样的教学方式和方法。其中，实务实习的比例达到 29%，模拟练习的比例为 14%，研讨会的比例为 11%。各种教学形式针对不同的课程知识体系，如研讨会（音乐法研讨会等课程）、模拟练习（专利经营等课程）、实务实习（伯克利知识产权实习课等课程）、邀请行业专家与时事专家进行案例教学（知识产权和创业）、公开发表文章（网络法总论等课程）等。除上述课堂形式外，新罕

布什尔大学、哈佛大学在知识产权课堂中还增加了口头辩论（哈佛大学——版权和商标诉讼等课程）、课堂演讲（新罕布什尔大学——在线品牌管理等课程）等授课形式。打破传统教学模式，以新形式、新手段进行知识产权人才培养，有利于强化学生对基础知识的认识，并进一步深化理解、灵活运用，激发创造思维，提升实践能力。

（7）师资队伍结构合理

师资队伍建设是人才培养的基础和保障。知识产权硕士教育的目的是培养高端复合型人才，具有显著的多学科和跨学科特征，因此，仅依靠法学教授很难满足教学需求，比较理想的师资队伍学科结构应该具有多学科专业知识背景。加州大学伯克利分校知识产权专业师资队伍中，包含经验丰富的音乐制作人、经济学教授、法学教授、经验丰富的执业律师、企业家、创业者、研发工程师等，涵盖了法学、经济学、技术科学和商业等多个专业技术领域。新罕布什尔大学、哈佛大学知识产权师资队伍中，除专职教授外，还包含大量从事知识产权实务工作的兼职教师，在传授书本知识的同时，向学生讲解知识产权实务现状，促进理论认知与实务认知的统一。

2. 德国知识产权管理学科建设经验

德国是世界知识产权组织和绝大多数主要国际知识产权保护协议的成员国。长期以来，知识产权在德国一直受到很好的保护。德国在科学技术发展方面的成就卓越，有 103 位德国人获得过诺贝尔奖，特别是在物理、化学、生理学或医学等科学领域。德国于 1877 年出台第一部专利法案。作为欧洲专利局（European Patent Office，EPO）所在地和德国重要工业中心城市的慕尼黑（宝马汽车总部所在地），其知识产权教育也驰名世界。笔者在此以慕尼黑知识产权法中心 2017 年的研究生知识产权课程体系为例[16]，考察德国知识产权教育的特色与经验。慕尼黑知识产权法中心是由马克斯·普朗克创新与竞争研究所（Max Planck Institute for Innovation and Competition）于 2003 年创办的知识产权专业硕士培养项目。

（1）注重知识产权实务教学

慕尼黑知识产权法中心硕士培养计划的课程设置中，有大量的实务类课程设置，包括专利法实务（Patent Law in Practice，3 学分）、版权法实务（Copyright Law in Practice，1.5 学分）、商标法实务（Trademark Law in Practice，3 学分）、竞争法实务（Competition Law in Practice，1.5 学分）、知识产权与非诉讼解决机制（IP and Alternative Dispute Resolution，3 学分）、口头辩护（Oral Advocacy，1.5 学分）、知识产权专门法庭（Specialized IP Courts，

1.5学分）等。这些课程的设置，为提高知识产权人才的实践能力提供了很好的途径。

（2）知识产权教育与创新实践紧密结合

慕尼黑知识产权法中心硕士培养计划的课程设置中，有一系列的知识产权课程是为创新创业实践设置的，主要有知识产权与全球创业（IP and Global Entrepreneurship，1.5学分）、知识产权理论与经济基础（Theoretical and Economic Foundations of IP，1.5学分）、创新政策（Innovation Policy，1.5学分）、技术与创新管理导论（Introduction to Technology and Innovation Management，1.5学分）、无形资产价值评估（Intangible Assets Valuation，1.5学分）、管理财务（Managerial Finance，1.5学分）等。系列创新创业相关的课程为知识产权人才创业发展提供了相关专业支撑。

（3）注重知识产权许可交易训练

慕尼黑知识产权法中心硕士培养计划的课程设置中，有关知识产权许可交易的课程设置主要有专利授权（1.5学分）、版权许可（Copyright Licensing，1.5学分）、知识产权与创意产业（IP and the Creative Industries，1.5学分）、国际知识产权权利用尽（International IP Exhaustion，1.5学分）、知识产权与非诉讼解决机制（3学分）、软件合同法（Law of Software Contracts，1.5学分）、私域公共性与人格权（Privacy，Publicity and Personality，1.5学分）、技术与创新管理导论（1.5学分）等。这一系列课程的设置，对提高知识产权人才的技术交易和商业上的创业能力起到了重要的作用。

（4）知识产权教育注重全球化

慕尼黑知识产权法中心硕士培养计划的课程设置中，包括世界上许多国家和地区的相关法律。以专利法为例，开设的课程有国际知识产权法（International IP Law，1.5学分）、欧洲专利法（European Patent Law，3学分）、美国专利法（U. S. Patent Law，3学分）、亚洲专利法（Asian Patent Laws，1.5学分）、中国知识产权法（Chinese IP Law，1.5学分）等。同样，版权法也包括欧洲版权法（European Copyright Law，3学分）、美国版权法（U. S. Copyright Law，1.5学分）等。商标法也包括欧洲商标法（European Trademark Law，1.5学分）、美国商标法（U. S. Trademark Law，1.5学分）、欧洲和美国反不正当竞争法（Unfair Competition，1.5学分）等。

（5）知识产权相关课程体系完备

慕尼黑知识产权法中心硕士培养计划的课程体系完备，基础课依照专利、商标、著作权及跨学科课题分为多个模块，高级课则在各模块下提供更深入、细化的课程。课程设置中，以版权法为例，相关的课程体系包括欧洲版权法（3 学分）、美国版权法（1.5 学分）、版权许可（1.5 学分）、版权法实务（1.5 学分）、版权与计算机程序（Copyright and Computer Programs，1.5 学分）、知识产权与创意产业（1.5 学分）、商标法/版权法/外观设计法的功能（Functionality in Trademark, Copyright, and Design Law，1.5 学分）、版权法中的艺术自由与控制（Artistic Freedom and Control in Copyright，1.5 学分）、版权与复制的角色转变（Copyright and the Changing Role of the Copy，1.5 学分）等。再如，跨学科课题模块的课程包括欧洲和美国反垄断法（European and U. S. Competition Law，1.5 学分）、欧盟法（European Law，1.5 学分）、管辖权和法律冲突（Jurisdiction and Conflict of Laws，1.5 学分）等。以上课程体系，为知识产权人才培养提供了深入和完备的理论体系与知识储备。

3. 英国知识产权管理学科建设经验

笔者以 2017 年伦敦玛丽女王大学知识产权硕士专业课程设置为例，考察英国知识产权硕士教育的特色和经验。该校知识产权专业主要设置的课程见表 5-4。通过表 5-4 的课程名称及其每门课程的具体描述，我们可以将英国高校知识产权硕士教育的特色和经验概况如下几个方面。

表 5-4　伦敦玛丽女王大学 2017 年开设的知识产权硕士专业课程

课程编号	课程
QLLM025	电子商务法（E-Commerce Law）
QLLM076	媒体法（Media Law）
QLLM095	知识产权与创意产业（Intellectual Property and the Creative Industries）
QLLM145	知识产权商业运营（Intellectual Property in Business）
QLLM162	知识产权税（Intellectual Property Taxation）
QLLM178	竞争法/知识产权与创新（Competition Law, Intellectual Property and Innovation）
QLLM308	知识产权的民事强制执行（Civil Enforcement of Intellectual Property）
QLLM309	知识产权的刑事执法（Criminal Enforcement of Intellectual Property）
QLLM314	跨国法律与治理（Transnational Law and Governance）
QLLM315	跨国法律与治理实务（Transnational Law and Governance in Practice）
QLLM328	数字知识产权法（Digital Intellectual Property Law）
QLLM329	信息技术交易（Informational Technology Transactions）
QLLM330	比较版权法（Comparative Copyright Law）
QLLM331	国际版权：国际条约与跨国诉讼（International Copyright: International Treaties and Cross-Border Litigation）
QLLM332	专利和商业秘密比较法（Comparative Law of Patents and Trade Secrets）
QLLM333	专利及其相关权利国际法（International Law of Patents and Related Rights）

课程编号	课程
QLLM334	知识产权许可（Licensing Intellectual Property）
QLLM335	知识产权与时尚：艺术与设计（Intellectual Property and Fashion：Art and Design）
QLLM336	知识产权与时尚：商业与法律（Intellectual Property and Fashion：Business and Law）
QLLM337	设计与知识产权：欧盟与美国（Design and Intellectual Property：EU and US）
QLLM338	不正当竞争法国际比较（International and Comparative Law of Unfair Competition）
QLLM339	注册商标法（The Law of Registered Trade Marks）
QLLM340	全球知识产权法基本原则（Global Intellectual Property：Fundamental Principles）
QLLM341	全球知识产权法：技术与政策（Global Intellectual Property：Technology and Policy）
QLLM342	互动娱乐与知识产权法（Interactive Entertainment and Intellectual Property Law）
QLLM343	互动娱乐法：合同与规则（Interactive Entertainment Law：Contracts and Regulation）
QLLM344	电影法（The Law of Film）
QLLM345	电影的商业运营（The Business of Film）
QLLM346	欧盟版权法（EU Copyright Law）
QLLM347	地理标志法（The Law of Geographical Indications）
QLLM348	音乐产业合同（Music Industry Contracts）
QLLM349	国际模拟法庭（Transnational Mooting）
QLLM389	中国版权法与商标法（Copyright and Trademark in China）
QLLM390	中国专利法与外观设计法（Patent and Design in China）
QLLM400	美国能源法律、法规与政策（United States Energy Law，Regulation and Policy）

（1）重视技术创新过程中的知识产权保护教育

伦敦玛丽女王大学知识产权专业硕士培养计划的课程设置中，有关知识产权与技术创新发展的相关课程模块主要包括编码为 QLLM178 的竞争法 / 知识产权与创新，编码为 QLLM329 的信息技术交易，编码为 QLLM400 的美国能源法律、法规与政策等。以美国能源法律、法规与政策课程模块为例，该课程模块覆盖了能源法规和政策，包括影响环境变化的立法和环境保护署提出的应对环境变化的制度和规制。美国经济发展，以及联邦和州的政治强烈影响着能源法规及决策。能源政策的选择对电力监管尤为重要。个别国家乃至全球的能源使用是几十年来能源政策选择的一个整体反映，并对当地的、区域的和全球的经济与环境产生了重大影响。因为如果没有对费率管制很好地理解的话，电力和天然气政策就不能得到很好的检验。该课程模块的第一部分是关于能源监管、可再生能源和能源效率的经济、法律和政治方面的基础理论。第二部分是研究第二次世界大战以来美国的能源立法，以及美国环境保护署提出的温室效应的规章制度的启示。

（2）知识产权教育的全球化特色明显

伦敦玛丽女王大学知识产权专业硕士培养计划的课程设置中，有关知识产权教育的全球化课程主要有代码为 QLLM314 的跨国法律与治理、代码为 QLLM315 的跨国法律与治理实务、代码为 QLLM330 的比较版权法、代码为 QLLM331 的国际版权：国际条约与跨国诉讼、代码为 QLLM332 的专利和商业秘密比较法、代码为 QLLM333 的专利及其相关权利国际法、代码为 QLLM337 的设计与知识产权：欧盟与美国、代码为 QLLM338 的不正当竞争法国际比较、代码为 QLLM340 的全球知识产权法基本原则、代码为 QLLM341 的全球知识产权法：技术与政策、代码为 QLLM346 的欧盟版权法、代码为 QLLM349 的国际模拟法庭、代码为 QLLM389 的中国版权法与商标法、代码为 QLLM390 中国专利法与外观设计法等。

以全球知识产权法：技术与政策课程模块为例[17]，该课程模块主要学习新兴技术带来的全球知识产权和相关政策议题，以及对人类和公司权利义务带来的影响。聚焦主要国家和地区的法律制度，包括欧盟和美国等，课程具体考察网络技术、生物技术与数字信息技术的会聚、3D 打印、无形资产权利的穷竭、文化遗产和数字图书馆、知识产权和医药产业、当地居民的权利和生物文化遗产、专利生命周期、食品和农业技术等。最后一部分是关于世界贸易组织（WTO）、贸易和健康权等。

（3）注重新兴技术领域知识产权教育

伦敦玛丽女王大学知识产权专业硕士培养计划的课程设置中，除了全球知识产权法：技术与政策课程模块中关于新兴技术领域法律规制内容外，还设置了代码为 QLLM328 的数字知识产权法和代码为 QLLM076 的媒体法等。

以数字知识产权法课程模块为例，该模块涵盖了为什么要保护和怎样保护与计算机和信息技术相关的主题，向学生介绍知识产权保护和自由模仿、贸易及信息产品使用权等一系列问题。该课程模块从比较的视角，研究不同国家计算机程序的保护和与专利、版权、商业秘密有关的国际保护机制，在知识产权和反不正当竞争法规制下的数据库保护和信息搜集，合同方面的数字版权管理模式和最终用户的许可、时限，以及与竞争法相关的其他方面等。

（4）注重知识产权商业运营教育

伦敦玛丽女王大学知识产权专业硕士培养计划的课程设置中，有关知识产权运营的课程模块主要包括以下课程：编号为 QLLM145 的知识产权商业运营、编码为 QLLM095 的知识产权与创意产业、编码为 QLLM334 的知识产权许可、编码为 QLLM335 的知识产权与时尚：艺术与设计、编码为 QLLM336 的知识产权与时尚：商业与法律、编码为 QLLM342 的互动娱乐与知识产权法、编码为 QLLM343 的互动娱乐法：合同与规则、编码为 QLLM344 的电影法、编码为 QLLM345 的电影的商业运营、编码为 QLLM348 的音乐产业合同、编码为 QLLM162 的知识产权税、编码为 QLLM025 的电子商务法等。以知识产权商业运营课程模块为例，该模块的相关课程共有 45 个学分。该模块的课程主要是考察知识产权在当代商业发展环境中的作用，具体将考察知识产权是怎样被创造出来的，知识产权变为商业经营中有价值资产的途径，涉及知识产权交易和知识产权资产的买卖及价值评估。具体会考虑从传统的制造业保护到创意产业和金融产业等不同的部门。

4. 澳大利亚知识产权管理学科建设经验

笔者以 2017 年悉尼科技大学知识产权研究生培养课程为例，说明澳大利亚知识产权研究生教育的特色和经验。该校知识产权专业每门课程 6 个学分，学生从中选出 8 门课程，修满 48 学分（表 5-5），就可以拿到知识产权研究生教育证书或硕士学位。其知识产权硕士研究生教育包括三种类型：商标法律与实务研究生证书班、知识产权研究生证书班、知识产权硕士学位班。

表 5-5　悉尼科技大学 2017 年开设的知识产权研究生课程

代码	课程	学分
77903	版权法（Copyright Law）	6
77893	外观设计法与实务（Designs Law and Practice）	6
77894	专利说明书撰写（Drafting of Patent Specifications）	6
78015	全球知识产权法（Global Aspects of Intellectual Property Law）	6
78238	知识产权历史与理论（History and Theory of Intellectual Property）	6
78188	知识产权商业化（Intellectual Property Commercialisation）	6
78186	知识产权与传统知识（Intellectual Property and Traditional Knowledge）	6
77895	专利说明书解释和有效性（Interpretation and Validity of Patent Specifications）	6
77898	专利法（Patent Law）	6
77891	专利制度（Patent Systems）	6
77905	知识产权实务前期准备（Preparing for Intellectual Property Practice）	6
77740	科研论文（Research Paper）	6
77889	商标法（Trade Marks Law）	6
77890	商标实务（Trade Marks Practice）	6

（1）注重知识产权实务技能训练

该校知识产权硕士专业课程中，设置了专利说明书撰写课程，要求学生具备获取一项发明的相关信息的能力，并根据现有技术，起草专利说明书，而后提交一个标准的、完整的专利申请，可能是一个国际专利申请或者实用新型专利申请。学生尤其要有能力写好权利要求书，对发明的新颖性有清晰的界定，论证充分，并且对发明的过程和步骤阐述清晰。支持权利要求书的证据依据所给予的发明步骤的描述来撰写。各种各样专利说明书的撰写实务都会在本科目学习过程中得到训练。

（2）注重知识产权商业化教育

该校知识产权硕士专业课程中，设置了知识产权商业化课程。这个课程属于交叉学科领域研究的主题，大约1/3的内容是探讨知识产权许可的商业或经济方面的问题，包括许可的范围，许可方如何赚钱，商人如何评估知识产权的价值和许可权利等。另外1/3讨论知识产权许可的法律问题，包括相关的知识产权法、反垄断法、不正当竞争法、依法进行的非自愿许可、诉讼主体资格和知识产权共有、企业清算过程中知识产权的法律问题，以及一些知识产权国际实务，如司法管辖权和强制执行权等。最后1/3的内容是关于知识产权交易过程中如何能"理想成交"的合同订立及其他文书起草和许可谈判的实务与技能训练等。

（3）注重知识产权教育的全球化

该校知识产权硕士专业课程中，设置了全球知识产权法课程。这个课程安排是考虑到知识产权法的整个国际框架，主题包括处理国际知识产权业务的国际机构，如世界贸易组织（the World Trade Organization）、世界知识产权组织（World Intellectual Property Organization）、国际植物新品种保护联盟（International Union for the Protection of New Varieties of Plants）、联合国（the United Nations）等，尤其是这些国际组织的条约和争议解决机制；国际知识产权方面的双边或多边协议，如"澳大利亚－美国自由贸易协议"（Australia-US Free Trade Agreement）；不久的将来会影响国际知识产权的一些新兴问题，如健康与药品的狀取，遗传资源与生物多样性的获取和保护，传统知识的保护等。

第二节　国内知识产权（管理）学科建设发展

一、国内高校知识产权学科发展的相关政策规范

1. 教育部 / 国家知识产权局

《关于进一步加强高等学校知识产权工作的若干意见》（教技〔2004〕4号，

2004年11月8日）第四部分的相关规定如下（仿宋部分摘自原文，下同）：

四、加强知识产权专业人才的培养

11. 普及知识产权知识，提高广大师生的知识产权素养。高等学校要在《法律基础》等相关课程中增加知识产权方面的内容，并积极创造条件为本科生和研究生单独开设知识产权课程。

12. 加强知识产权人才培养和专业人才培训，为国家提供急需的涉外知识产权人才。有条件的高等学校要开展知识产权人才培养和专业人才的培训，积极为企业和中介机构培养一大批基层知识产权专业工作者。通过多渠道，多途径，包括开展中外合作办学，努力建设一支精通国内外知识产权规则的高级专业人才队伍，将知识产权作为优先考虑的公派留学专业领域，尽快为国家输送一批涉外知识产权人才。

13. 增设知识产权专业研究生学位授予点。鼓励有相应条件的高等学校整合教学资源，设立知识产权法学或知识产权管理学相关硕士点、博士点，提升知识产权的学科地位。加强知识产权师资和科研人才的培养。

14. 培养学生的创造能力与创新意识。高等学校应鼓励、支持学生，特别是研究生积极从事创新、发明活动并申请专利。在校学生获得发明专利者，学校可给予相应的奖励，或作为奖学金评定的指标，并在毕业或学位成绩中得到体现。

2.《国家知识产权战略纲要》中的相关规定（2008年）

（七）加强知识产权人才队伍建设

（59）建立部门协调机制，统筹规划知识产权人才队伍建设。加快建设国家和省级知识产权人才库和专业人才信息网络平台。

（60）建设若干国家知识产权人才培养基地。加快建设高水平的知识产权师资队伍。设立知识产权二级学科，支持有条件的高等学校设立知识产权硕士、博士学位授予点。大规模培养各级各类知识产权专业人才，重点培养企业急需的知识产权管理和中介服务人才。

（61）制定培训规划，广泛开展对党政领导干部、公务员、企事业单位管理人员、专业技术人员、文学艺术创作人员、教师等的知识产权培训。

（62）完善吸引、使用和管理知识产权专业人才相关制度，优化人才结构，促进人才合理流动。结合公务员法的实施，完善知识产权管理部门公务员管理制度。按照国家职称制度改革总体要求，建立和完善知识产权人才的专业技术评价体系。

3.《国务院关于新形势下加快知识产权强国建设的若干意见》（国发〔2015〕71号，2015年12月18日）

七、加强组织实施和政策保障

（三十一）加强知识产权专业人才队伍建设。加强知识产权相关学科建设，完善产学研联合培养模式，在管理学和经济学中增设知识产权专业，加强知识产权专业学位教育。加大对各类创新人才的知识产权培训力度。鼓励我国知识产权人才获得海外相应资格证书。鼓励各地引进高端知识产权人才，并参照有关人才引进计划给予相关待遇。探索建立知识产权国际化人才储备库和利用知识产权发现人才的信息平台。进一步完善知识产权职业水平评价制度，稳定和壮大知识产权专业人才队伍。选拔培训一批知识产权创业导师，加强青年创业指导。

4.《〈国务院关于新形势下加快知识产权强国建设的若干意见〉重点任务分工方案》（国办函〔2016〕66号，2016年7月18日）

（二）加强知识产权专业人才队伍建设

103.加强知识产权相关学科建设，完善产学研联合培养模式，在管理学和经济学中增设知识产权专业，加强知识产权专业学位教育。加大对各类创新人才的知识产权培训力度。（教育部、知识产权局负责）

104.鼓励各地引进高端知识产权人才，并参照有关人才引进计划给予相关待遇。探索建立知识产权国际化人才储备库和利用知识产权发现人才的信息平台。（中央组织部、知识产权局负责）

105.鼓励我国知识产权人才获得海外相应资格证书。进一步完善知识产权职业水平评价制度，稳定和壮大知识产权专业人才队伍。选拔培训一批知识产权创业导师，加强青年创业指导。（知识产权局、人力资源社会保障部负责）

二、国内高校知识产权人才培养现状及其相关分布

1.我国高校现有知识产权人才培养主要机构

（1）我国高校中迄今已经建立的知识产权学院

我国从1987年起就建立了中国人民大学知识产权教学研究中心等教学研究机构。而从1993年建立北京大学知识产权学院开始，迄今我国高校已经建立了30所"知识产权学院"（表5-6）。

（2）我国高校迄今已建知识产权教学研究机构

我国高校迄今已建知识产权教学研究机构50余家，表5-7仅列举部分。知识产权研究机构多称为知识产权研究中心、知识产权研究所或知识产权研

究院等；知识产权教学机构除了表 5-6 列出的那些知识产权学院外，还有称为知识产权系的，如杭州师范大学知识产权系。

表 5-6　我国高校已建立的 30 所知识产权学院（截至 2017 年 8 月底）

序号	学院名称（成立时间）	序号	学院名称（成立时间）
1	北京大学知识产权学院（1993 年 9 月）	16	湘潭大学知识产权学院（2008 年 11 月）
2	上海大学知识产权学院（1994 年 7 月）	17	中国人民大学知识产权学院（2009 年 9 月）
3	同济大学知识产权学院（2003 年 3 月）	18	深圳大学知识产权学院（2010 年 3 月）
4	华东政法学院知识产权学院（2003 年 11 月）	19	西南政法大学知识产权学院（2010 年 6 月）
5	暨南大学知识产权学院（2004 年 9 月）	20	西北政法大学知识产权学院（2011 年 5 月）
6	华南理工大学知识产权学院（2004 年 11 月）	21	温州知识产权学院（浙江工贸学院）（2013 年 9 月）
7	中南财经政法大学知识产权学院(2005 年 4 月)	22	中原工学院知识产权学院（2014 年 9 月）
8	南京理工大学知识产权学院（2005 年 7 月）	23	四川理工学院知识产权学院（2014 年 12 月）
9	山东师范大学知识产权学院（2005 年 9 月）	24	北京知识产权学院（北京工业大学）（2015 年 2 月）
10	中山大学知识产权学院（2005 年 11 月）	25	郑州大学知识产权学院（2015 年 11 月）
11	西北大学知识产权学院（2005 年 11 月）	26	辽宁大学知识产权学院（2016 年 4 月）
12	南京三江学院知识产权学院（2005 年 11 月）	27	桂林电子科技大学知识产权学院（2016 年 5 月）
13	青岛大学知识产权学院（2006 年 6 月）	28	大连理工大学知识产权学院（2016 年 9 月）
14	中国计量大学知识产权学院（2006 年 8 月）	29	上海国际知识产权学院（2016 年 11 月）
15	重庆知识产权学院（重庆理工大学）（2007 年 12 月）	30	中国科学院大学知识产权学院（2017 年 5 月）

表 5-7　我国高校迄今已建知识产权教学研究机构（部分）

序号	知识产权教学研究机构
1	复旦大学知识产权研究中心
2	清华大学知识产权研究中心
3	中国政法大学知识产权研究所
4	山东大学知识产权研究中心
5	华中师范大学知识产权研究所
6	浙江大学知识产权研究中心
7	厦门大学知识产权研究院
8	西安交通大学知识产权研究中心
9	上海交通大学知识产权研究中心
10	上海中医药大学知识产权研究中心
11	华东理工大学知识产权研究中心
12	华侨大学知识产权研究中心
13	中南大学知识产权研究中心
14	杭州师范大学知识产权系
15	江苏省（江苏大学）知识产权研究中心

我国已建立的知识产权教学研究机构，特别是知识产权研究机构，除了知识产权科研工作之外，绝大多数同时承担着知识产权研究方向的研究生培养工作。一些高校的知识产权研究中心与国家知识产权培训基地、国家知识产权战略研究基地等联署办公，从事与知识产权的理论和实践密切相关的研究工作。

（3）我国高校中已建的25个知识产权培训基地

国家知识产权局结合形势发展需求，从2009年开始主要在我国高校系统中设立了22家"国家知识产权人才培训基地"，3家"国家中小微企业知识产权培训基地"（表5-8）。

表5-8 我国高校中已建的25个知识产权培训基地（截至2017年8月底）

序号	基地名称
1	国家知识产权培训（湖南）基地（湖南大学）
2	国家知识产权培训（山东）基地（烟台大学）
3	国家知识产权培训（上海）基地（同济大学）
4	国家知识产权培训（湖北）基地（中南财经政法大学）
5	国家知识产权培训（安徽）基地（中国科学技术大学）
6	国家知识产权培训（广东）基地（华南理工大学）
7	国家知识产权培训（重庆）基地（重庆理工大学）
8	国家知识产权培训（江苏）基地（南京工业大学）
9	国家知识产权培训（陕西）基地（西北大学）
10	国家知识产权培训（黑龙江）基地（东北林业大学）
11	国家知识产权培训（新疆）基地（新疆大学）
12	国家知识产权培训（河南）基地（郑州大学）
13	国家知识产权培训（辽宁）基地（大连理工大学）
14	国家知识产权培训（广东）基地（广东金融学院）
15	国家知识产权培训（浙江）基地（中国计量大学）
16	国家知识产权培训（福建）基地（厦门大学）
17	国家知识产权培训（吉林）基地（吉林大学）
18	国家知识产权培训（江苏）基地（江苏大学）
19	国家知识产权培训（四川）基地（四川大学）
20	国家知识产权培训（广东）基地（广东 IP 中心）
21	国家知识产权培训（江西）基地（华东交通大学）
22	国家知识产权培训（山西）基地（山西大学）
23	国家知识产权培训（南海）基地（南海区 IP 协会）
24	国家知识产权培训（温州）基地（浙江工贸职业技术学院）
25	国家知识产权培训（苏州）基地（苏州工业园区）

国家知识产权培训基地一方面承担大量的知识产权在职培训，另一方面从事着实务性比较强的知识产权研究工作，在国家知识产权强国战略和国家知识产权人才培养中发挥着重要的作用。

（4）国家相关部委设立的知识产权研究基地群

从2004年开始，国家相关部委设立的知识产权研究基地群，包括一个"教育部人文社会科学重点研究基地"、六个"国家知识产权战略实施研究基地"、六个"知识产权司法保护理论研究基地"和一个"国际版权研究基地"。

①一个教育部人文社会科学重点研究基地（2004年）

中南财经政法大学知识产权研究中心（2004年）

②六个"国家知识产权战略实施研究基地"（2010—2015年）

· 北京大学知识产权学院（2010年）

· 中南财经政法大学知识产权学院（2010年）

· 同济大学知识产权学院（2011年）

· 天津大学经济管理学院（2012年）

· 中国航天科工集团（2014年）

· 大连理工大学管理学院（2015年）

③六个"知识产权司法保护理论研究基地"（2010年）

· 北京大学知识产权学院（2010年）

· 中国人民大学知识产权学院（2010年）

· 华东政法大学知识产权学院（2010年）

· 西南政法大学知识产权学院（2010年）

· 深圳大学知识产权研究中心（2010年）

· 华中科技大学知识产权法研究中心（2012年）

④一个"国际版权研究基地"（2012年）

· 中南财经政法大学知识产权研究中心（2012年）

各种类型知识产权研究基地从不同角度对国内外知识产权进行理论研究与实践研究，为国家知识产权伟大事业的发展提供重要的决策支撑。

2. 我国高校知识产权教育发展状况

（1）我国61所高校已设立知识产权法学本科专业

我国本科层面知识产权人才培养起源于20世纪90年代，如上海大学知识产权学院1994年建立后至2005年相继培养了11届"法学"（知识产权法专业方向）本科生，3届"管理学"（知识产权管理专业方向）本科生。但正式列入教育部本科专业目录序列"法学"（030103S知识产权），是从2003年华东政法大学知识产权学院成立后。迄今已经有 61 所高校先后列入教育部本科专业目录序列（表 5-9）；其中，经教育部批准在 2003 ～ 2010 年设立了 7 所，在 2011 年设立了 10 所，在 2012 年设立了 25 所，在 2013 年设立了 17 所，在 2015 年设立了 2 所。

表 5-9　我国已设立知识产权法学本科专业的 61 所高校（截至 2017 年 8 月底）

序号	年份	名称
1	2003	华东政法大学（知识产权学院）
2	2004	华南理工大学（法学院／知识产权学院）
3	2005	暨南大学（法学院／知识产权学院）
4		重庆理工大学（知识产权学院）
5		中国计量大学（法学院／知识产权学院）
6	2006	华东政法大学（知识产权学院）
7	2007	华南理工大学（法学院／知识产权学院）
8	2011	浙江工商大学（法学院）
9		内蒙古财经学院（法学院）
10		福建工程学院（法学院）
11		南昌大学（法学院）
12		烟台大学（法学院）
13		山东政法学院（民商法学院）
14		河南财经政法大学（民商经济法学院）
15		广西民族大学（法学院）
16		重庆邮电大学（法学院知识产权系）
17		西南政法大学（法学院／知识产权学院）
18	2012	中南民族大学（法学院）
19		大连理工大学（知识产权学院）
20		兰州大学（法学院）
21		北京科技大学天津学院（法律系）
22		保定学院（政法系）
23		石家庄学院（政法学院）
24		辽宁对外经贸学院（国际商学院）
25		哈尔滨金融学院（法律系）
26		上海政法学院（法律学院）
27		苏州大学（法学院）
28		安徽大学（法学院）
29		铜陵学院（法学院）
30		淮北师范大学（信息学院）
31		宜春学院（政法学院）
32		河南师范大学（法学院）

序号	年份	名称
33	2012	安阳工学院（文法学院）
34		武汉东湖学院（文法学院）
35		湘潭大学（知识产权学院）
36		湖南师范大学（法学院）
37		桂林电子科技大学（法学院）
38		重庆交通大学（财经学院）
39		西南科技大学（法学院）
40		兰州理工大学（法学院）
41		甘肃政法学院（民商经济法学院）
42		新疆大学（法学院）
43	2013	华中师范大学（法学院）
44		天津科技大学（法政学院）
45		沈阳工业大学（文法学院）
46		池州学院（政法管理系）
47		青岛农业大学（经济与管理学院）
48		聊城大学（法学院）
49		山东女子学院（社会与法学院）
50		北京电影学院（现代创意媒体学院）
51		河南科技大学（法学院）
52		中原工学院（法学院/知识产权学院）
53		河南师范大学新联学院（法学系）
54		郑州成功财经学院（文学与新闻传播系）
55		衡阳师范学院（法律系）
56		广州大学松田学院（法政系）
57		重庆工商大学（法学院）
58		宜宾学院（法学院）
59		兰州商学院（法学院）
60	2015	泰州学院（人文学院）
61		景德镇陶瓷学院（人文学院）

（2）我国高校曾自设知识产权二级学科博士学位授予点

全国原有 12 个自设知识产权二级学科博士学位授予点，在 2011 年博士学位授予点调整之前，全国已有 12 所大学自设。

①国务院学位委员会批准在"法学"一级学科之下自设七家：

·2005 年：西南政法大学"知识产权法学"

·2006 年：中国人民大学"知识产权法学"

华东政法大学"知识产权"

中南财经政法大学"知识产权"

·2007 年：中国政法大学"知识产权法学"

中国社会科学院"知识产权法学"

厦门大学"知识产权法"

②国务院学位委员会批准在管理学相关一级学科之下自设五家：

·2006 年：同济大学"管理科学与工程"之下"知识产权与知识管理"

上海大学"管理科学与工程"之下"知识产权管理"

厦门大学"公共管理"之下"知识产权与出版管理"

·2007 年：华中科技大学"工商管理"之下"知识产权管理"

厦门大学"工商管理"之下"知识产权管理"

三、国内知识产权（管理）学科建设的特点与不足

1. 注重研究型人才培养

某高校在 2016 年知识产权专业攻读硕士学位研究生培养方案中规定：硕士研究生在校期间应当完成指导本科生写作学年论文、协助主讲教师组织课堂讨论、批改作业和讲授某些专题、参加学术会议等工作；并要求硕士研究生从事一定的科学研究工作，鼓励其独立承担研究生创新项目等。该校将"培养学生的教学、科研能力，使学生能胜任高等学校、科研院所的教学与科研工作"作为其知识产权硕士研究生培养目标之一。其培养方案内容充分体现了我国高校知识产权硕士培养过程中注重研究型人才培养的特点。该校知识产权硕士培养方案中包含的主要课程如表 5-10 所示。

表 5-10　高校知识产权硕士培养方案课程设置

课程类别	课程名称
法学基础类课程	法理学专题研究（54 课时，3 学分）、民法学原理（54 课时，3 学分）、专利法专题（36 课时，2 学分）、商标法专题（36 课时，2 学分）、版权法专题（36 课时，2 学分）、知识产权基本理论研究（54 课时，3 学分）、知识产权国际保护（36 课时，2 学分）、商业秘密与竞争法（72 课时，4 学分）、知识产权许可（36 课时，2 学分）
法学研究方法类课程	法学方法论及文献检索（36 课时，2 学分）专利检索与信息分析（36 课时，2 学分）
知识产权管理课程	知识产权管理专题（36 课时，2 学分）、专利布局与挖掘（36 课时，2 学分）
实务类课程	专利申请与审查（72 课时，4 学分）
其他课程	中国特色社会主义理论与实践研究（36 课时，2 学分）、马克思主义与社会科学方法论（18 课时，1 学分）、第一外国语（72 课时，2 学分）、专业外语（72 课时，2 学分）

表 5-10 显示，该校知识产权硕士培养课程体系中，基础性课程占课程总量的 53%，法学研究方法类课程占课程总量的 11%。其课程设置比较典型地反映

了我国高校知识产权硕士培养模式的重点，即培养学术型、研究型人才。

2. 实践技能培养不足

在实践技能培养方面，前面所述的高校 2016 年知识产权硕士培养方案的课程体系中，设置了"专利申请与审查"这一与实务有关的课程，这种实务类课程的设置，对知识产权人才的培养非常有利。但若此类实务课程仅有一门的话，则显得比较单薄，恐怕难以满足实践型知识产权人才培养的需要。

虽然该校知识产权硕士培养方案中要求学生完成 5 学分的社会实践或教学实习（二者选其一），但此类社会实践要求可能存在不足之处：学生独立参加社会实践，实践效果易受到实践地点和实践单位的影响，学生实践的结果和质量恐怕会存在比较大的差距。因此，若校方能统一组织和安排学生分别到知识产权法院、专利代理机构、国家专利审查机构等直接相关的知识产权实践部门去实习，则会取得比较理想的实践效果和质量。

3. 对新兴技术领域有所忽视

电子信息技术的不断发展对传统法律提出了挑战。如何用旧法律体系约束、保护新技术，俨然成为知识产权领域亟待解决的问题。此时的知识产权人才培养过程中，仅讲授专利法、商标法、版权法、知识产权基本理论等基础类课程，难以适应新时代要求。但在笔者考察的几所中国知名高校知识产权硕士培养方案的课程设置中，尚未发现与电子信息技术等新兴技术领域相关的课程。

4. 知识产权管理能力培养不到位

知识产权管理能力，尤其是企业知识产权管理能力，越来越成为现阶段知识产权人才不可或缺的能力之一。在笔者考察的几所国内知名大学知识产权类课程中，知识产权管理专题、专利布局与挖掘两门课程涉及知识产权管理内容，这意味着，国内高校已经意识到培养知识产权管理能力的必要性。但国内高校在知识产权管理能力培养过程中，仍存在以下缺陷：首先，相关课程较少，仅有基础性知识产权管理课程，缺乏深入拓展类课程；其次，仅讲授管理理论，缺乏管理实践类课程，忽视对实践能力的培养。

5. 忽视交叉学科教育

学科交叉是知识产权领域一大特色。经济学、管理学等学科教育，是知识产权人才培养过程中的必备内容。在笔者考察的几所大学的知识产权硕士培养方案中，很少发现与学科交叉有关的课程内容设置，也未发现相关培养要求。

6. 教师团队组成较为单一

笔者考察的其中一所大学知识产权学院现有专职教师 11 人，同时外聘著名知识产权专家教授 8 人，担任兼职教授或客座教授；另一所大学知识产权学院现有 16 名专职教师。前述两所高校，尤其是后者，教师团队中专职教师数量较多。专职教师本身较少从事知识产权实务，对知识产权实务领域了解相对较少。教师团队中专职教师数量较多，易导致教育教学过程中"重理论、轻实践"情况的出现。且两所高校知识产权专职教师均以法学为其研究方向。团队中缺乏跨学科背景的教师，难以满足高端复合型知识产权人才培养的需求。

四、国内高校知识产权管理学科建设发展的可行性分析（以大连理工大学为例）

本知识产权管理二级学科，由大连理工大学管理与经济学部和大连理工大学知识产权学院等联合组建，依托辽宁省一流大学重点建设高校大连理工大学、工商管理一级学科（列入辽宁省重点建设的一流学科规划）、国家知识产权培训（辽宁）基地、国家知识产权战略实施研究基地等。大连理工大学发表了近 200 篇知识产权管理相关学科的高水平论文（图 5-2）。尤其是最近 10 多年，知识产权管理方向的研究成果迅速增长。

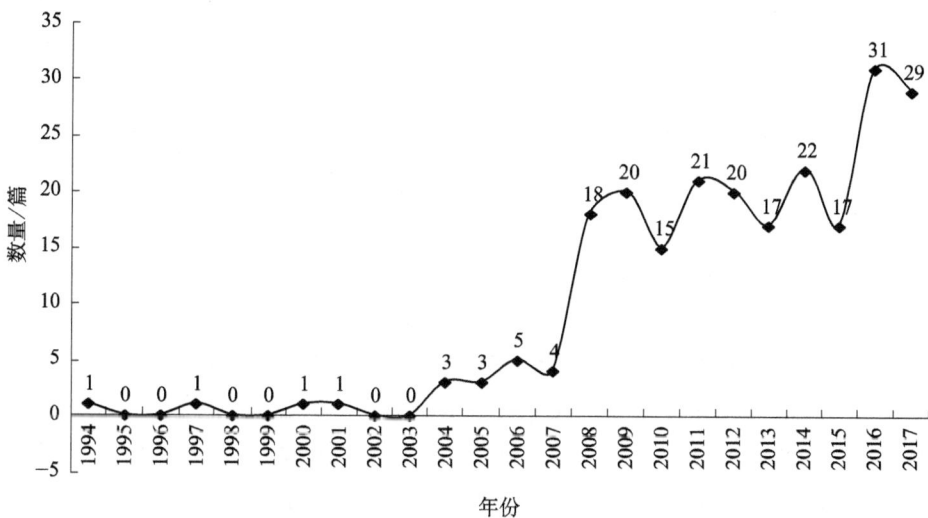

图 5-2　大连理工大学发表的知识产权管理相关学科论文数量

高校是知识产权人才培养的重要基地。近年来，大连理工大学不断摸索开展知识产权学历学位教育，积累了丰富的经验，在知识产权学科建设上具有良好的基础。从 2003 年起，大连理工大学开始在管理学学科中进行知识产权管理方向硕士研究生的培养，在科学学与科学技术管理中进行知识产权管理博士研究生的培养；从 2010 年起，大连理工大学在民商法学专业进行了知识产权法方向硕士研究生的培养。迄今为止，大连理工大学共培养了知识产权方向的博士、硕士研究生 300 余名。从 2013 年起，大连理工大学盘锦校区与辽宁省知识产权局合办知识产权本科专业，目前该专业学生总数已达到了 230 余人。在办学过程中，大连理工大学高度重视对该专业学生知识产权实务技能的培养，先后与沈阳科苑专利商标代理有限公司、盘锦市司法局、大连东方专利代理有限公司、青岛捷成知识产权代理有限公司、苏州工业园区知识产权局等合作建立了多家教学实践基地。同时，大连理工大学高度重视该专业学生开展人才交流，目前已经与英国曼彻斯特大学法学系合作，草签 3+1+1 联合培养协议；与台湾科技大学签订知识产权交换学生项目，已经有 9 名知识产权的学生赴台交流。在 2015 年和 2016 年的《中国大学及学科专业评价报告》中，大连理工大学知识产权本科专业竞争力连续名列全国第五。在知识产权社会服务方面，通过国家知识产权培训（辽宁）基地这一国家级重要平台，大连理工大学与相关知识产权机构开展了广泛的合作交流，先后与中国知识产权培训中心、国家知识产权局专利咨询检索中心、云南省知识产权局、苏州工业园区知识产权局等相关部门单位签署知识产权战略合作框架协议，建立起了稳定、全面的合作关系。2014 年成立以来，大连理工大学先后主办或承办 20 多期知识产权培训班和研讨会，培训学员 3300 余人次，培养出了 40 多名全国专利代理人，切实履行了高校社会服务的职能，为国家、区域知识产权人才培养做出了积极贡献。该基地也连续 3 年获得了"全国知识产权系统人才工作先进集体""国家知识产权培训基地总结优秀单位"等荣誉称号。

知识产权是激励高校创新驱动发展的加速器与催化剂。一直以来，大连理工大学非常重视知识产权工作，注重从知识产权创造、运用、保护和管理等各环节系统推进知识产权工作的开展。2010 年，大连理工大学发布了国内高校首部知识产权战略——《大连理工大学知识产权战略纲要》。近年来，辽宁省知识产权发展研究中心、国家知识产权培训（辽宁）基地、国家知识产权战略实施研究基地等一批重要知识产权平台相继在该校挂牌成立。2014 年、2015 年，该校发明专利申请量连续两年突破 1000 项，并于 2015 年获得了一项中国专利金奖。同时，大连理工大学也非常重视自身知识产权人才队伍的建设。目前，大连理工大学已有"全国知识产权领军人才"、"全国百千万知识产权人才工程百名高层次人才"、"全国专利信息领军人才"、"全国专利信息师资人才"、"全国专利信息实务人才"及"辽宁省专利侵权判定咨询专家"等各级各类知识产权专业人才 20 余名，已经形成了一支具有较强实力的知识产权专业人才队伍。

第三节　小　　结

一、主要结论

笔者通过分析美国加州大学伯克利分校 2016 年知识产权与技术类课程、新罕布什尔大学 2016 年知识产权类课程、哈佛大学 2016 ～ 2017 年知识产权类课程，概括出美国高校知识产权人才培养模式的特色与经验，主要有知识产权教育与实践紧密结合、注重企业知识产权管理能力训练、注重新兴领域相关法律课程设置、知识产权教育服务地方产业、师资队伍结构合理、教学形式丰富多样等。

通过考察国内几所知名高校 2016 年知识产权硕士培养方案和知识产权专业师资队伍的结构，笔者发现近年来国内高校知识产权教育模式较以往有很大提升，开始关注知识产权管理方法教育，并在一定程度上增加了实务技能培养类课程，教师类型也不再局限于专职教师一种，转而开始聘请知识产权领域专家担任兼职教授或客座教授等。但我国高校知识产权人才培养模式仍存在如下不足之处：实践技能培养不足、对新兴技术领域有所忽视、缺乏个性培养类课程、忽视交叉学科教育、教师团队组成较为单一等。

二、启示

对比分析中美高校知识产权硕士教育模式，对我国高校知识产权硕士人才培养具有如下启示。

1.知识产权人才的分类培养

我国高校在知识产权硕士培养过程中，较为注重学术研究型人才的培养，重视学生理论学习和学术能力。但大多数学生毕业后会选择进入社会，走入实务界，开启职业生涯，此种情况下，仅关注学术研究型人才培养的教育模式不甚合理。因此，应在知识产权硕士培养过程中因材施教：在相同基础课程之上，对学术型人才，着重培养其研究能力；对实践型人才，加强对其实务技能的训练，设置如知识产权实务等实务类选修课程，让学生通过课程选择，自主完成学习规划和职业生涯规划。

2.完备的课程体系

我国高校知识产权人才培养过程中应注重完善课程体系，加深课程深度，拓宽课程广度。首先，考虑电子信息技术等新兴产业对传统法律带来的挑战，在原有的专利法、商标法、版权法等基础课程中，加入网络法、数字时代专利信息、电子商务等课程作为必修或选修课程，加深培养深度；其次，加入知识产权实务类课程，发动、利用实务界力量，为学生打造良好的实践平台，让学生进入企事业单位，在实践中感受知识产权的魅力，为实践型人才提供发展空间；在娱乐业、手工业、农业、采矿业等地域特色浓厚地区，加入与其特色产业相关的知识产权保护类课程，培养地方实用性知识产权人才，服务地方产业特色，促进当地经济发展；加入经济学、管理学等领域教育内容，添加管理学原理、经济学原理等基础类课程，并在专利战略、知识产权管理等课程中，讲授交叉学科内容，拓宽培养广度；最后，强化知识产权管理能力培养，增加如电子商务知识产权管理等具体的知识产权管理类课程，并加强知识产权管理实践能力的培养。

3. 多样化的教学手段

高校应不断改进知识产权人才培养授课模式，将研讨会、模拟练习、实务实习、专家讲座、即兴演讲、课堂辩论、公开发表文章等形式引入教学领域。将传统授课模式中，学生的被动接受状态转化为学生主动、师生互动的积极状态。加强课堂趣味性和参与性，锻炼学生思维，培养其独立思考能力和社会实践能力。

4. 知识产权人才培养队伍的建设

师资队伍建设是人才培养的基础。只有懂法律、懂经济、懂管理、懂技术、懂外语的人才培养队伍，才能完成对当代亟须的高端复合型、应用型知识产权人才的教育与培养工作。目前我国知识产权人才培养队伍中，专职法律教师占有极大比例，教师团队结构明显不符合知识产权人才培养要求。面对知识产权人才培养领域的新形势、新特点，我国高校知识产权人才培养队伍应减少专职教师比例，扩大兼职教师队伍；同时加入管理学教师、经济学教师和理工科教师；并外聘跨领域专家开展学术讲座、实践讲座等。[18]

参 考 文 献

[1] 郭世田. 当代中国创新型人才发展问题研究 [D]. 山东大学博士学位论文，2012.

[2] 张志成. 知识产权强国建设初探 [J]. 科技与法律，2015，(4)：640-673.

[3] 钱建平. 知识产权人才的知识结构与培养模式研究 [J]. 中国大学教学，2013，(11)：33-36.

[4] 陶丽琴，陈璐. 我国知识产权人才培养模式和学科建设研究 [J]. 知识产权，2011，(7)：94-96.

［5］叶美霞，曾培芳，李羊城. 德国知识产权人才培养模式研究及其对我国的启示［J］. 科学管理研究，2008，（5）：82-85.

［6］郑丽娜，于慧丽. 理工类院校知识产权人才培养模式探析［J］. 长春教育学院学报，2013，29（1）：15-16.

［7］秦琴. 重庆市理工科院校加强知识产权人才培养模式的研讨［J］. 南昌教育学院学报，2012，27（8）：100-101.

［8］雷鸣. 论应用型知识产权管理人才的培养［J］. 郑州牧业工程高等专科学校学报，2014，34（1）：35-37.

［9］谢乒，王新华. 应用型知识产权人才的高校培养机制研究［J］. 中国高校科技，2012，（11）：52-54.

［10］丁桂芝，李建生，王文生. 论知识产权文化在技术型创新人才培养领域的价值［J］. 中国成人教育，2013，（24）：164-167.

［11］孟丽华，李磊，张玉萍. 基于创新人才培养的高校知识产权发展研究［J］. 技术与创新管理，2012，33（3）：338-341.

［12］Gallie E P，Legros D. French firms' strategies for protecting their intellectual property［J］. Research Policy，2012，41（4）：780-794.

［13］Autio E，Acs Z. Intellectual property protection and the formation of entrepreneurial growth aspirations［J］. Strategic Entrepreneurship Journal，2010，4（3）：234-251.

［14］Narin F. Best Intellectual Property Law Programs［EB/OL］. https：//www.usnews.com/best-graduate-schools/top-law-schools/intellectual-property-law-rankings［2016-08-16］.

［15］Best Law Schools［EB/OL］. https：//www.usnews.com/best-graduate-schools/top-law-schools/law-rankings［2017-02-09］.

［16］Course List & Descriptions［EB/OL］. https：//www.miplc.de/［2016-08-16］.

［17］QLLM341 Global Intellectual Property：Technology and Policy（sem 2）［EB/OL］. http：//www.law.qmul.ac.uk/postgraduate/courses/modules/llm/171886.html［2017-02-16］.

［18］NBER History［EB/OL］. http：//www.nber.org/［2017-03-18］.

第六章 知识产权管理学科研究方向及内容设计

第一节 华中科技/重庆理工知识产权管理研究方向及内容

一、国内高校"知识产权管理"二级学科设置情况

近年来，国内一些高校纷纷开始注重知识产权管理人才的培养，一些高校纷纷在本科、硕士、博士等不同层次上开展了知识产权管理人才的培养和学位教育，或者是直接设置了知识产权管理相应的专业，或者是在其他相关专业，如工商管理专业、管理科学与工程专业等，设置了招收知识产权管理研究方向的硕士研究生和博士研究生，进而开展知识产权管理人才培养工作。截至2017年8月24日的统计数据如表6-1所示。

表6-1 知识产权管理人才培养高校统计

序号	高校/本科、硕士、博士层次	知识产权管理专业/研究方向
	本科	
1	南京三江学院知识产权学院	知识产权管理
2	温州知识产权学院	知识产权管理
	硕士	
1	中原工学院知识产权学院	知识产权管理硕士
2	大连理工大学	知识产权管理方向硕士
3	华中科技大学	知识产权管理硕士
4	重庆理工大学知识产权学院	知识产权管理专业硕士
5	中南财经政法大学知识产权学院	知识产权管理硕士
6	南京理工大学知识产权学院	知识产权战略与管理硕士
	博士	
1	暨南大学（法学院/知识产权学院）	知识产权管理博士
2	同济大学	知识产权与知识管理博士
3	上海大学知识产权学院	知识产权管理博士
4	大连理工大学	知识产权管理博士
5	厦门大学	知识产权管理博士
6	南京理工大学知识产权学院	知识产权博士

资料来源：国家知识产权培训辽宁基地，截至2017年8月24日。

二、华中科技大学知识产权管理研究方向及内容

有的高校在管理科学与工程或工商管理学等一级学科之下设立了二级学科知识产权管理，如华中科技大学于 2007 年在"工商管理"一级学科之下设置了二级学科"知识产权管理"。该"知识产权管理"二级学科培养目标要求[1]：掌握本学科坚实的基础理论和系统的专门知识，掌握一门外国语，能熟练地进行专业学术文献阅读，初步具备外文写作能力；培养严谨求实的科学态度和作风，具有创新求实精神和良好的科研道德，具备独立从事本学科的科学研究能力；能熟练运用计算机和信息化技术，解决本学科领域的问题并有新的见解；可胜任本专业或相邻专业的教学、科研，以及相关的管理、研究工作。

华中科技大学知识产权管理主要研究方向设置如下：

01 企业知识产权管理

02 知识产权战略

03 知识产权公共政策

04 技术创新与知识产权

华中科技大学知识产权管理学科研究生培养方式与就业方向：实行基于指导小组的导师责任制，特别强调实证分析和案例研究，培养研究生独立从事科研工作的能力，强调综合素质和分析问题能力的培养。毕业生能胜任各类工商企业、国家机关和政府有关部门的知识产权管理工作，或在科研机构与高等学校从事相应的研究与教学。

华中科技大学知识产权管理学科师资力量和科研成果：本学科方向现有教授 4 名（其中博士生导师 3 名），副教授 2 名，讲师 2 名，其中国家知识产权战略专家库专家 3 人，初步形成了一支积极奉献的学术梯队。本学科方向先后承担了国家社会科学基金 2 项（其中重大项目 1 项）、国家自然科学基金资助的研究课题 10 余项（其中重点项目 2 项），教育部、科技部、国家知识产权局等国家主管部门资助的项目 30 余项。发表学术论文 400 余篇，其中 4 篇被 SSCI 收录；出版了 10 余部专著及教材；研究成果获教育部、科技部、国家知识产权局、湖北省、武汉市等政府部门的各种奖励 20 余项；主持《中华人民共和国专利法》《中华人民共和国专利法实施细则》修改研究课题，参加国家知识产权战略研究、国家中长期（2006～2020 年）科学和技术发展规划战略研究。本专业与日本东北大学、德国马克斯·普朗克研究所（Max Planck Institute，MPI，简称马普所）等机构有着十分密切的交流与合作。

三、重庆理工大学知识产权管理研究方向及内容

重庆理工大学知识产权管理硕士点是工商管理一级重点学科下属的五个二级学科之一，2011年11月"技术创新与知识产权管理学科方向"获得重庆市工商管理重点学科（方向），2014年12月，知识产权专业获批重庆市特色学科专业群。该学科师资队伍结构合理，具备工学、法学、管理学专业知识背景，另聘有来自政府、知名企业知识产权实务界、科研院所、高等院校的客座教授、兼职教授、兼职研究员、专家30余人。

该学科拥有国家知识产权培训（重庆）基地、中国作家文学艺术作品版权保护研究基地、西南兵工国防知识产权专委会、重庆市外贸企业知识产权联盟秘书处、知识产权研究中心、重庆市知识产权刑事保护研究中心等机构，拥有科研创新团队1个。该学科设置了如下5个研究方向。

1. 技术创新与知识产权管理

该方向主要研究如何科学高效地进行技术研发并获取知识产权优势，技术研发与科技创新过程中的知识产权保护，以及科技创新成果中知识产权的运营管理。该方向旨在培养企业自主科技创新与知识产权全过程管理、知识产权运营方面的理论与实务型人才。

2. 知识产权法律与政策研究

该方向主要研究国家层面的知识产权法律制度及公共政策的构建，知识产权法律制度和知识产权政策对企业经营行为和经济发展的影响，以及企业经营行为与经济发展如何影响知识产权法律制度和知识产权政策的科学制定。该方向旨在培养知识产权保护与经营方面的人才，为我国知识产权战略的实施提供知识服务和人才支持，为我国参与国际知识产权博弈及维权提供人才支撑。

3. 文化产业与版权管理

该方向主要研究文化产业领域中的版权管理与运营问题，如文化产业发展态势和版权管理的基本理论与前沿动态，全球创新驱动背景下版权管理与运营的机遇与挑战，国外版权管理与运营模式比较研究，文化产业创新与版权保护，文化企业的版权风险与应对策略，文化产业资产评估与版权质押融资，文化产业的品牌战略与国际竞争，文化产业投资运营与发展路径等。该方向旨在培养精法律、懂运营、善管理、掌握扎实的文化产业和版权管理专业知识与实务技能的理论研究及实务型创新管理人才，为文化产业制定版权管理战略、提升我国文化软实力与促进知识产权强国建设提供人力资本和智力支撑。

4.电子商务与网络知识产权

该方向主要研究电子商务及互联网领域中的知识产权保护与管理问题，如电子商务知识产权法律制度完善、电子商务行业知识转移与知识扩散，电子商务企业的商标管理及品牌战略、移动商务与知识产权、电子商业方法的专利保护，以及与互联网相关的商业标志权等。该方向旨在培养互联网及电子商务领域的知识产权研究及实务型人才，即不仅熟悉互联网贸易运营规制和知识产权侵权、保护机制，又具备运营网络知识产权等无形资产技能的复合型人才，以期为我国互联网及电子商务产业的发展提供人才服务。

5.品牌管理与商标战略

该方向主要研究品牌管理的经典与现代知识，学习品牌环境的分析和品牌系统的开发与设计、运作与管理；研究企业品牌管理的模式与经验、企业品牌战略的策划和设计；学习和研究商标法律制度，并从宏观政策和微观管理层面研究商标战略的制定与实施。该方向旨在培养具有品牌管理和商标保护理论知识及实践能力的创新型人才。

第二节　大连理工大学知识产权管理研究方向及内容

一、方案一：研究方向及研究内容

1.科技创新知识产权管理

知识产权制度是科技创新最重要的驱动力。林肯总统的名言"专利制度是为天才之火浇上利益之油"恰如其分地说明了这一点。加强我国知识产权管理，不仅能够促进科技创新，而且能够在全球综合国力竞争中占领战略制高点。在互联网技术等新兴技术日新月异的新形势下，政府应更多地从宏观层面营造良好的创新环境，特别是要加强知识产权的创新管理。一项科技活动的产出，除了人才培养、创新条件改善、管理制度形成之外，最重要的创新成果就是知识产权，或者说都可以通过知识产权来体现。因此，应当大力加强科技创新活动中的知识产权管理研究。

该方向的研究内容主要包括用知识产权管理代替科技成果管理，在国家知识产权制度下，建立国家科技计划项目知识产权登记制度；建立国家科技计划和科技重大专项立项的知识产权目标评估制度；研究制定科学的知识产权评价标准，引导高质量的创新产出；促进国家科技计划知识产权产业化；完善知识产权制度环境，提高保护水平和力度。

学术带头人为苏敬勤教授。研究骨干包括徐雨森教授、孙玉涛教授、林海芬副教授等。该研究方向主要承担的国家级项目如表 6-2 所示。

表 6-2 科技创新知识产权管理研究方向主要承担的国家级项目

序号	项目名称	项目性质及来源	起始年份	终止年份
1	新技术环境下的组织创新研究（71632004）	2016 年 OBHRM 领域国家自然科学基金资助项目	2017	2021
2	基于"人员 - 机构"匹配的学术人员跨国迁移网络研究：模型、结构与机制（71673035）	国家自然科学基金面上项目	2016	2020
3	管理研究中的中国情境——架构、识别与 CCR 研究方法（71372082）	国家自然科学基金面上项目	2014	2017
4	PORC 框架下的国家自主创新体系国际化理论与政策研究：71033002	国家自然科学基金重点项目	2011	2014
5	中国企业管理创新的适配理论研究（70872013）	国家自然科学基金面上项目	2009	2011
6	东北地区装备制造业的技术和物流外包共生关系研究	国家自然科学基金面上项目	2006	2009
7	中国产业生态网络的进化、构建和管理研究	国家自然科学基金面上项目	2004	2006
8	基于企业核心能力的资源外包理论和管理研究	国家自然科学基金面上项目	2002	2004

2. 标准规范知识产权管理

技术标准是重复性的技术事项在一定范围内的统一规定。技术标准能成为企业自主创新的技术基础，源于标准制定者拥有标准中的技术要素、指标及其衍生的知识产权。技术标准以原创性专利技术为主，一般由一个专利群来支撑，通过对核心技术的控制，很快形成排他性的技术垄断，特别是在市场准入方面，技术标准通常采取许可方式排斥竞争对手的进入，达到市场垄断的目的。

该方向的主要研究内容包括技术标准与知识产权、技术标准制定、技术标准形成、技术标准联盟、技术标准战略、技术标准壁垒等。

学术带头人为张米尔教授。研究骨干包括金博副教授、陈光副教授、马艳艳副教授、马荣康博士等。该研究方向主要承担的国家级项目如表 6-3 所示。

表 6-3 标准规范知识产权管理研究方向主要承担的国家级项目

序号	项目名称	性质及来源	起始年份	终止年份
1	穿越专利丛林的技术研发与专利策略研究(71572024)	国家自然科学基金面上项目	2016	2019
2	技术追赶中的专利陷阱及其应对策略研究(71172138)	国家自然科学基金面上项目	2013	2016
3	新能源产业创新路径与专利策略研究(71210307037)	国家自然科学基金国际合作项目	2013	2013
4	创新驱动的自主标准创立机制与产业化模式研究（70872015）	国家自然科学基金面上项目	2010	2013

序号	项目名称	性质及来源	起始年份	终止年份
5	面向装备制造业的技术集成模式与方法研究（70573017）	国家自然科学基金面上项目	2008	2010
6	产业转型中的转型企业技术能力再造研究（70302009）	国家自然科学基金面上项目	2006	2008
7	基于中文文本挖掘技术的 SPIOD 专利知识演化分析（61272370）	国家自然科学基金面上项目	2013	2013
8	学科知识测度体系及其应用研究（08BTQ025）	国家社会科学基金项目	2008	2011
9	TRIZ 多冲突设计问题的工程语义网求解及专利知识挖掘方法与应用（51105052）	国家自然科学基金青年项目	2012	2015
10	产学研用协同创新政策对创新网络结构演化的驱动机制研究——以东北地区装备制造业为例（71603037）	国家自然科学基金青年项目	2017	2019

3. 企业知识产权经营及法务运营

随着中国已经成为世界专利申请大国，加快科技成果产业化、商业化、贸易化、货币化的过程，迫切需要建立一套比较完整的、行之有效的知识产权商业经营体系，以及完善并合理适用知识产权保护制度，通过管理经营和法务运营，推动科技成果转化，助力知识产权强国战略和大众创业、万众创新战略的实施。

知识产权商业经营，主要运用管理学、商科、经济学等多学科专业知识，探索知识产权经营体系建设中的科技成果转化模式、商业化模式、风险投资、知识产权融资担保等相关问题；分析知识产权经营体系中涉及的发明者、公司、政府、知识产权中介服务机构、金融机构等不同主体相互之间的交易模式与利益关系；剖析知识产权商业经营过程中制度、机构、利益、服务等各要素之间的内在关系和作用机理。

知识产权法务运营，围绕知识产权创造、运用、管理、保护等环节中知识产权法律制度适用和完善研究，主要包括知识产权研发、申请、许可、转让、融资、侵权诉讼、非诉解决机制等权属确定、利益分配及损害赔偿等法律问题，通过知识产权法律适用的效果评估，实现知识产权法律制度的设计和优化。

学术带头人为陶鑫良教授。该研究方向主要承担的国家级项目如表6-4所示。

表6-4　企业知识产权经营及法务运营研究方向主要承担的国家级项目

序号	项目名称	项目性质及来源	起始年份	终止年份
1	高技术企业衍生创业中创业伦理对利益相关者管理能力的影响研究（15BGL023）	国家社会科学基金项目	2015	2018
2	高技术产业集群衍生企业成长机制研究（2012T50566）	中国博士后科学基金特别资助项目	2012	2015
3	裂变衍生创业与创新网络的演进：基于高科技产业集群的研究（20100481283）	中国博士后科学基金面上资助项目	2010	2013

4.企业技术及竞争知识产权管理

企业技术发展过程中涉及大量知识产权问题。研发方向的决策、产品市场的开拓、专利技术的全球布局等，都涉及知识产权管理问题。决策科学化意味着很多决策的做出需要有定量的数据分析结果，结合其他相关的科学论证来做支撑。随着信息技术、计算机技术、电子政务、电子商务等的发展，专利数据分析的方法和技术的不断提升，企业知识产权竞争战略的制定和实施过程中，如产业研发方向的选择、前沿技术的识别与跟踪、竞争对手专利技术重点领域的监测等，尤其需要专利数据分析的结果做参考。

该方向主要包括基于竞争对手知识产权数据分析，测度和预测全球高新技术产业发展前沿，分析主要新兴产业专利和商标发展战略，挖掘知识产权数据背后的高新技术产业发展趋势和规律及历史演变、地区差异和门类差异等，剖析科学技术会聚发展的趋势并识别新兴趋势；除此之外，该方向还将研究知识产权专利数据分析的方法，以及专利战略与标准战略对国家知识产权战略的实施和创新型国家建设的重要性和必要性，进而提出建立健全和完善我国相关知识产权战略的具体方案和对策建议。

学术带头人为栾春娟教授。研究骨干包括侯海燕教授、王珊珊博士等。该研究方向主要承担的国家级项目如表6-5所示。

表6-5 企业技术及竞争知识产权管理研究方向主要承担的国家级项目

序号	项目名称	性质及来源	起始年份	终止年份
1	基于全球技术交易海量数据分析的专利运营模式研究（71774020）	国家自然科学基金面上项目	2018	2021
2	基于专利计量的共性技术测度体系及其应用研究（71073015）	国家自然科学基金面上项目	2010	2013
3	技术会聚网络结构探测与新兴趋势识别的理论方法及其应用研究（71473028）	国家自然科学基金面上项目	2015	2018
4	地理与网络二维空间及其交互影响视角下的科学论文扩散研究	国家自然科学基金面上项目	2017	2020
5	基于专利的电动汽车产业基础技术演化机理及政策研究（71673036）	国家自然科学基金面上项目	2017	2020
6	网络环境下科研新趋势的识别与实时追踪研究	国家自然科学基金青年项目	2014	2016
7	基于模块化的产业不连续创新实现机理研究（70903009）	国家自然科学基金青年项目	2010	2012
8	核心技术测度体系及其应用研究	中国博士后基金项目	2010	2011

5. 企业品牌与文化知识产权管理

品牌战略包括品牌决策、品牌模式选择、品牌管理规划、品牌内涵、品牌延伸规划与品牌远景设立相关内容。品牌决策解决的是品牌的属性问题，是选择制造商品品牌还是经销商品品牌，是自创品牌还是加盟品牌，不同的品牌经营策略，预示着企业不同的道路与命运。品牌模式选择解决的则是品牌的结构问题，是选择综合性的单一品牌还是多元化的多品牌，是联合品牌还是主副品牌等。品牌管理规划是从组织机构与管理机制上为品牌建设保驾护航，在上述规划的基础上为品牌的发展设立远景，并明确品牌发展各阶段的目标与衡量指标。品牌内涵是企业希望消费者认同的品牌形象，是品牌战略的重心，它从品牌的理念识别、行为识别与符号识别三个方面规范了品牌的思想、行为、外表等内外含义，其中包括以品牌的核心价值为中心的核心识别和以品牌承诺、品牌个性等元素组成的基本识别。品牌延伸规划是对品牌未来发展领域的清晰界定，明确了未来品牌适合在哪些领域、行业发展与延伸，在降低延伸风险、规避品牌稀释的前提下，以谋求品牌价值的最大化。品牌远景设立是对品牌的现存价值、未来前景和信念准则的界定等。

知识产权文化的基本理念是"尊重知识，崇尚创新，诚信守法"，本研究方向既研究包括知识产权学说、意识、习惯等观念形态的知识产权文化，也研究包括知识产权法律制度及规范、管理制度及组织机构、设施等制度形态的知识产权文化。

学术带头人为张志刚教授。研究骨干包括郭金明教授、张丽霞副教授等。该研究方向主要承担的国家级项目如表 6-6 所示。

表 6-6　企业品牌与文化知识产权管理研究方向主要承担的国家级项目

序号	项目名称	项目性质及来源	起始年份	终止年份
1	事业单位分类改革推进中的文化协同效应研究（13BGL129）	国家社会科学基金项目	2013	2016

二、方案二：研究方向及研究内容

根据国内外该学科的发展现状和趋势，结合大连理工大学多年来在知识产权管理领域人才培养和学科建设方面的基础和优势，面向我国知识产权管理人才的现实迫切需求，围绕着知识产权全球化竞争、新兴领域知识产权保护、知识产权创新驱动等领域出现的新理论、新问题和新实践，研究方向包括自主知识产权战略管理、知识产权经营及法务运营、知识产权分析工具与方法三个层面，涵盖理论创新、应用创新、工具方法创新。

1. 自主知识产权战略管理研究

创新型企业的本质特征是企业拥有核心技术的自主知识产权，知识产权贯穿于技术创新的全过程。无论是在新技术、新产品、新工艺的研究开发阶段，还是在创新成果的产业化及其商业化阶段，知识产权无不发挥着重要而具体的作用。知识产权战略是企业从自身条件、技术环境和竞争态势出发做出的企业技术创新知识产权工作的总体部署，以及为实现创新目标而采取的有关知识产权的根本对策。

企业自主知识产权战略制定过程中，需要综合法律、经济和科技的角度，对有关技术创新知识产权的获得、保护、实施和管理做出系统、全面的安排。该方向研究议题主要包括以下几个方面。

（1）宏观层面。推动用知识产权战略管理替代传统的科技成果管理，在国家知识产权制度下，研究如何建立和完善国家科技计划项目知识产权登记制度、科技计划和科技重大专项立项的知识产权目标评估制度；研究制定科学的知识产权评价标准，进而引导高质量的创新产出；推进国家科技计划知识产权产业化；研究完善知识产权制度环境，提高保护水平和力度。

（2）中观层面。在行业知识产权战略方面，面向新技术、新产业、新业态，探索形成知识产权引领支撑区域产业发展新机制。重点开展战略性新兴行业知识产权战略国际比较研究；考察知识产权战略在行业技术创新中的作用，以及如何以行业知识产权战略推进技术创新活动。在区域知识产权战略方面，拟重点围绕东北老工业基地振兴过程中的知识产权战略展开研究。东北老工业基地处于向创新驱动发展转变的关键时期，产业结构、经济结构调整优化对知识产权战略实施提出了更高要求。由于计划经济体制机制的长期束缚和传统产业结构刚性制约，东北老工业基地市场化程度不高，创新动力不足。知识产权资源总量少、质量低、空间发展不平衡，转化运用能力不强，支撑产业发展能力弱等问题仍然较为突出。考察如何通过知识产权体制机制创新，发挥知识产权制度对产业及企业有序竞争的引导作用；考察区域知识产权布局，高校、科研院所和企业间知识产权对接平台与机制设计；考察知识产权投融资扶持政策、服务平台和推进机制，以及知识产权服务业发展的引导政策体系。

（3）企业层面。企业如何根据法律规定和自身特点确定和修正本企业的知识产权战略；不同类型企业知识产权战略的比较研究；专利战略的制定、实施过程中的问题与对策；商标、版权等其他企业知识产权具体战略制定、实施中的问题与对策。

2.知识产权经营及法务运营研究

随着中国已经成为世界专利申请大国，加快科技成果产业化、商业化、贸易化、货币化的过程，迫切需要建立一套比较完整的、行之有效的知识产权商业经营体系，以及完善并合理适用知识产权保护制度，通过管理经营和法务运营，推动科技成果转化，助力知识产权强国战略和大众创新万众创业战略的实施。

本方案的知识产权经营及法务运营研究同方案一。

3.知识产权分析工具与方法研究

大连理工大学知识产权管理二级学科再设三个研究方向的团队核心成员如如表 6-7 所示。

表 6-7　大连理工大学知识产权管理二级学科团队核心成员

序　号	研究方向	教　授
1	自主知识产权战略管理研究	苏敬勤 * 徐雨森 * 洪　勇 林海芬
2	知识产权经营及法务运营研究	陶鑫良 * 贺高红 * 张志刚 刘琳琳
3	知识产权分析工具与方法研究	栾春娟 * 张米尔 * 孙玉涛 *

注：＊为博士生导师。

第三节　全球视角：知识产权管理研究方向设计

一、基于关键词聚类的知识产权管理研究方向设计

基于全球知识产权管理学科成果的关键词聚类图谱（图 6-1），我们可以将知识产权管理学科的研究方向设计为以下 4 个：

C1：知识产权商业运营（IP 商业运营）

C2：知识产权与技术创新（IP 与技术创新）

C3：知识产权与组织绩效（IP 与组织绩效）

C4：知识产权与产业能力（IP 与产业能力）

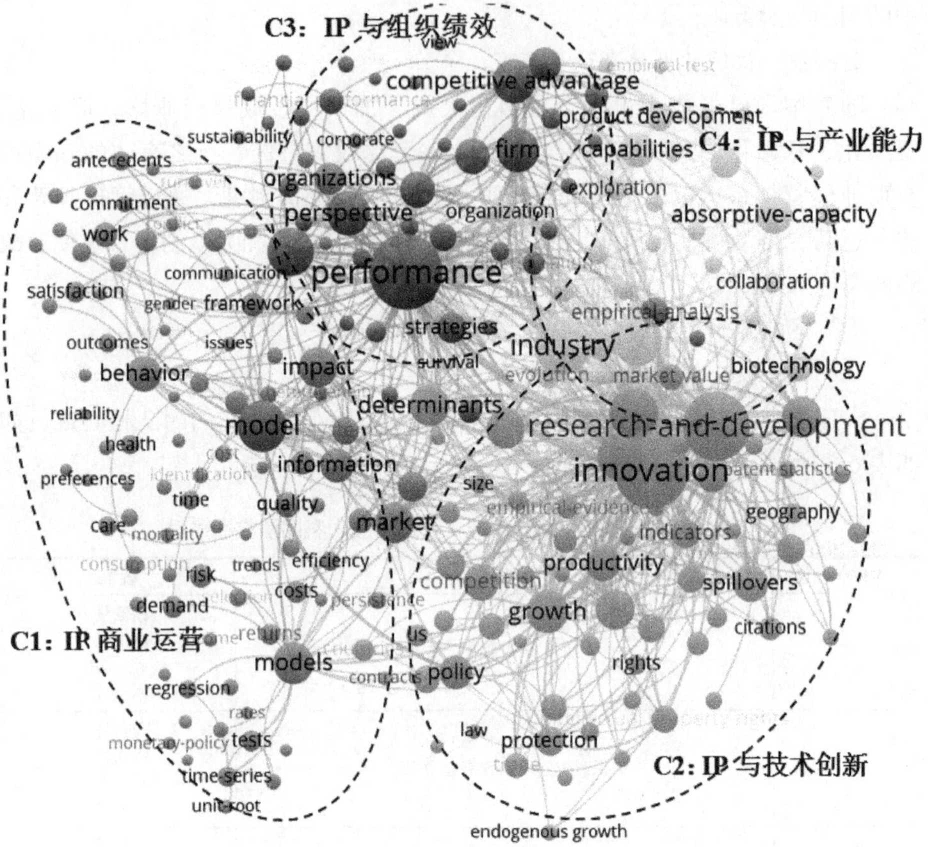

图 6-1　全球知识产权管理学科成果的关键词聚类图谱

1. 知识产权商业运营

知识产权商业运营是最近 30 多年时间里全球知识产权管理研究领域关注的一个重要议题。随着知识产权事业的蓬勃发展，尤其是全球主要国家专利数量突飞猛进的增长，知识产权产业化、商业化成为科学技术界和商业界共同关注的热点主题。国内外至今尚无一个明确清晰的知识产权运营界定。美国的威斯康星大学[2]、麻省理工学院[3, 4]、斯坦福大学[3, 5]和加州大学伯克利分校等高校[6-10]的技术转移都非常成功，但学界和实务界都没有明确定义知识产权运营[11, 12]。国家知识产权局于 2013 年 4 月发布《国家知识产权局关于实施专利导航试点工程的通知》及《国家知识产权局办公室关于组织申报国家专利运营试点企业的通知》，但并未对知识产权运营予以界定[13, 14]。2014 年 4 月，深圳市市场监督管理局发布《企业专利运营指南》，将"专利运营"界定为"通过对专利或专利申请进行管理，促进专利技术的应用和转化，实现专利技术价值或者效能的活动”。一般认为，知识产权/专利运营是指专利权的权利主体为了商业目的而通过许可、转让、融资等方式对其拥有的智力成果进行商业运作和经营等的活动[13-16]。知识产权/专利运营相关的研究成果主要包括以下诸多方面：专利运营模式[17-20]、知识产权相关的资本运营[21-23]、知识产权运营效率[12, 24-26]、知识产权运营模式[14, 27]、知识产权商业运营中的专利技术质量[28-31]、交易各方的相关信息掌握[32-37]、知识产权商业运营的交易成本[38-41]、当事人的满意度[42]、专利技术交易的承诺[37, 43-46]、知识产权运营的成功先例[47-50]、技术交易市场[51-55]、交易风险[55, 56]、各种要素的可靠性[57-60]等。已有的国内外关于知识产权/专利运营的研究，为本书的相关研究工作开展提供了重要参考价值。已有成果多数是质性研究，集中于理论框架的描述或研究假设的架构，实证研究的成果比较少见。即使做了实证分析，也是采用比较小的样本数据，或者是仅仅基于一个具体的案例进行的分析。知识产权/专利运营相关的科技成果转化、专利转让、专利许可、专利质押融资等业务，在国外尤其是美国，已经经历了相当长历史时期的发展，技术交易的相关数据库随着信息技术、互联网技术与计算机技术的日新月异发展而逐步建立和发展起来。这为专利/知识产权运营的定量研究提供了很重要的数据来源。随着决策科学化的推进，定量的数据分析，尤其是基于大样本的数据分析，将有更大的可能发现事物背后的规律、趋势和模式，为知识产权/专利运营科学的决策提供重要的支撑。

　　2. 知识产权与技术创新

　　技术创新是现代科技驱动社会发展的一种重要创新类型。Schumpeter[61-63]在1912年指出，创新是指把一种从来没有过的关于生产要素的“新组合”引入生产体系，包括引进新产品、引用新技术、采用新的生产方法、开辟新的市场、控制原材料新的来源、实现任何一种工业新的组织等。技术创新越来越依赖于新知识的创造和知识产权的支撑；知识产权则为技术创新和社会发展提供了不竭的原动力[64, 65]。图6-1聚类C2显示，知识产权与技术创新研究方向的学者关注的热点主题主要包括产业研发[66-68]、知识溢出[69]、生产力提高[70, 71]、经济增长[61, 72]、创新政策[73-75]、内生变量[61, 76-78]、专利指标[79]与竞争优势[70, 73, 80, 81]等。

　　3. 知识产权与组织绩效

　　知识产权与组织绩效的关系，体现为知识产权的发展指标，如研发项目的完成情况、专利申请与授权情况、商标注册与驰名商标取得、专利成果商业化数量 / 质量及创造利润等，同组织尤其是企业等高技术研发与生产组织的长期 / 短期发展的经济目标、社会目标等的实现，二者具备怎样的互动发展关系。知识产权管理学科知识产权与组织绩效研究方向的主要内容包括组织绩效的制定与评估过程中的知识产权指标确定[82-85]、知识产权对提高组织竞争优势的促进作用[86, 87]、知识产权战略与组织绩效实现[86, 88-91]、知识产权发展与新产品发展[92-94]等方面。在科学技术与知识产权竞争日益激烈的当今时代，一个组织、一个企业若想取得较好的绩效和较多的竞争优势，必须高度重视其知识产权战略的制定与实施，大力投入和促进其知识产权的发展及其商业化。

4.知识产权与产业能力

知识产权的发展与产业能力的提升是否具有直接的关系，国际学者对此做了较多的研究。技术引进发展过程中产业的吸收能力[95]，产业随着知识产权战略推进竞争能力的提升[63, 96, 97]，产学研合作过程中知识产权的发展与产业能力的增强，等等[89, 98, 99]，是知识产权与产业能力研究方向学者关注的一些重要议题。

二、基于期刊耦合的知识产权管理研究方向设计

基于全球知识产权管理学科成果的期刊聚类图谱（图 6-2、图 6-3），我们可以将知识产权管理学科的研究方向设计为以下 4 个：

C1：知识产权商业运营（IP 商业运营）

C2：知识产权与技术创新（IP 与技术创新）

C3：知识产权战略管理（IP 战略管理）

C4：知识产权与组织研发（IP 与组织研发）

图 6-2 和图 6-3 显示，知识产权商业运营研究方向的知识产权管理学科成果比较集中地发表在经济学类期刊、商科期刊和技术预见期刊上；知识产权与技术创新研究方向的成果，比较多地发表于科研政策、技术创新、技术转移、产业与经济学等期刊上；知识产权战略管理研究方向的成果，较多地发表在战略管理、创业战略管理、全球战略和发展规划等期刊上；知识产权与组织研发研究方向的成果，较多地发表于组织行为、系统研究等期刊上。

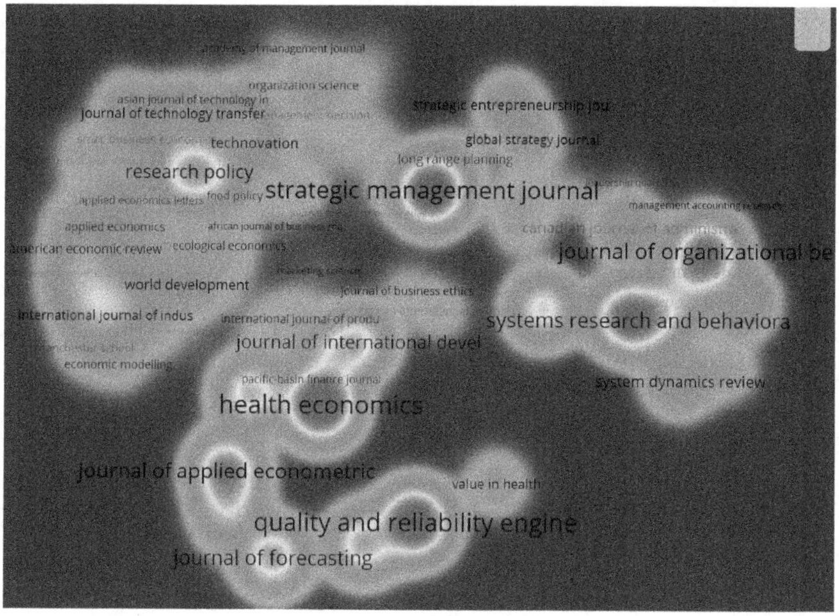

图 6-2　全球知识产权管理学科期刊聚类图谱（密度图）

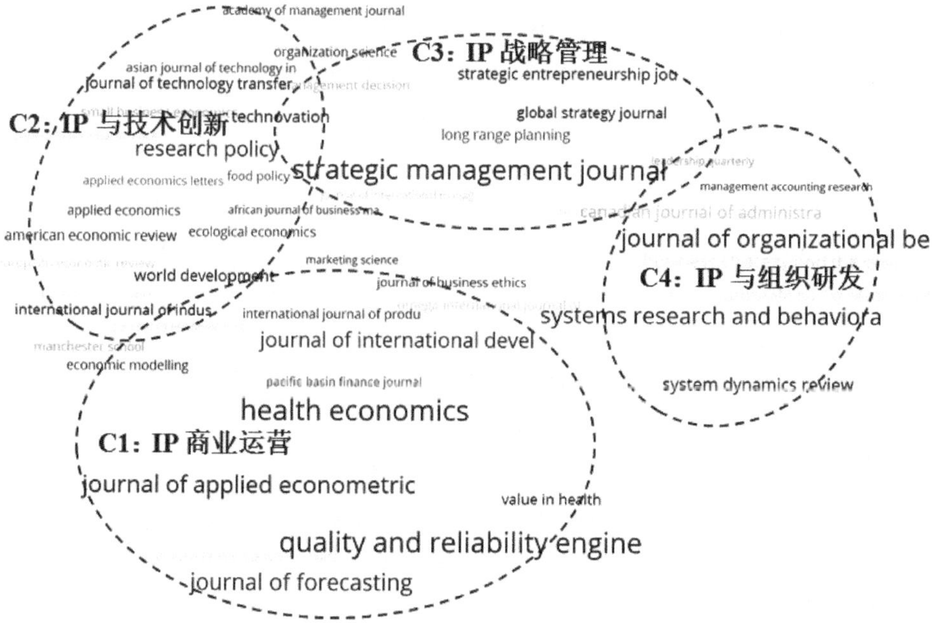

图 6-3　全球知识产权管理学科期刊聚类图谱（文字图）

基于期刊耦合的知识产权管理研究方向设计，与基于关键词聚类的知识产权管理研究方向设计比较，二者大同小异，有许多共同共通之处，不同类型的期刊群刊发的论文常常具有不同领域的关键词属性，而同一类型的期刊刊发的主题文献必有诸多近似之处。所以基于关键词的聚类或者是基于期刊的聚类图谱，理论上都可以作为知识产权管理研究方向厘定的方法基础，关键词层面更加微观和明确一些，期刊层面则宏观一些。当然，除了基于这两种方法，还有更多的方法可以尝试，如基于文献共被引图谱、作者共被引图谱、作者合作网络图谱等，多方尝试比较之后，确定的全球知识产权管理学科研究方向与研究内容或许更接近于科学与客观。

参 考 文 献

［1］华中科技大学管理学院. 工商管理博士生培养方案［EB/OL］. http：//patent.hust.edu.cn/xspy/bspy/2017-05-30/424.html［2017-5-30］.

［2］Jain S，George G. Technology transfer offices as institutional entrepreneurs：The case of Wisconsin Alumni Research Foundation and human embryonic stem cells［J］. Industrial and Corporate Change，2007，16（4）：535-567.

［3］Swamidass P. University startups as a commercialization alternative：Lessons from three contrasting case studies［J］. Journal of Technology Transfer，2013，38（6）：788-808.

［4］栾春娟. 基于 SciVal 中外同类型高校评价指标选择与应用——实证分析大连理工大学与麻省理工学院［J］. 科学与管理，2016，36（3）：3-9.

［5］Etzkowitz H. StartX and the 'Paradox of Success'：Filling the gap in Stanford's entrepreneurial culture［J］. Social Science Information，2013，52（4）：605-627.

［6］Leute K. Patenting and licensing of university-based genetic inventions-A view from experience at Stanford University's Office of Technology Licensing［J］. Community Genetics，2005，8（4）：217-222.

［7］Apple R D. Patenting university research. Harry Steenbock and the Wisconsin Alumni Research Foundation［J］. Isis，1989，80（3）：375-394.

［8］George G. Learning to be capable：Patenting and licensing at the Wisconsin Alumni Research Foundation 1925-2002［J］. Industrial and Corporate Change，2005，14（1）：119-151.

［9］Agrawal A，Henderson R. Putting patents in context：Exploring knowledge transfer from MIT［J］. Management Science，2002，48（1）：44-60.

［10］Dechenaux E，Goldfarb B，Shane S，et al. Appropriability and commercialization：Evidence from MIT inventions［J］. Management Science，2008，54（5）：893-906.

［11］宋柳平.创新驱动发展战略下华为知识产权运营战略［J］.电子知识产权，2015，（5）：22-23.

［12］田家林，顾晓燕.基于创新主体视角的区域知识产权运营效率提升对策［J］.科学学与科学技术管理，2014，35（12）：62-70.

［13］冯晓青.我国企业知识产权运营战略及其实施研究［J］.河北法学，2014，32（10）：10-21.

［14］李黎明，刘海波.知识产权运营关键要素分析——基于案例分析视角［J］.科技进步与对策，2014，31（10）：123-130.

［15］陶鑫良.完善职务发明制度 助推创新驱动发展［N］.中国知识产权报，2015-05-13（1）.

［16］陶鑫良.职务发明性质之约定和职务发明报酬及奖励——我国专利法第四次修订中有关职务发明若干问题的讨论［J］.知识产权，2016，（3）：3-13.

［17］黄鹏飞.基于专利运营的知识产权公共服务平台建设的建议［J］.情报探索，2016，1（8）：32-34.

［18］林秀芹，张贤伟.中国知识产权运营策略［J］.学术交流，2016，（1）：96-102.

［19］陆介平，林蓉，王宇航.专利运营：知识产权价值实现的商业形态［J］.工业技术创新，2015，（2）：248-254.

［20］Mate D，Kun A I，Fenyves V. The impacts of trademarks and patents on labour productivity in the knowledge-intensive business service sectors［J］. Amfiteatru Economic，2016，18（41）：104-119.

［21］冯晓青.企业知识产权运营及其法律规制研究［J］.南京社会科学，2013，（6）：86-92.

［22］杨筱，李振，曾立.国防知识产权市场运营模式研究［J］.科技进步与对策，2015，32（13）：145-150.

［23］Bengoa M，Martinez-San R V，Perez P. Do R&D activities matter for productivity？ A regional spatial approach assessing the role of human and social capital［J］. Economic Modelling，2017，60：448-461.

［24］田家林，顾晓燕.基于超效率DEA的知识产权运营效率产业比较研究［J］.合作经济与科技，2014，（20）：36-38.

［25］王振宇，於超.区域工业企业的知识产权运营效率对比研究［J］.科技管理研究，2016，36（20）：164-169.

［26］Maresch D，Fink M，Harms R. When patents matter：The impact of competition and patent age on the performance contribution of intellectual property rights protection［J］.

Technovation, 2016, 57-58: 14-20.

[27] 何耀琴. 北京市知识产权运营模式分析 [J]. 北京市经济管理干部学院学报, 2013, 28 (3): 21-26.

[28] Yang L, Tsai Y Y, Mukherjee A. Intellectual property rights and the quality of transferred technology in developing countries [J]. Review of Development Economics, 2016, 20 (1): 239-249.

[29] Kiedaisch C. Intellectual property rights in a quality-ladder model with persistent leadership [J]. European Economic Review, 2015, 80: 194-213.

[30] Khoury T A, Cuervo-Cazurra A, Dau L A. Institutional outsiders and insiders: The response of foreign and domestic inventors to the quality of intellectual property rights protection [J]. Global Strategy Journal, 2014, 4 (3): 200-220.

[31] Hottenrott H, Lopes-Bento C. Quantity or quality? Knowledge alliances and their effects on patenting [J]. Industrial and Corporate Change, 2015, 24 (5): 981-1011.

[32] Plumlee M, Xie Y, Yan M, et al. Bank loan spread and private information: Pending approval patents [J]. Review of Accounting Studies, 2015, 20 (2): 593-638.

[33] Lee B, Cho H H, Shin J. The relationship between inbound open innovation patents and financial performance: Evidence from global information technology companies [J]. Asian Journal of Technology Innovation, 2015, 23 (3): 289-303.

[34] Gunny K, Zhang T C. Do Managers use meeting analyst forecasts to signal private information? Evidence from patent citations [J]. Journal of Business Finance & Accounting, 2014, 41 (7-8): 950-973.

[35] Grimaldi M, Cricelli L, Giovanni M D, et al. The patent portfolio value analysis: A new framework to leverage patent information for strategic technology planning [J]. Technological Forecasting and Social Change, 2015, 94 (1): 286-302.

[36] Chen Y M, Ni Y T, Liu H H, et al. Information-and rivalry-based perspectives on reactive patent litigation strategy [J]. Journal of Business Research, 2015, 68 (4): 788-792.

[37] Langinier C, Marcoul P. The Search of prior art and the revelation of information by patent applicants [J]. Review of Industrial Organization, 2016, 49 (3): 399-427.

[38] Jensen P H, Webster E. Patents, transaction costs and academic research project choice [J]. Economic Record, 2014, 90 (289): 179-196.

[39] Entezarkheir M. Patent thickets, defensive patenting, and induced R&D: An empirical analysis of the costs and potential benefits of fragmentation in patent ownership [J]. Empirical Economics, 2017, 52 (2): 599-634.

［40］Chen Y M, Liu H H, Liu Y S, et al. A preemptive power to offensive patent litigation strategy: Value creation, transaction costs and organizational slack ［J］. Journal of Business Research, 2016, 69 (5): 1634-1638.

［41］Bertran F J L, Turner J L. Welfare-optimal patent royalties when imitation is costly ［J］. Journal of Economic Behavior and Organization, 2017, 137: 457-475.

［42］Schafer A, Schneider M T. Endogenous enforcement of intellectual property, north-south trade, and growth ［J］. Macroeconomic Dynamics, 2015, 19 (5): 1074-1115.

［43］Jandhyala S. International and domestic dynamics of intellectual property protection ［J］. Journal of World Business, 2015, 50 (2): 284-293.

［44］Layne-Farrar A, Salinger M A. Bundling of RAND-committed patents ［J］. Research Policy, 2016, 45 (6): 1155-1164.

［45］Duchene A. Patent litigation insurance ［J］. Journal of Risk and Insurance, 2017, 84 (2): 631-660.

［46］Contreras J L. When a stranger calls: Standards outsiders and unencumbered patents ［J］. Journal of Competition Law and Economics, 2016, 12 (3): 507-539.

［47］Novelli E. An examination of the antecedents and implications of patent scope ［J］. Research Policy, 2015, 44 (2): 493-507.

［48］Maskus K. The new globalisation of intellectual property rights: What's new this time ［J］? Australian Economic History Review, 2014, 54 (3): 262-284.

［49］Lin C H, Chang C C. A patent-based study of the relationships among technological portfolio, ambidextrous innovation, and firm performance ［J］. Technology Analysis & Strategic Management, 2015, 27 (10): 1193-1211.

［50］Corredoira R A, Banerjee P M. Measuring patent's influence on technological evolution: A study of knowledge spanning and subsequent inventive activity ［J］. Research Policy, 2015, 44 (2): 508-521.

［51］Anderson J, Sutherland D, Severe S. An event study of home and host country patent generation in Chinese MNEs undertaking strategic asset acquisitions in developed markets ［J］. International Business Review, 2015, 24 (5): 758-771.

［52］Aghion P, Howitt P, Prantl S. Patent rights, product market reforms, and innovation ［J］. Journal of Economic Growth, 2015, 20 (3): 223-262.

［53］Zhang H G, Wang X J, Qing P, et al. Optimal licensing of uncertain patents in a differentiated Stackelberg duopolistic competition market ［J］. International Review of Economics & Finance, 2016, 45: 215-229.

［54］Yue X P. Behavior of inter-enterprises patent portfolio for different market structure ［J］. Technological Forecasting and Social Change, 2017, 120: 24-31.

［55］Wang Y H, Lin W R, Lin S S, et al. How does patent litigation influence dynamic risk for market competitors ? ［J］. Technological and Economic Development of Economy, 2017, 23（5）: 780-793.

［56］Cerqueti R, Ventura M. Risk and uncertainty in the patent race: A probabilistic model ［J］. Ima Journal of Management Mathematics, 2015, 26（1）: 39-62.

［57］Viana J, Maicher L. Designing innovative tools for improving literacy on intellectual property among SMEs ［J］. Technology Analysis & Strategic Management, 2015, 27（3）: 314-333.

［58］Fredendall L D, Letmathe P, Uebe-Emden N. Supply chain management practices and intellectual property protection in China: Perceptions of Mittelstand managers ［J］. International Journal of Operations & Production Management, 2016, 36（2）: 135-163.

［59］Lee C, Kim J, Kwon O, et al. Stochastic technology life cycle analysis using multiple patent indicators ［J］. Technological Forecasting and Social Change, 2016, 106: 53-64.

［60］Akematsu Y, Arai K. Estimating the value of generic entry and intellectual property litigation in the pharmaceutical market ［J］. Japan and the World Economy, 2016, 40: 16-20.

［61］Chu A C, Pan S Y. The escape-infringement effect of blocking patents on innovation and economic growth ［J］. Macroeconomic Dynamics, 2013, 17（4）: 955-969.

［62］Chu A C, Cozzi G, Galli S. Stage-dependent intellectual property rights ［J］. Journal of Development Economics, 2014, 106: 239-249.

［63］Sebrek S S. Managing organisations in Schumpeterian environments: Intra-industry diversification through strategic technology alliances and patents ［J］. Technology Analysis & Strategic Management, 2015, 27（2）: 161-181.

［64］Greco M, Locatelli G, Lisi S. Open innovation in the power & energy sector: Bringing together government policies, companies' interests, and academic essence ［J］. Energy Policy, 2017, 104: 316-324.

［65］Grafström J, Lindman A. Invention, innovation and diffusion in the European wind power sector ［J］. Technological Forecasting and Social Change, 2017, 114: 179-191.

［66］Jiang M J, Zhou P. Research on the patent innovation performance of university-industry collaboration based on complex network analysis ［J］. Journal of Business-to-Business Marketing, 2014, 21（2）: 65-83.

［67］Clancy M S, Moschini G. Incentives for innovation: Patents, prizes, and research contracts［J］. Applied Economic Perspectives and Policy, 2013, 35（2）: 206-241.

［68］Dass N, Nanda V, Xiao S C. Truncation bias corrections in patent data: Implications for recent research on innovation［J］. Journal of Corporate Finance, 2017, 44: 353-374.

［69］Blazsek S, Escribano A. Patent propensity, R&D and market competition: Dynamic spillovers of innovation leaders and followers［J］. Journal of Econometrics, 2016, 191（1）: 145-163.

［70］Correa J A, Ornaghi C. Competition and innovation: Evidence from us patent and productivity data［J］. Journal of Industrial Economics, 2014, 62（2）: 258-285.

［71］Marin G, Lotti F. Productivity effects of eco-innovations using data on eco-patents［J］. Industrial and Corporate Change, 2017, 26（1）: 125-148.

［72］Mladenovic I, Milovancevic M, Sokolov-Mladenovic S. Analyzing of innovations influence on economic growth by fuzzy system［J］. Quality and Quantity, 2017, 51（3）: 1297-1304.

［73］Norman G, Pepall L, Richards D. Sequential product innovation, competition and patent policy［J］. Review of Industrial Organization, 2016, 48（3）: 289-306.

［74］Kim C, Kim M S. The final manuscript for special issue: Eco-innovation of innovation: Management, policy and practice identifying core environmental technologies through patent analysis［J］. Innovation-Management Policy & Practice, 2015, 17（1）: 139-158.

［75］Costantini V, Crespi F, Palma A. Characterizing the policy mix and its impact on eco-innovation: A patent analysis of energy-efficient technologies［J］. Research Policy, 2017, 46（4）: 799-819.

［76］Safari A. Worldwide venture capital, intellectual property rights, and innovation［J］. Industrial and Corporate Change, 2017, 26（3）: 485-515.

［77］Jeon H. Patent litigation and cross licensing with cumulative innovation［J］. Journal of Economics, 2016, 119（3）: 179-218.

［78］Hwang H, Wu J Z, Yu E S H. Innovation, imitation and intellectual property rights in developing countries［J］. Review of Development Economics, 2016, 20（1）: 138-151.

［79］Dang J W, Motohashi K. Patent statistics: A good indicator for innovation in China? Patent subsidy program impacts on patent quality［J］. China Economic Review, 2015, 35: 137-155.

［80］Beneito P, Rochina-Barrachina M E, Sanchis A. Patents, Competition, and Firms' Innovation Incentives［J］. Industry and Innovation, 2014, 21（4）: 285-309.

[81] Lampe R, Moser P. Patent pools, competition, and innovation-evidence from 20 US Industries under the New Deal [J]. Journal of Law Economics & Organization, 2016, 32（1）: 1-36.

[82] Rysman M, Simcoe T. Patents and the performance of voluntary standard-setting organizations [J]. Management Science, 2008, 54（11）: 1920-1934.

[83] Namvar M, Fathian M, Akhavan P, et al. Exploring the impacts of intellectual property on intellectual capital and company performance: The case of Iranian computer and electronic organizations [J]. Management Decision, 2010, 48（5-6）: 676-697.

[84] Stuart T E. Interorganizational alliances and the performance of firms: A study of growth and innovation rates in a high-technology industry [J]. Strategic Management Journal, 2000, 21（8）: 791-811.

[85] Sampson R C. R&D alliances and firm performance: The impact of technological diversity and alliance organization on innovation [J]. Academy of Management Journal, 2007, 50（2）: 364-386.

[86] Mupangavanhu Y. African Union rising to the need for Continental IP protection ? The establishment of the Pan-African Intellectual Property Organization [J]. Journal of African Law, 2015, 59（1）: 1-24.

[87] Laplume A O, Xavier-Oliveira E, Dass P, et al. The organizational advantage in early inventing and patenting: Empirical evidence from interference proceedings [J]. Technovation, 2015, 43-44: 40-48.

[88] Yan B W, Luo J X. Filtering patent maps for visualization of diversification paths of inventors and organizations [J]. Journal of the Association for Information Science and Technology, 2017, 68（6）: 1551-1563.

[89] Vakili K. Collaborative promotion of technology standards and the impact on innovation, industry structure, and organizational capabilities: Evidence from modern patent pools [J]. Organization Science, 2016, 27（6）: 1504-1524.

[90] Setterstrom A, Mykytyn P, Mykytyn K, et al. Strategic purpose of software patents: An exploratory study of German organizations [J]. Journal of Global Information Technology Management, 2013, 16（2）: 6-32.

[91] McKelvey S, Moorman A M. Bush-whacked: A legal analysis of the unauthorized use of sport organizations' intellectual property in political campaign advertising [J]. Journal of Sport Management, 2007, 21（5）: 795-796.

[92] Naghavi A, Spies J, Toubal F. Intellectual property rights, product complexity and the

organization of multinational firms [J]. Canadian Journal of Economics-Revue Canadienne Deconomique, 2011, 48 (3): 881-902.

[93] Huang W L, Feeney M K, Welch E W. Organizational and individual determinants of patent production of academic scientists and engineers in the United States [J]. Science and Public Policy, 2011, 38 (6): 463-479.

[94] Benkler Y. Intellectual property and the organization of information production [J]. International Review of Law and Economics, 2002, 22 (1): 81-107.

[95] Fernandez-Esquinas M, Pinto H, Yruela M P, et al. Tracing the flows of knowledge transfer: Latent dimensions and determinants of university-industry interactions in peripheral innovation systems [J]. Technological Forecasting and Social Change, 2016, 113: 266-279.

[96] Danguy J. Globalization of innovation production: A patent-based industry analysis [J]. Science and Public Policy, 2017, 44 (1): 75-94.

[97] Bouet D. A study of intellectual property protection policies and innovation in the Indian pharmaceutical industry and beyond [J]. Technovation, 2015, 38 (1): 31-41.

[98] Okamuro H, Nishimura J. Impact of university intellectual property policy on the performance of university-industry research collaboration [J]. Journal of Technology Transfer, 2013, 38 (3): 273-301.

[99] Hong W, Su Y S. The effect of institutional proximity in non-local university-industry collaborations: An analysis based on Chinese patent data [J]. Research Policy, 2013, 42 (2): 454-464.

第七章　知识产权管理学科人才培养方案论证

为深入实施国家知识产权战略，加快建设知识产权强国，努力实现人才强国和创新驱动发展，国家知识产权局根据《关于深化人才发展体制机制改革的意见》《深入实施国家知识产权战略行动计划（2014—2020 年）》《国务院关于新形势下加快知识产权强国建设的若干意见》和《"十三五"国家知识产权保护和运用规划》的总体要求，于 2017 年 2 月 24 日颁发了我国《知识产权人才"十三五"规划》。该规划指出：知识产权人才是指从事知识产权工作，具有一定的知识产权专业知识和实践能力，能够推动知识产权事业发展并对激励创新、引领创新、保护创新和服务创新做出贡献的人。知识产权人才是发展知识产权事业和建设知识产权强国最基本、最核心、最关键的要素。"十三五"时期是知识产权强国建设取得实质性进展的初创期、知识产权战略任务全面完成的关键期和知识产权领域改革取得决定性成果的攻坚期，知识产权事业比任何时期都渴求人才。而人才工作是一项基础性、长期性和系统性工作，必须立足国家经济社会发展和知识产权强国建设的需要，准确把握发展趋势，认识新形势、适应新常态、推动新发展，进一步明确知识产权人才工作目标、任务和举措，科学谋划，扎实推进，努力推动知识产权人才工作取得新进展，实现新突破。因此，本书立足于国内外知识产权管理学科的研究态势及知识产权人才培养经验，以国家《知识产权人才"十三五"规划》为指导，论证适合我国现阶段发展的知识产权管理学科人才培养方案。

第一节　知识产权管理学科人才培养目标

一、知识产权管理学科人才培养定位

知识产权两张皮，一张是法律，一张是管理。知识产权不仅是法律问题，还表现为管理与经营问题①。知识产权管理的内涵和目标是什么，目前并没有一个统一的解释，在我国知识产权管理属于相对较新的一个二级学科，对于什么

---

① 大连理工大学知识产权学院陶鑫良教授在各种会议中多次提及此观点。

是知识产权管理学科、何为知识产权管理学科人才的问题，尚存一定争议。但从管理学通识的层面看，知识产权管理是对知识产权资源进行计划、组织、领导、控制以快速达到组织目的的过程；知识产权管理学科人才是指那些为实现管理目标而运用知识产权资源的人[1]。国务院学位委员会相继批准了部分高校在管理学相关一级学科之下自主设置知识产权管理二级学科并授予博士学位（表7-1），以进行知识产权管理博士人才的培养；起步较早的同济大学、上海大学、华中科技大学、厦门大学、中南财经政法大学、重庆理工大学①等设置了知识产权管理二级学科，以进行知识产权管理硕士人才的培养；自1993年北京大学建立知识产权学院起②，国内高校相继设立知识产权本科专业③，以进行知识产权学士人才的培养；部分高校还设立了知识产权研究基地、培训基地、知识产权研究院或研究中心④等机构进行知识产权管理在职人才的培养。后因教育部将知识产权本科专业列入法学（030103S知识产权）之内，知识产权本科专业毕业生获得的是法学学士学位，故此，知识产权学士培养不在本书研究范围之内，知识产权管理学科人才培养，限定在硕士、博士人才学历培养及在职非学历培养层面内进行探讨。

表7-1　我国部分知识产权管理二级学科博士点分布

设置年份	学校	一级学科	二级学科	授予学位
2006	同济大学	管理科学与工程	知识产权与知识管理	博士
2006	上海大学	管理科学与工程	知识产权管理	博士
2006	厦门大学	公共管理	知识产权与出版管理	博士
2007	厦门大学	工商管理	知识产权管理	博士
2007	华中科技大学	工商管理	知识产权管理	博士
2008	中南财经政法大学	工商管理	技术经济及管理	博士
2017	大连理工大学	工商管理	知识产权管理	硕士、博士

注：不完全统计。

1. 不适合设置本科专业进行知识产权人才培养

从逻辑上看，知识产权多学科的交叉性特征决定了不适合设置知识产权本科专业进行人才培养。从目前设立知识产权本科专业的高校培养状况来看，既

---

① 截至2017年9月，全国共有91所高校设置知识产权法或知识产权管理二级学科进行硕士人才培养。

② 截至2017年9月，全国共有30所知识产权学院。

③ 截至2017年9月，全国共有61所高校已设立知识产权本科专业。

④ 截至2017年9月，全国共有1个教育部人文社会科学重点研究基地、5个国家知识产权战略实施研究基地、6个知识产权司法保护理论研究基地、1个国际版权研究基地、25个知识产权培训基地、50多家知识产权研究中心（研究院）。

要设置理工类课程，又要设置法学课程，大学一、二年级还要兼顾公共课程。教学效果往往是较少的涉猎自然科学知识，在大法学专业下学习纯粹的知识产权法律内容，缺乏对知识产权客体背景知识的了解，也无法具备事务性操作的感性认识。四年的有限时间，既不能要求学生具备理工类知识的深度，又不能要求学生具备扎实的法学理论基础，学生对于知识产权的认识停留在表面化的法律法规阶段。尽管有一定的实践课程设置，由于实践课时、实践基地、实践师资的限制，并没有取得预想的良好效果。知识产权本科专业课程设计究竟让学生掌握到什么程度，学生的专业能力如何实现，这是本科知识产权专业人才培养中现实的难题。更有学者认为，如果非要设置知识产权本科专业，最好定位在知识产权管理上，让学生掌握理工科的基础思维方法和管理学方法，配以一定的法学课程①。只不过难度在于短暂的四年本科培养时间，需完成如此庞大的教学体系，无论对于高校还是学生来讲，都是巨大的挑战。例如，专利代理人，要求化工、机械等工科能力较强，面对具体发明时，专利代理人要具备理论前沿知识，还要懂得法律和诉讼，这样的人才培养几乎很难在大学本科四年内完成；再如，知识产权律师、知识产权教师、企业知识产权管理者，都是建立在自有本科专业基础上，再行学习知识产权内容。因此，从知识结构上讲，本科阶段不适合设置独立的知识产权专业进行人才培养。我国设置知识产权本科专业的高校如上海大学，通过招生时文理兼收，二、三年级转专业，双学位攻读等方式，各自探索克服上述培养困难的个性化路径。基于知识产权人才知识结构和分配去向，我们应把知识产权人才培养的重点放在研究生层面上，特别是跨学科的知识产权研究生培养，进行层次较高的理论和实务研究、训练，这样才能培养出适合社会发展需要的知识产权人才。

2. 法学学科研究生层面培养知识产权人才具有局限性

根据教育部学科管理规定，知识产权研究生培养分属在法学与管理学学科之内。国内大部分知识产权研究生培养都设置在法学学科，主要包括两类，一类是法学硕士，一类是法律硕士。法学硕士培养本科专业为法学的学生，培养研究型的知识产权法人才；法律硕士培养本科专业为非法学的学生，通常招收的是理工科学生，培养应用型的知识产权法人才。知识产权法律硕士的选拔、培养方式相对灵活，如北京大学，对于理工科学生免除入学考试，改用推荐方式接受面试，考查学生口头、文笔的表达能力及对问题的理解能力；再如清华大学，以自选课组的方式，学生修完相应的课程，最后完成知识产权法学论

---

① 华东政法大学知识产权学院高富平教授于2006年中国高校知识产权人才培养会议中的发言。

文。法学学科知识产权法研究生接受传统的法学基础理论培养，具有良好的法学基础知识和全面系统的知识产权法学知识，熟悉我国知识产权法律法规和司法解释，了解有关国际公约规定和主要国家及地区的法律，就业去向为司法机关、立法机关、知识产权行政管理机关、政府经贸主管部门、律师事务所等中介机构和企业法律事务部门。攻读博士学位的学生，未来从事知识产权法研究和教学工作。但是，知识产权问题的起点是法律，过程是技术与管理，最后是商业经济规律。透过法律看商业，知识产权法研究生的知识结构相对单一，不十分了解技术和管理，不懂经济，在商业实践中操作能力不足，需要其他学科人才完成合作，法学学科研究生的培养并不能满足市场对知识产权复合型人才的需求。

3. 管理学科研究生层面培养知识产权人才具有契合性

知识产权管理以提高知识产权业务能力、战略思维能力、宏观决策能力、开拓创新能力为目标，着力培养精通知识产权法律法规，具备知识产权管理知识、能力及其他专业知识，能对知识产权进行全过程、多角度有效管理的创新型人才。知识产权人才的基本素质是具备理工背景、法学知识、经济管理类理论基础，所以说知识产权法和知识产权管理是两个相互独立又紧密联系的学科。知识产权的本质是法律问题，知识产权管理是建立在知识产权法律制度之上、遵守技术发展趋势、符合经济规律的管理，贯穿知识产权的创造、运用、管理和保护的全过程。我国知识产权管理学科研究生培养则处于起步阶段，主要招收具有理工背景的学生，进行相关知识产权法授课，设置知识产权管理课程，这种授课模式在管理学科下非常易于开展，既培养研究型人才，也培养实务型人才。特别是为企业培养可以从事专利文献撰写、专利检索分析、知识产权战略制定与实施、知识产权预警与防范等工作的专利工程师和知识产权管理者。相比法学学科侧重培养可以解决知识产权侵权诉讼、知识产权许可等问题的法律工作者而言，知识产权管理学科的研究生层面培养，更能满足市场复合型人才的需求。

二、知识产权管理学科人才培养主体

知识产权管理是对无形资产的管理，具有独特性、复杂性、广泛性、特殊性、时间短、任务重、难度大等特征，是一个集专业性、法律性、管理性、技术性于一体的特殊工作。我国改革开放 30 多年以来的自主科技创新发展，需完成从知识产权大国向知识产权强国的转变，知识并不能直接给社会带来财富，只有加入知识管理的"人"的积极主观能动性，才能创造出无穷的活力和创造力，在这个转变过程中，知识产权管理学科人才的培养成为重要的环节。

从培养主体来看，知识产权管理学科人才培养主体分为两部分，一为高校，二为社会。

1. 高校进行管理学科知识产权人才培养的任务

对高校而言，先要明确高校能够培养什么样的人才，从目前的高校学科和专业设置来看，尽管设置了实践环节，却不能在短时间内培养出合格的专利代理人、审查员、企业知识产权管理者。高校主要为学生提供基础教育，为继续学习和全面发展奠定基础，主要应该考虑优化知识产权管理知识结构，在有限的时间内通过教学计划和课程设置提高学生的理论分析能力，掌握分析方法，为学生后续实务工作奠定自我提高的知识与技能基础。高校在知识产权管理学科人才培养中注重法科学习，在法理、民商法、诉讼法基础上，结合管理理论，展开对知识产权管理的思路、方法的培养；注重外语能力提升，知识产权要进行国际化管理，外语能力是必备的技能；可适当放宽学生的理工背景要求，对于未来从事专利工作的人才培养，理工背景是不可或缺的遴选条件，对于未来从事商标、版权、著作权等工作，可不必要求学生具有理工背景，可以扩大优质生源的培养。

2. 社会进行管理学科知识产权人才培养的任务

对于社会而言，需要明确培养人才的任务是帮助学生掌握职业技能。管理学科知识产权人才培养并不能在高校中就完全实现职业技能要求，无论是知识产权法抑或知识产权管理，无论是硕士还是博士，都不能达到马上就担任专利审查员，承担国家知识产权局某项工作、企业知识产权管理职务，还需要一个职业训练过程。高校只能承担部分职业定位培养的职能，如在继续教育和工程硕士培养中进行基础性知识结构教育，而专门的职业性培训需要与社会协同完成。社会的范围很广，主要包括政府职能部门、高校培训基地、各类培训机构、社会组织、中介组织、企业培训部门等机构，让社会与高校协同发挥作用，进行在职培训、个性化培训，以满足社会对知识产权人才的多元化需求。高校联合各种培养机构，既可以进行在职突击培养，又可以完成在学规模培养，不仅培养已具有工作经验或经历的人员为应急性人才，还可优化知识产权在学培养模式，由高校、政府、企业联合组建人才培养机构，集聚各培养主体优势，有序培养知识产权管理、经济、法律复合型、应用型、高端性、全面性人才。

三、知识产权管理学科人才培养类型

1. 以市场为导向培养知识产权管理学科应用型人才

目前高校培养的多数是从理论到概念的学术型人才，市场需要的是从管理

到经营的应用型人才。高校现行的专业设置是高度模具化或僵化的，从学科的交叉到交叉的学科，市场需求本来就是亦法亦管、非驴非马，面对沿袭多年并且墨守成规的专业模具和学科传统，行走在与时俱进的社会需求和一成不变的专业模具夹缝中的知识产权人才培养，已经面临进退维谷和举步维艰的困境[2]。知识产权人才培养模具化，是导致我国知识产权应用型人才缺乏的主要原因。因此，市场决定需求，需求决定培养，知识产权管理学科人才培养势必结合经济发展和社会需求实际，开展学科知识交叉性培养的尝试和探索，积极为社会创新活动的开展提供应用型人才。

知识产权管理学科人才培养需要着重考虑市场需求方向和学科体制的融合。目前探讨的知识产权的两大学科门类即法学和管理学，都已成功设置了知识产权法和知识产权管理二级学科，相应也设置了应用型专业硕士。目前需要克服市场需求和体制滞后造成的困难，人才培养需要在分析市场数据的前提下，应对管理学科发展，完成面向市场需求的应用型管理学科人才培养。未来市场最大量的知识产权人才应当兼具知识产权法和知识产权管理知识结构，既有创新人才、管理人才、法律人才，还要有通才、专才、高才，以及国际性、交叉性人才，以市场需求为导向，改革现有学科单一培养模式，实现多元化、多层次培养模式，优化人才培养结构配置，解决知识产权人才培养的数量、质量和知识组成问题。

2. 以应用为导向培养知识产权管理学科复合型人才

知识产权是一个内容广泛的领域，随着社会分工的逐步细致，法律、管理、商业都涵盖其中，知识产权人才的需求也逐渐多元化。从便于应用的角度来看，知识产权管理学科复合型人才应具备比较宽厚的知识产权基础专业知识，知识产权相关学科基础知识，一般的知识产权"前沿"知识，以及文、理、工、医、管学科常识等四项知识结构，而专利领域最好能够具有将知识产权与其相关的信息技术、计算机、机械、基因、生物或光电等相关专业的一种或几种结合起来的知识储备，这对于高校目前的培养方式来说难度无疑是较大的。知识产权管理学科人才培养要以实现应用或以衔接应用为目标进行培养改革，坚持宽口径、厚基础的高校培养优势的同时，探索多元化培养与错位发展相结合的培养方式，不同高校的知识产权管理学科人才培养依托法律基础进行，同时探索市场应用需求，结合各自学校的发展优势，各取所需，培养复合型人才，真正实现"不拘一格降人才"的理念。事实上知识产权本身就是四不像的东西，在培养人才上如果过于拘泥模具化的人才培养模式，无论如何都无法培养出可以应用于市场的复合型人才。

3. 以创新为导向培养知识产权管理学科学术型人才

我国要成为创新型国家，市场的确需要高端学术型知识产权人才。随着企业知识产权意识的大幅提高及知识产权工作的快速发展，社会各层面对知识产权人才的多元化需求已经初步形成。企业走向市场、不断壮大与可持续发展所需要的，就是具有一定的知识产权法律基础，懂管理、会经营、能操作的实务型、技能型人才，而非学术化的理论型高端人才，一个从没有写过专利文件、做过专利检索的知识产权法学硕士，往往难以在短时间内胜任企业的专利工作。但是，企业、国家要创新，除了应用型人才以外，还需要能够不断优化企业、国家知识产权管理的学术型探索人才。他们可从事知识产权深层次、高水平、全方位的理论研究及制度设计，对知识产权基本理论、国际知识产权发展趋势、国家知识产权制度体系、国家各层级知识产权战略等问题进行探讨，制定企业、国家知识产权发展战略，提供高端的专题或政策分析建议，推动社会不断地创新。同时，通过学术型理论研究人才和市场应用型人才的融合，优化、推动国家知识产权理论研究和立法工作；通过学术型理论研究人才与高校人才培养相结合，又可不断壮大学术型人才后续培养的队伍，确保创新型国家的有序实现。

第二节　知识产权管理学科人才培养模式

一、知识产权人才培养模式回顾与选择

知识产权人才培养模式问题一直以来备受高校重视，我国高校建立了一个知识产权人才培养的专门平台，即中国高校知识产权研究会，它的成立与我国最早的《中华人民共和国专利法》颁布同步。最初研究会是由当年教育部在30多所高校所部署专利事务所的一批教师发起，始建于北京航空航天大学，后转移至北京大学。研究会从实践到理论，再从理论与实践相互结合的研究转型，使得高校在知识产权教学与理论研究方面得到巨大的提升。知识产权人才培养经历了两个大的发展阶段：第一个发展阶段是应《中华人民共和国专利法》需要大量培养专利代理人，布局成立专利事务所等研究机构；第二个发展阶段是转向知识产权市场发展的深入研究及相关理论的借鉴。

经过20多年的人才培养及其教学模式的探索与创新，主要形成了"专业教育"与"普及教育"两种模式。专业教育模式是指系统培养知识产权专业或者知识产权方向的大学生、研究生等知识产权专业人才的教学及其培养

模式；普及教育模式是指对高校内其他任何专业的大学生、研究生进行知识产权课程或讲座教学活动，以及对社会在职人员进行知识产权课程或讲座教学活动的教学与培养模式。两种培养模式在不断的发展过程中先后形成了三种主要培养路径：一是在传统法学学科（民商法）之下的知识产权法人才培养，这是最传统和保守的一种"法学式"培养进路；二是自20世纪90年代北京大学知识产权学院、上海大学知识产权学院开始，在高校成立知识产权中心、知识产权学院、知识产权基地，开辟"学院式"知识产权人才培养进路；三是建立知识产权二级学科，通过硕士点、博士点进行知识产权人才培养，创新"学科式"知识产权人才培养进路。知识产权发展的困难都来自学科体制间的冲突，"学科式"培养的诸多问题涉及学科如何发展、如何推动，都尚未达成共识，这是一个理论、实际、战略性问题。学科从散点式发展到体系化研讨，是学科发展的正常样态，如何应对现有体制形成对学科的认知，并探索"学科式"知识产权人才培养模式，是当下极为重要的研究主题。

由于知识产权学科发展的融合性、方法的多样性、社会的需求性，学科发展产生不一样的样态。很多学科的发展不断走向高精尖，向越来越窄的方向发展，而知识产权几乎可以渗透到所有学科，与之发生关联。正因如此，知识产权人才培养模式、知识产权科学研究、知识产权学科建设等，均与其他传统学科发展不同。由于我国的学科建设呈现了区块模式，以及知识产权发展形成了不同特色，2016年某些高校知识产权博士点在学科评估上遭到了重创，需要在知识产权的学科发展上谋求管理上的创新及在学科发展基础理论上的提升，构建一个更为科学严谨的培养体系[①]。2003年10月《关于中国知识产权人才培养的建议书》、2009年5月《关于中国知识产权人才培养的倡议书》、2010年8月《关于我国知识产权人才培养与学科建设的再建议书》中三次提出在管理学下增设二级学科，尽快设立相应的硕士点、博士点，开展交叉学科人才培养。这些建议对国家知识产权局和教育部在人才培养上某些政策具有一定影响力，2008年颁布的《国家知识产权战略纲要》对知识产权二级学科的建立做出了回应，但在具体运作方面并没有做出对应的调整。2016年5月，我国多所高校于华南理工大学形成"常州岛共识"，提出建设知识产权一级学科的设想，但经过多轮论证后，认为一级学科要成为今后努

---

① 语出刘华教授（华中师范大学知识产权研究所所长）于2017年6月10日召开的第九届（2017）中国高校知识产权人才培养研讨会中的会议发言。

力的方向，当下需要考虑的是知识产权二级学科，尤其是知识产权管理二级学科人才培养模式的设计问题。

二、知识产权管理学科人才培养结构

1. 培养理念

目前在管理学科大类下设置知识产权管理二级学科的高校共有 7 所，课程上没有共同的构造，缺乏统一的标准，面临生源匮乏的处境。无论在"管理科学与工程"还是"工商管理"一级学科之下设立知识产权二级学科，知识产权管理学科人才培养均应适应市场人才需要，增加辅助企业创新人才的储备，类型包括知识产权保护人才、知识产权业务人才、知识产权研究人才。主要围绕知识产权原理、方法、工具进行学习，形成知识产权管理思维和逻辑，强化管理和运用的商业技能，开展必要的商业训练，经过企业实务锻炼，在岗位上形成实践能力，培养知识产权应用人才的行事逻辑，使其实务技能得到提升。知识产权管理学科人才的培养，应充分考虑知识产权人才的知识结构多元化，以应用为主，兼顾学术研究。高校需在原有相关管理学一级学科基础上，采用学术型硕士、博士和专业型硕士双轨制培养模式，培育知识产权一级学科，树立"夯实力、走交叉、创特色、立品牌"的人才培养理念。

2. 生源选拔

基于知识产权管理学科的特点，招收的硕士、博士学生，需要具备一定的管理基础和理工背景，知识产权管理学科人才不仅需要法学的相关知识，还需要经济、管理、理工等学科的知识，而这些知识的获取不可能通过短期的教育同步获得。改变以往生源法学专业结构，优先考虑非法学学生学习知识产权管理，具有以上专业背景后再学习知识产权，在具体课程选择和研究方向上可以更具有契合性，有利于不同知识背景的学生在课堂上相互交流，互为补充。高校可制定培养政策促成多学科背景生源的形成，如采取从理工科中免试推荐研究生学习知识产权，第二学位招生中扩大理工科背景学生的招生比例等方式进行选拔。同时，注意外语技能的考核，学生至少熟练掌握一门外语，优先考虑掌握多种外语的学生，注重语种搭配，为知识产权管理学科人才培养奠定国际化分析的语言基础。

3. 师资队伍

知识产权管理学科要以专职和兼职两种类型建设师资队伍。专职教师以各高校自有师资进行整合，建立相对稳定的高级职称、副高级职称、中级职称的相关学科复合的师资结构，专职教师根据自身知识结构特长开展授课；兼职教师是管理学科人才培养中不可或缺的组成部分，知识产权管理需要结合理工、经济、法律等学科知识授课，应物色具有强大学科背景和丰富教学经验的专家担任兼职教师进行授课，新进年轻教师可以为之辅助教学，学习教学经验。兼职教师的聘请范围广泛，可以是实务界专家，如法官、律师、专利代理人、知识产权管理者等，也可以是理论界专家，分别讲授实务性课程和理论性讲座，兼职教师是专职教师难以替代的。兼职教师的授课，既可以提升学生学习兴趣，也可提升专职教师的授课能力，为专职教师提供继续教育的机会。目前各高校通过各种途径派遣教师到国外进行短期访问或攻读学位，委派在职教师到有关实践部门进行短期培训，提升专职教师的教学能力，提高知识产权人才培养的师资素质。

4.教学方式

为满足企业知识产权的运作经营需要，知识产权管理学科人才培养应充分发挥交叉研究的综合优势，实施教学、实践、研究三者相结合的教学方式。

课堂教学以学生互动为主开展案例模拟训练。传统传教式的教学法已经不能满足学生对知识产权系统学习的要求，任课教师应根据知识产权管理学科的特点而分别采用不同的教学方法。除知识产权导论课或概论课可以采用传统讲授方式授课之外，知识产权专门课程均可采用指定阅读基础上的互动式教学方式。这种互动是指教师给予一个讨论的主题，学生充当主持人，只有在激发讨论和纠正分析错误的时候教师才引入评论。授课主题的类型多样，可以是案例或实务工作疑难。课堂上以学生为中心，模拟实际工作环境，让授课教师与学生对实际问题和某一特定事件进行交互探索，是一种模拟实践的教学活动[3]。知识产权管理可以采用这种教学模式对我国发生的知识产权纠纷、企业的知识产权管理中的问题展开讨论，为知识产权管理学科的研究和人才培养提供案例来源，实际上是采用"案例讨论＋实务疑难＋传统讲授"的教学方式，通过案例分析来加深基础理论知识的学习，让学生真正参与到自己解惑的过程中。采用案例模拟训练有利于调动学生的积极性，引导学生关注国家、企业实践，训练商业思维，启发分析思路，提高逻辑认知能力。

重视实习提高实践环节的培养比重。为了更好地培养学生的实务操作能力，高校通过与企业进行产学研战略合作，推进教学实践基地建设。教学实践基地建设直接关系到实践教学的质量，对于知识产权管理人才的实践能力和创新能力培养有着十分重要的作用。实习是整合不同学科知识，将知识转化为职业能力的一个重要途径，所有知识必须通过实践的检验。高校与企业建立实践基地共同培养学生，帮助建立知识产权意识，感受知识产权文化氛围，从而加强学生的创新能力、实际动手能力。同时，企业国际化战略意味着对知识产权管理人才的英语能力提出了较高要求，实习中运用双语教学，加强实习学生的英语实践训练，分析企业知识产权国际化战略的意义，帮助企业处理涉外知识产权纠纷，提高外语应用的实践技能，对于提高知识产权管理人才的专业和语言素质具有重要的作用。

注重以课题为单位开展知识产权管理与相关学科的交叉研究。高校应当根据实际情况，自行设立或者承接一些具有实践意义的课题项目，通过项目带动不同模块知识之间的整合。高校要组建跨学科教学团队，聘请实务界有丰富实践经验的人士来为学生展开研讨，如重庆理工大学知识产权学院，邀请且聘请中兴通讯、腾讯、比亚迪等18家全国知名大型企业的知识产权总监（知识产权高级经理）作为兼职教授，为学生进行企业知识产权项目分析。通过课题项目建立的平台，可以启发学生多学科思维，带动学科之间的研究和交流。

5. 联合培养

知识产权管理归根到底是一个实践性的学科，一定要与企业的生产相结合，这就需要改变原来封闭式的培养方式，走出校门，深入社会和生产，实现联合培养的教学方式。联合可以是高校与企业间的联合，也可以是高校与高校间的联合，前者被称为产学合作教育，后者被称为优势互补教育，两种联合都有效地推动复合型人才的培养。产学合作教育主要包括"三明治"模式和"交替型"模式[4]，概括讲是将教学拆分为"系统学习——实践——再学习"的培养过程，这种教学方式实际上推动学生的自主学习和选择能力。在第一阶段学习基础知识，关注本领域的前沿动态和最新成果；在第二阶段完成实务部门的实践工作，提高实务能力；在第三阶段自主选择适合自己进一步深造的课程，根据自己在上阶段完成的毕业设计选题，完成论文写作。优势互补教育其本质是整合校际或国际教学资源的教学方式，进行强强联合，达到最优状态。对于知识产权管理基础课程，可在国内高校中完成，同时强化外语学习；对于实践教学，可将学生输送至国内外优势高校进行直观、有效地实验教学，提高知识产权实务能力。例如，同济大学依托对德（欧）的交流渠道，密切关注国际知识产权发展，输送学生进行联合培养。高校要开拓自身的教学资源，拓展联合培养的路径。

第三节　知识产权管理学科人才培养的核心课程及教材建设

一、核心课程设置

知识产权不仅是专利、商标和版权等具有排他性的权利，也不只是企业重要的利润来源，更是一种具有全球竞争与战略意义的资产。知识产权保护仅是消极的管理与经营，知识产权经营才是积极的保护和管理。知识产权纠纷和诉讼只是商业战略与策略的组成部分，背后的实质是商业利益的冲突和市场份额的争夺。陶鑫良教授曾笑谈，"知识产权是为了姓商才姓法"，所以，要从经营层面分析知识产权纠纷与诉讼，以经营理念和方法来管理企业的知识产权事务。面向企业而言，要培养有法律背景的管理经营人才。知识产权管理学科的交叉性特点，决定了要开设知识产权管理的特色必修课和选修课，才能培养出"科技＋法律＋管理＋信息＋外语"的"田"字形网状知识结构的人才[5]。在制定教学计划时应包括三个层次：一是基础理论课；二是方向理论课；三是前沿实务和技能课。知识产权管理课程的压力是把法学和管理的内容融合在一起，对每门课程的设置，还应随着社会经济的不断发展而更新，反映出现实的发展需要。当然，根据培养对象的不同来设计课程和学时结构，硕士与博士课程数量上要区别对待，有所侧重。第一个层次，基础理论课，必修课包括科学哲学、自然哲学、法学、经济学等课程，选修课不同的高校根据自身实际，选择的范围很广。第二个层次，方向理论课，考虑各高校特点、背景不同，要进行分类，主要包括科学技术类、法学类、经济管理类，这一层次的课程要将核心理论多样化。第三个层次，前沿实务和技能课程，包括知识产权管理学科的前沿动态、研究方法与技能类的训练，如前沿讲座、专利代理撰写分析、互联网类的相关分析等。沿此思路设计出的课程已经非常多，博士研究生必修课可以有 5～6 门，选修课根据个人需要选择 1～2 门；硕士研究生课程可以有12～15 门，必修课可达到 80%，重点在第二个层级进行设计。

　1.知识产权管理学科的法律类课程

无论是已经有二十几年历史的北京大学知识产权学院、上海大学知识产权学院，还是近几年新兴的知识产权学院或知识产权研究中心，基本都是培养法学研究生，开设的是法律课程，法律的确是知识产权创造、运用、管理、保护的制度基础，法学学科已发展成熟，有自己的特点和体系。知识产权管理要开设法律必修课，要围绕知识产权进行核心课程的选读。从国内外知名高校培养知识产权法律硕士开设的课程来看，如复旦大学的法律硕士（JM），效仿美国法学院法律博士（JD）的培养方式，每年至少培养 100～200 名具有理工背景的专利代理人，开设的课程主要包括 10～12 门法学专业必修课，4～6 门知识产权方向选修课，那么，法律硕士研究生要学习的法律课程也应该属于知识产权管理学科开设的法律课程。但是，知识产权管理学科在有限的课时内应该如何选择这些法律类课程，这是值得思考的。知识产权管理不是简单地与法学的交叉，法学是为管理所用的知识技能。知识产权是什么，法学学科都说是一个应用法学，有学者认为知识产权更应该是法学应用，而不是一个简单的应用法学①。那么，法学在哪里应用，恰恰是在知识产权的经营管理中应用。所以，知识产权经营管理人是社会迫切要求高校培养的人才，其功能就是可在国家、企业的知识产权的经营管理中熟练地应用法律制度，使得知识产权的经营管理合规有序。

社会火热需求的是知识产权经营管理人才，其知识结构是多元的。其中，研究型人才是极少且高端的（博士），更多的是应用人才（硕士）。应用人才可分为两类：法律类和经营管理类。法律类又包括诉讼类、非诉讼类；经营管理类又分为公司类（如总监、工程师）、中介类（如知识产权的咨询、培训、金融等）。对专利而言，技术为基础，法律为根本，经营管理为目标；对商标、著作权而言，则法律为本，经管为用，不涉及技术。高校培养的人才是一个合格的"毛坯"，可以在实务训练中迅速成才。课程路径可以选择"技术＋法律""经管＋法律"两种方式，其中，"技术＋法律"是法律硕士的模式，可以适当借鉴；知识产权管理学科主要采用"经管＋法律"模式进行课程设置，选择法学中与知识产权最为紧密的法学课程作为核心课贮备。

2.知识产权管理学科的管理基础类课程

管理基础类课程的特点是挖掘出一些在实务过程中有共同之处、规律性的技能和理念，把在企业中不太容易大范围培训的东西作为基础类课程的授课内容，可以概括为知识产权实务性理论类课程。例如，专利审查中涉及一系列的规则和条例，涉及实务性的专利诉讼或文书撰写，涉及具体理论问题；专利申请撰写，涉及从技术方案、发明到文字表达的理论结构。知识产权实务性理论类课程与知识产权法学类课程不同，不以科教需求为导向，目的为培养实务可塑之才，为学生奠定实务理论基础。

目前这类课程设置上，没有共同构造和相对统一的标准，课程是组合式而

---

① 出自华东政法大学知识产权学院唐春副教授于2017年6月10日召开的第九届（2017）中国高校知识产权人才培养研讨会中的会议发言。

不是融合式。以重庆理工大学知识产权学院为例，硕士研究生课程为"基础课＋方向课"，其中，方向课为知识产权运营、专利检索和决策支持等5门左右课程。硕士一年级学完所有课，第二年同老师做科研、实习，第三年做毕业设计。采用"导师组"培养的方式，一个研究生有3个导师：主导师＋副导师＋实务导师（聘用实务届人士）。引发思考的一个问题是，知识产权管理学科的管理类课程的重点是什么？有学者谈及，学科培养的定位涵盖三个层次，即道、法、术，最擅长的是方法的层面教育，即法的教育①。实务层面的训练不是高校的优势，知识产权管理是工商管理额分支学科，如能构建方法体系，作为纯学术可能觉得很粗陋，但在企业实务中却可广泛使用、频频使用，知识产权管理学科要注重方法的训练。大学和企业有一个合理的分工，不可丢掉象牙塔的优势，方法层面的课程，学术研究和教学比较容易实现。高校的教育要在法的层面，这是优势所在。而术的层面，学生在工作实践当中会自主学习。另外，课程设置要强调与时俱进，要与现代的技术相结合，借助国际主流的软件、数据库。例如，华为、中兴企业要做知识产权管理，主流的分析工具必不可少，知识产权管理对信息化的工具的依赖很大，把现代化的信息工具补充在课程中，学生就可以与社会接轨。因此，知识产权管理课程的知识结构，要特别强调方法，并且还附以现代信息化的工具的应用。知识产权管理本质上是解决实际问题的方法和工具，它不是法律本身，知识产权管理课程需要法的基础知识，但管理本身更多是方法和技术。

3. 知识产权管理特色课程

设置知识产权管理特色课程，涉及价值评估、专利布局、吸引投资，知识产权组合，涉及成果审核、风险分析、经济调查等内容。其中，知识产权投融资课程非常重要，无论是企业还是科技部，都要对成果进行转化，暴露出来的都是投融资问题，国外有大量的专利投资办公室，最重要的问题就是投资基金，在评估的基础上进行投资。德国开发了4D方法，用这种方法判断所拥有的知识产权值不值得进行投融资，我国目前缺少这样的研究，也不可能有这样的课程设计。知识产权管理要训练学生学会写商业计划书，这是基本要开设的课程，也是要寻求创新管理的课程，因为创新管理和知识产权的管理是两个大的门派，里面包含大量的知识内容。另外，特色课程中还一定要包括前沿讲座，了解本领域最新的研究成果，类似于德国马克斯·普朗克创新与竞争研究

---

① 出自大连理工大学管理与经济学部张米尔教授于2017年6月10日召开的第九届（2017）中国高校知识产权人才培养研讨会中的会议发言。

所的博士课程，就研究课题、特定问题、滚动式进行研究，不断地更新学生的知识结构，涌现新的研究问题。

综上所述，各高校需根据自己的实际情况，可参考设置知识产权管理学科的核心课程（表7-2）。

表7-2　知识产权管理学科核心课程一览

知识产权法律基础类课程	知识产权法律方向类课程	知识产权管理基础课程	知识产权管理特色课程
民法 商法	知识产权法 （专利、商标、著作权法）	知识产权许可证贸易 专利申请文件撰写	前沿讲座 专利导航
合同法	国际知识产权条约（双语）	知识产权实务性理论	无形资产评估
民事诉讼法	国际比较知识产权法	企业知识产权实践	科技创新管理
行政法	网络知识产权法	专利检索和战略分析	知识产权经济学
经济法(反不正当竞争法)	商业秘密法	知识产权管理方法论	知识产权运营学
科技法	知识产权案例研讨	专利信息采集与分析、专利信息分析技术与方法	知识产权保险学 知识产权税务学
……	……	……	……

二、教材建设

知识产权制度在我国刚建立时，我国尚无专门的教材，后来经过30年的发展，有关知识产权的教材主要在法学的教材中得以反映。多年来我国知识产权人才培养偏重法律，知识产权法教材数量非常之多。社会需要的是知识产权管理、知识产权运营等特殊人才，而人才培养上面临的一个窘境是知识产权管理学科的教材非常稀少，知识产权管理教材除实务性质之外，专业教材已出版的知识产权管理教材，2/3是法律，已经处在无从选择的境地。但是，知识产权管理的教材，除实务界（企业界、国家知识产权局）所撰写的指导性用书外，高校知识产权管理学科的教材非常稀少，甚至可以说基本没有，有一些冠之以知识产权管理的书，事实上2/3的内容依然是法律，被喻为"假管理"的教材，或者说是知识产权法与知识产权管理生硬结合的教材。后来逐步有了一些教材，这些教材没有体系化，与法律邻接得相对薄弱，更多偏管理学科与工程学科，但是也不是很完整的体系化，碎片化的现象严重。

从知识产权管理学科来讲，首先要确定学科基础课，法管融合的学科必修课。专业课是不是使用以统的专利、版权、商标、商业秘密法教材，还需要有一个专业的知识产权管理的联盟或指导委员会来确定知识产权管理学科的定位及教材体系，然后再有步骤、有计划地来组织编写一些基础性的教材。实际上知识产权管理教材需包括法的基础知识，但侧重管理的方法与技术，知识产权不能没有法律，法律是起点，落点是经营管理。教材要根据"市场决定方向，需求决定培养，潜在决定发展，整合决定力量"的原则进行编写。目前各学校主要围绕技术管理、创新管理、知识产权法进行课程整合，根据实际情况开设专利信息采集与分析、专利信息分析的技术与方法、知识产权经济学、知识产权代理、知识产权评估、技术交易与技术合同管理、全球创新管理、评估策略、科技金融创新模型、网络资源访问与分析等管理课程，呈现组合式而非融合式的特点。

知识产权管理教材的薄弱状况，相当于20年前或25年前的知识产权法的情况。从知识产权管理的案件来看，法律背后是商业，案件背后是功利。需要知识产权人才的商业头脑和管理才干，不亚于他的法律知识和理工背景，甚至可能更重要。各高校需要整合力量、整合资源，我们现在知识产权管理相对知识产权法律，有学科上的生产性，把现在相对碎片化的东西聚合，聚宝成盆、串珠成链，从培养方案、教学大纲到教材体系，最后到教学辅助，应该重新编排教材。知识产权管理应该以工具、方法为主要授课内容，考虑借鉴美国的"导论课、知识产权与无形资产、知识产权评估、知识产权运用、知识产权决策"授课体系，陆续完成一批适合我国的知识产权管理学科人才培养的教材。知识产权管理教材同早年的知识产权法教材一样，需要历经三五年，先有一个高层次的起步，然后才能真正成为社会所需要的教材。

第四节　知识产权管理学科人才培养的必备技能

一、市场需求与岗位设置

海尔集团首席执行官张瑞敏有句著名的言论，"前有市场，后有工厂"，市场需求最难预测，却要最先考虑。市场需要六种类型知识产权管理人才：企事业人员、行政检查管理人员、公检法司人员、中介服务人员、高校师资和知识产权高端理论人员。在市场人才需求的版图上，各个高校都在寻找自己的定位，合理协调，错位发展。一个先在的问题摆在人才培养前，经过知识产权管理学科硕士、博士阶段的培养，学生要具备什么样的技能，才能适应社会各项工作的需要。这是个开端问题，也可以从终端去寻找答案。有学者从胜任力的角度来评价知识产权管理学科人才的知识和技能，解释工作者的知识和技能是否是适应岗位需求。1973年，哈佛大学戴维·麦克利兰教授最先提出了胜任能力模型，认为成功者较之于普通者具有特殊的个体特征，随着对企业核心竞争能力研究的深入，逐渐在企业管理实践中被管理者所接受和运用。胜任能力是员工履行岗位职责并能产生高绩效所需具备的一系列能力的组合，胜任能力是知识与技能的整合，但不是简单组合，因素整合引出的是可观察的和可测量的行为[6]，不包括自我概念、特质、动机。包含态度、价值观、自信在内的自我概念需要长期教育熏陶，动机和特质处在个体深处，不易短期影响，只有受评者的知识和技能可以通过教育和培训得以培养。

从互联网市场招聘的岗位设置来看（表7-3），知识产权管理岗位需求主要有知识产权法律人才、知识产权管理人才、知识产权事务性人才，企业将其大体定义为知识产权工程师，掌握管理学、知识产权法学相关专业知识，既懂理工专业、熟练运用外语，又要知晓法律、管理事务规则。管理职责包括专利申请与保护、专利情报检索分析、知识产权战略规划与管理、知识产权风险预警与应对、知识产权转化、知识产权许可、知识产权培训等，不断提高战略思考能力、科学制定计划能力、执行控制能力、挖掘技术和创新企业产品的能力。预想胜任岗位工作，必须具备与之相匹配的知识和技能，提升从事专利文献撰写的经验和技巧，增长知识产权管理的实践经验。

表 7-3　知识产权管理岗位信息

岗位设置	主要职责	应聘要求
专利工程师	专利撰写、专利咨询、专利审查、专利转化、专利检索与分析	具有某理工类背景、辅修法律、专利代理人资格、英语流利、2年以上工作经验
知识产权工程师	专利布局、专利申请管理、法务管理及诉讼、知识产权战略分析、技术标准及许可、知识产权合同撰写与谈判、专利挖掘与研发、知识产权培训、知识产权风险预防	具有某理工类学历、熟悉法律和业务流程、专利代理人资格、英语流利或具备2种外语能力、2年以上工作经验
知识产权运营工程师	知识产权经营模式研究、知识产权战略制定、知识产权课题研究、知识产权合同审查、知识产权纠纷处理与谈判	具有理工类和法律背景、知识产权日常管理知识、企业管理知识
知识产权主管	知识产权体系建设、专利挖掘与申请、知识产权侵权维权、外联协调、知识产权文本审查	精通知识产权法、熟悉知识产权管理、英语流利、掌握情报分析方法

二、风险防范与纠纷解决

在法学框架下培养的学生经常有法律定式的思维模式，如用法律思维评判事物的时候首先考虑的是所谓合法不合法，学经济管理的首先会考虑赚不赚钱，法律不是先反映上来的思路。由于大多数学生是在法律定式下培养出来的，他们的思维定式可能偏向于防守型，目前企业知识产权岗位工作还是偏向日常性、基础性，这种工作和知识产权本身的法定资产有关。知识产权管理学科培养的法学技能，与知识产权法学科培养的法学技能不相同，主要体现在思维方式上有所不同。

知识产权是一种工具和武器，在法律风险防范和纠纷处理中，可能是"以商试法"，透过现象看本质，透过法律看商业。例如，对知识产权实践案例的分析，可以有两个视角，一个是从法律角度看商业上的企业经营问题，一个是从企业经营角度看法律上的争议问题，即"商业问题法律化，法律问题商业化"[7]。商业问题法律化，可以以专利无效应对专利瑕疵，力争以专利无效为自身扫清市场进入障碍，将商业问题转化为法律问题；法律问题商业化，可通过商业方式处理法律问题，通过商业并购或许可处理侵权纠纷，通过商业谈判和解纠纷。例如，上海申通地铁公司起诉的知识产权侵权案件中，最主要的商业问题就是如何与对方达成最有利于申通地铁的妥协，这种妥协最好不要对簿公堂、诉至法庭，首先能不能把官司拦在法庭之外，对于已经起诉到法庭的，能不能撤诉，这个问题不尽是法律问题，而相当于是要实现一个法律结果的商业谈判。再如，2345导航网站为拓展客户在网上使用微软的盗版软件，最后被诉至法院，法庭上检察院起诉了两千多万客户，最后考量了跨国公司部门之间的利益纠纷，市场部是利益中心，法律部是成本中心，而市场部后来相当于帮助法律部争取他在公司内部的地位，法律部不仅仅是成本中心，也是利益中心，有的时候利益中心更大于市场部，法律部在市场部前面斡旋，这实质是以诉讼为前奏的一场商业谈判。企业在经营、管理工作中，无论是对企业自身的需求、效益，还是从法学方向谈知识产权管理、法律风险，目的在于使知识产权发挥应有的价值效益，从经济学、管理学的角度来思考知识产权，转化法律定式思维是必要的。

因此，知识产权管理学科中的法律技能，不是简单地完成法学学科三段论的适用，不适用法学规范分析的思维模式，而是在法律理论和规范的基础上，结合商业看到法律风险防范和纠纷解决的最经济路径。既要懂得法律，又要结合商业适用法律，类似于将法学学科的规范分析在商业背景下再进行经济分析，从中寻找出利益黄金分割点，进行法律问题的商业化解决，或者商业问题的法律化解决。这种融合式的思维方式，是知识产权管理学科培养以法律解决问题的思维进路。

三、管理理论与方法运用

从知识产权管理岗位职责来看，需要掌握的管理内容包括：知识产权的生成与获取，涵盖组织创新管理、知识产权申请管理、知识产权获得管理；知识产权的维权与保护，涵盖知识产权温床管理、知识产权放弃管理、知识产权保护管理、知识产权侵权救济管理；知识产权的应用与运作，包括知识产权的转让管理、知识产权的许可管理、知识产权的连锁经营管理、知识产权的质押管理；知识产权日常管理，包括知识产权工作机构管理、知识产权人才管理、知识产权信息管理、知识产权档案管理、知识产权保密管理、知识产权资产管理、知识产权海关管理、知识产权项目管理；知识产权国际竞争管理，包括知识产权国际组织与规则管理、知识产权垄断与反垄断管理、防范知识产权滥用管理。类型多样的管理内容，要求知识产权工程师具备管理知识和丰富的实践技能，而这两部分是我国高校人才培养中最为薄弱的环节。

根据知识产权管理学科课程设置，知识产权管理人才需要掌握一定的管理理论，包括管理科学理论、一般系统理论、权变理论、系统理论、经验理论等基础理论，便于制定工作制度，采取工作策略。管理科学理论是指以系统的观点运用数学、统计学的方法和电子计算机的技术，为现代管理的决策提供科学的依据，通过计划和控制以解决企业中生产与经营问题的理论。该理论是泰罗科学管理理论的继承和发展，其主要目标是探求最有效的工作方法或最优方案，以最短的时间、最少的支出，取得最大的效果。一般系统理论用于分析和研究企业和其他组织的管理活动和管理过程，并建立起系统模型以便于分析。权变理论是指企业管理根据企业所处的内外条件随机应变，没有什么一成不变、普遍适用的"最好的"管理理论和方法。权变理论是指企业管理根据企业所处的内部条件和外部环境来决定其管理手段和管理方法，即要按照不同的情景、不同的企业类型、不同的目标和价值，采取不同的管理手段和管理方法。系统理论主要重视对组织结构和模式的分析，应用一般系统理论的范畴、原理，全面分析和研究企业和其他组织的管理活动和管理过程，并建立起系统模型以便于分析。经验理论是指分析成功管理者实际管理的经验，并加以概括、总结出他们成功经验中具有的共性东西，然后使之系统化，合理化，并据此向管理人员提供实际建议。

知识产权管理者要根据不同的管理对象、所管理的事务和其他一些相关因素来决定所采取的管理方法和措施。管理既是科学也是艺术，应当有科学的管理方法，如SWOT分析法、PDCA循环规则、任务分解法和二八定律等。具体而言，SWOT分析法可以分析自己在资源方面的优势与劣势，把握环境提供的机会，防范可能存在的风险与威胁；PDCA循环规则需要计划、实施、检查结果，并进一步进行改进，同时进入下一个循环，只有在日积月累的渐进改善中，才可能会有质的飞跃，才可能完善每一项工作；任务分解法主要帮助分解任务，只有将任务分解得足够细，才能有条不紊地工作，统筹安排时间表；二八定律主要按事情的"重要程度"编排事务优先次序的准则是建立在"重要的少数与琐碎的多数"的原理的基础上，抓主要矛盾，善于从纷繁复杂的工作中理出头绪。同时，知识产权管理人才也要学会使用现代信息可视化分析工具，进行知识产权相关问题的分析。

知识产权管理人才具备了上述技能，就可以实现与社会工作广泛对接，与企业需求对接；与专利代理和律师法务对接，相对而言这是在实践方面最完善的一个方面。与知识产权转化或商业化对接，这与运营、分析具有一定的关系，但分析并不等同于运营，运营是更高级的管理概念，包含投资理念，包含专利转化的商业考虑，分析更侧重审查。与知识产权投融资对接，这涉及面更为广泛，不是简单的专利买卖，更多的是高新技术产品的经营，包括技术的转让和许可，实际是管理学内容。与行政管理、执法对接，有助于培养知识产权法官。

四、商业策划与谈判技巧

如上所述，知识产权管理中的法律纠纷往往以商业谈判来解决，谈判按照先前制定的商业策划案进行，知识产权管理人才要具备尊重知识产权管理规律制定商业策划案的能力，实现商业策划中分解的任务，完成不同阶段的商业谈判。

商务谈判具有很多技巧。第一，确定谈判态度。根据谈判对象与谈判结果的重要程度来决定谈判时所要采取的态度，如果谈判项目对企业知识产权管理有重要意义，便可以抱有让步的心态进行谈判，在企业损失与影响可控制的情况下满足对方，便于达成一致意见；如果谈判的结果对企业知识产权管理非常重要，可以抱有友好合作心态，尽可能达到双赢，将谈判的对立竞争转化为携手竞合；如果谈判结果对企业无足轻重，不要把精力消耗在谈判上，可以通过诉讼解决。谈判时，了解对方的谈判目的、心理底线、公司经营情况、行业情况、谈判人员性格、公司文化、谈判对手习惯与禁忌等，可以避免很多因文化、生活习惯等导致的矛盾，同时也要了解其他竞争对手的情况。第二，准备多套谈判方案。谈判双方最初各自拿出的方案都是对自己有利，而双方又都希望通过谈判获得更多的利益，谈判结果是经过双方协商、妥协、变通后的结果。最好的办法是多准备几套谈判方案，先拿出最有利的方案，没达成协议就拿出后续方案，防止向对方妥协让步超过预计承受的范围。第三，创造融洽的谈判氛围。先找到双方观点一致内容并表述出来，形成合作伙伴的潜意识，这样谈判容易朝着一个达成共识的方向进展，当遇到僵持时也可以拿出双方的共识来增强彼此的信心，化解分歧。可以将对方感兴趣的知识产权商业信息或不很重要的问题进行简单的探讨，达成共识后双方的心理会逐步改变。第四，设定好谈判的禁区。谈判是一种敏感交流，语言要简练，提前设定好谈判中的禁语，可以最大限度地避免在谈判中落入对方设下的陷阱。第五，语言表述简练。在商务谈判中忌讳语言松散或像拉家常一样的语言方式，尽可能让语言变得简练，人类接收外来声音或视觉信息的特点是一开始专注，随着接收信息的增加，注意力会越来越分散直至被忽略。第六，做柔软的钉子。商务谈判在双方遇到分歧时面带笑容，语言委婉地与对手针锋相对，这样对方就不会启动头脑中本能的敌意，使接下来的谈判不容易陷入僵局。第七，曲线进攻。孙子曰"以迂为直"，克劳塞维茨将军有言"到达目标的捷径就是那条最曲折的路"，达到目的可迂回前行，否则直接奔向目标，通过引导对方的思想，把对方的思维引导到自己思维中，防止自己的意图暴露，被对方所利用。第八，让步式进攻。在谈判中适时提出一两个很高的要求，经历讨价还价后可以进行让步，把要求降低或改为其他要求，很容易被对方接受。先抛出高要求也可以有效降低对手对于谈判利益的预期，挫伤谈判对手的锐气。

实际上，商业谈判的关键就是如何达成谈判双方的利益平衡，但有时谈判中的平衡与利益关系并不大，谈判中可以输掉谈判，只需赢得利益，也就是表面上做出让步，失掉一些利益，实际上做好策略，实现真正的目的。知识产权管理人才势必进行商业谈判工作，做好商业策划，掌握谈判技巧是必备的技能。

五、外语熟练应对涉外业务

知识产权管理人才的外语能力要求相对较高，源于从事专利撰写、知识产权国际审查、知识产权检索分析、知识产权国际保护等工作，要求知识产权管理人才可以熟练运用外语应对撰写、阅读、谈判、工具操作、涉外诉讼中的各种问题。知识产权管理人才英语能力过关的同时，最好可以掌握一至两门其他语言，如德语、日语、韩语、法语等，方便企业与不同国家、企业开展知识产权业务，知识产权管理人才要在学校培养阶段，有意识地贮备和提升外语应用技能。

知识产权管理人才掌握外语知识基础的同时，强化知识产权管理行业知识，积极扩展相关知识覆盖面，将知识产权管理流程与外语读写译能力培养有机结合，逐步训练为知识产权涉外业务应用型人才，满足市场需求。人才培养过程中合理运用情境教学模式，模拟职业岗位需求，结合实际工作情境，通过使用生动形象的音像资料完成教学情境的设计，覆盖大量的职业用语和专有名词，注重实用性、针对性、实践性。培养阶段和实践工作中，可以留意身边的外国留学生或工作者，与之建立日常交流习惯，快速提高知识产权管理人才交流的理解能力。

目前我国海外考试中心有多种语言的资格考试（表7-4），知识产权管理人才根据自身时间情况，可以多考取相应资格证，便于与相关国家处理业务，也能以考试为结点，构建自主学习外语有效模式[8]，有针对性地提高外语技巧。

表7-4 中国教育部考试中心海外考试信息

序号	考试名称	举办机构	考试用途
1	IELTS（International English Language Testing System）雅思考试	由剑桥大学考试委员会、英国文化协会及澳大利亚教育国际开发署共同举办	测试要在英语国家学习或生活的考生的语言能力，内容涵盖听力、阅读、写作和口语四项语言技能
2	TOEFL（The Test of English as a Foreign Language）托福考试	美国教育测验服务社（ETS）举办	国外留学、就业
3	JLPT（The Japanese-Language Proficiency Test）日本语能力测试	日本国际交流基金会和日本国际教育支援协会共同举办	测试水平、就业、留学、访问、升职
4	BJT（Business Japanese Proficiency Test）商务日语能力考试	日本汉字能力检定协会和中国教育部联合主办	日本国外企业录用、使用优秀日语人才
5	BEC（Business English Certificate）剑桥商务英语考试	教育部考试中心和英国剑桥大学考试委员会合办	外企就业
6	FCE（First Certificate in English）剑桥大学通用英语证书考试	英国剑桥大学外语考试部主办	留学、外企就业
7	TestDaF（Deutsch als Fremdsprache）德福考试	德国TestDaF考试学院主办	留学
8	DELF（Diplôme d'études en langue française）法语学习文凭；DALF（Diplôme approfondi de langue française）法语深入学习文凭	法国国际教育研究中心（CIEP）的DELF-DALF国家委员会主办	留学
9	Celpe-Bras（Certificado de proficiênciaemlínguaportuguesaparaestrangeiros）巴西葡萄牙语考试	巴西教育部主办	留学、就业、移民
10	TOPIK（Test of Proficiency In Korean）韩国语能力考试	韩国语认证考试委员会主办	留学、就业

构建合理的自主学习模式提高外语技能，主要是指对学习目标、过程及效果等环节进行设计、调节、检测、评价和转化的主动建构过程，是一种开放式的学习模式。知识产权人才通过自主构建，学会管理学习，成为学习主体而

非学习的被动接受者。外语学习者根据自己的年龄、职业、文化基础、知识结构、学习习惯、思维方式、社会环境、家庭环境等特点选择不同难度的学习内容，确定自己的学习方法，调控学习过程，管理学习计划，从而提高外语学习的效果。

参 考 文 献

［1］袁晓东，朱雪忠．知识产权管理专业与人才的胜任力［A］//陶鑫良，王勉青．中国知识产权人才培养研究（第二辑）［C］.上海：上海大学出版社，2010：136.

［2］陶鑫良，王勉青．中国知识产权人才培养研究（第二辑）［M］.上海：上海大学出版社，2010：14.

［3］陈伟．知识产权管理人才培养模式研究［D］.华中科技大学硕士学位论文，2008：41.

［4］程静．高等人才培养模式多样化：诠释与应对［M］.北京：北京工业大学出版社，2003：35.

［5］张宝山．专利事业呼唤"复合型"人才［J］.中国人大，2014，（11）：22-23.

［6］胡允银．企业知识产权管理人才胜任能力模型研究［J］.科技管理研究，2009，29（6）：525.

［7］陶鑫良，王勉青．中国知识产权人才培养研究（第二辑）［M］.上海：上海大学出版社，2010：34.

［8］薄锐利．基于网络环境下的自我管理学习能力对外语学习的作用［J］.洛阳大学学报，2007，（1）：111.

第八章 知识产权管理学科建设发展规划

知识产权管理学科的总体发展思路和目标需面向我国知识产权管理人才当前与未来的紧迫需求，切合我国自主创新战略实施及参与国际竞合的重大理论与现实问题，科学依循知识产权管理学科的跨领域发展规律，合理设定课程体系，坚持学科特色发展，力争在师资队伍建设、科学研究、国际交流、人才培养质量等方面均进入该学科领域前列。力争推进人才培养，着重培养硕士、博士研究生；扩大科学研究，争取省部级、国家级，发表一批有国内外重要影响的论文、专著，形成鲜明的研究特色和优势；致力于服务社会，完成国家知识产权人才培养基地一批重要培训任务，开发应用性强、规范化的系列培训模块和单元；建立运行机制及保障措施，为切实有效推动学科快速、深入发展，建立和健全学科运行和管理的长效机制。

第一节 知识产权管理学科师资队伍发展规划

一、师资队伍综合素质建设

注重师资队伍在人才培养方面的综合素质建设。目前知识产权管理学科师资队伍以专职教师为主，而其中具有知识产权实际工作经验的人员较少，缺乏跨学科背景的教师，尤其是懂管理、懂经济、懂技术、懂法律、懂外语的"五懂"教师更是严重缺乏。知识产权法学类导师理工科专业知识水平欠缺，知识产权管理类导师法律、经济专业知识水平欠缺。造成这种现象的原因有两个，一是教师缺乏在实务部门工作的背景，如果从实务部门调到教师岗位，不仅经济收入会有所下降且职称评定也是一个不可逾越的障碍；二是教师缺乏到实务部门实践的机会，高校教师有带研究生数量、教学课时量、科研工作量等诸多考核指标，很难有时间去参加实践性工作，而且实践部门也不大欢迎教师兼职。另外，邀请实务部门的专业人士授课的困难较多。首先是学校能支付的报酬有限，校外人士偶尔来校授课，缺乏可持续性；其次是授课时间难以保证，实务部门专业人士由于本身工作需要往往不能适应学校刚性极强的教学时间安排。而学生到实务部门实习具有一定困难，因为实习会给实务部门带来住宿、饮食等经济负担。学生由于缺乏工作经验，不能很好地完成任务，实习时间短、不确定性强，但是学生对实践机会和校外导师具有强烈的需求，通常渴望能提供各种实习机会。

因此，知识产权管理学科师资队伍的素质建设，注重教师的理论和实务双向能力的提升，建设一支固定人员和流动人员相结合、精干高效、结构合理、具有高尚职业道德、具有创新能力和发展潜力的高水平人才队伍。此外，还应该重视实践教学，与高新科技企业合作，聘请第一线的企业导师，实行双导师制。只有这样才能为学科的快速发展提供坚实的师资保证。

二、组建优秀学术带头人队伍

形成覆盖主要研究方向的优秀学术带头人队伍。在聚集优秀科学家和培养拔尖中青年学术带头人的基础上，培养和造就优秀的学科带头人，积极引进高层次人才，加快建设一支以领军人才、杰出人才、拔尖人才、骨干人才为主体的师资队伍，凝练研究方向，形成研究团队，增强自主创新能力。这是研究型大学自身发展的需要，是研究型大学实现其跨越式发展的人才基础。努力创造具有国际领先水平的原创性科研成果，培养和造就具有创新能力的高素质精英师资，是我国研究型大学开创双一流的责任和使命，也是创建世界高水平大学的必经之路。在我国建设创新型国家的进程中，优秀学术带头人队伍（创新群体）以凝聚学科方向、创造标志成果、汇集创新队伍、构筑学科基地为科技创新的基本战略，着力提高解决当前和未来我国经济社会发展的重大科技问题的能力，放眼国民经济主战场，瞄准尖端科技的战略需求，围绕国家目标，以重大科研项目为驱动，加强基础性、前瞻性和前沿性的科学研究，实现关键技术的自主知识产权，大力推动高新技术产业化，为国家产业结构调整和行业技术升级做贡献，在贡献中求支持，在服务中求发展。

三、构建合理的师资评价机制

构建和完善优秀人才培养和支持体系。完善人才聘任、培养、评价和竞争机制，营造和谐良好的人才聚集和成长环境，明确高校教师分类评价目的，激发教师积极性。教师评价体系本身是通过评价过程的反馈、调控作用，发挥教育评价的导向、激励和促进功能，而教师评价的根本目的在于根据高校的定位、高校教师的职称、研究领域、发展方向等对教师进行合理的区别与分类，明确其任务及目标，在促进教师个体发展的同时，兼顾学校师资队伍不断发展，做到人尽其用、人尽其才；同时做到不同类别的教师只是发展方向不同，无论教学还是科研，为学校做出的贡献同等重要，从而最大限度地激发教师工作的积极性。另外，建立高校教师分类评价动态平衡机制[1]，高校分类评价在实施过程中不是固定不变的，应当建立动态平衡机制。在高校实施教师类型化管理过程中，不断调整评价指标、考核体系等，确保学校在教学和科研方面人力配置均衡，避免出现某种类型师资过度评价的现象；对于教师在教学和科研方面的发展，学校应当灵活处理。教师的类型不是固定的，根据教师意愿，其发展符合某个类别的要求，就按照相应的类别进行考核，这样教师才能安心进行教学与科研，保持持续的积极性。完善保障与配套体系，完善的教师分类评价保障与配套体系是高校教师分类评价顺利实施的基础，教师分类评价的科学合理与否也是依靠分类评价配套体系来检验。教师类型评价保障与配套体系包括薪酬、奖励、晋升、职称评定等内容，不仅要满足高校教师的经济利益，还要满足高校教师的心理需求及社会影响力。

四、国际化队伍建设

拓展人才队伍的国际化视野，提升在国际学术舞台的影响力。高校师资队伍国际化建设要在创新思维中发展，在解决实际问题中深入，在健全机制中完善。国家化队伍建设的思路是以明确师资队伍国际化建设意义为突破，创新师资队伍的开发机制。加强师资队伍国际化建设宣传，加深政府、主管部门、高校及全体教师对师资队伍国际化建设意义的理解和认识，努力形成从上到下重视师资队伍国际化建设的局面。发挥各级政府及主管部门、高校的作用，在政策引导、氛围营造、措施激励、经费支持方面寻找帮助，创新有利于高校师资队伍国际化建设的开发机制。以国际化的理念设计人才队伍建设规划，制定人才队伍开发目标。例如，加大海外·高层次人才的引进力度，继续开展如中组部的"千人计划"、江苏省的"特聘教授"、福建省的"闽江学者"等海外人才工程建设，广泛吸引世界各国优秀人才加盟到高校教师队伍中来，迅速产生海外领军人才的集聚效应，形成"请进来"的局面。海外高层次人才数量的集聚和范围的扩大可以为高校师资队伍的国际化建设打开局面，以引进海外人才的"大脑"来带动国内教师国际化教育理念的更新、国际化教育手段的改进。在引进海外人才时还得注重人才引进与学校学科建设规划的契合程度，遵循结构合理、学术方向互补、学术水平提升的基本原则，努力使引进的人才工作有基础，干事有舞台，成长有方向。以提高师资队伍国际化教学、科研能力为着眼点，创新师资队伍的培养机制。高校师资队伍国际化建设中培养机制的创新主要渠道还有"走出去"，通过外派教师到国外环境中去锻炼和培养，出国参观、考察、做访问学者或受聘于国外大学研究机构工作等。在国际化的语言环境和文化氛围中，去学习国际化的教学理念，感受国际化的语言、文化和人生信念的熏陶，回国后，他们会自然地增加开设双语教学的频率，改变单向知识传授的局面，运用情景模拟、话题探讨等互动交流的教学方法，增强课堂教学的趣味性，从而提高教学质量。

通过跨国界的科研合作和交流，让高校教师主动融入国际化的科研环境中。通过有计划地选派教师到国外进修、访问、讲学、参加国际学术会议、进行国内外高校合作或与国外企业合作共建研发基地，邀请外国高水平教师到中国来领衔、指导、合作开展科学研究工作等，使得不同文化背景的教师在一起，形成不同文化的碰撞，让教师能及时了解和掌握国际最新学术动态和学科发展前沿情况，及时创新科研思路，创新知识，提升学术成果的国际化水平。通过"走出去"感受和取经，"请进来"共同研发等创新的师资队伍培养机制的建设，让教师在交流中开阔眼界，拓展知识，增强能力。以营造国际化的内部环境为抓手，创新师资队伍的融入机制。高校师资的国际化视野、国际化竞争能力的开拓与提升同高校校园内部国际化的"软""硬"环境建设是分不开的。校园内部国际化的"硬"环境建设主要体现在有一批国际水准的教学楼、餐厅、会议室、体育设施，校园内的形象识别系统如雕塑、景观等也是不可或缺的国际化元素。"软"环境建设方面更不容忽视，如邀请国外学者进行讲座或做学术报告活动，国际化课程的开设，双语教学的频率，留学生的数量规模，随处可见的英语角活动，中外学生和教师在同一餐厅就餐，开展不同国家不同文化背景特色的文体活动，等等。"软""硬"环境的打造，可以促进本土教师尽快融入国际化的生活工作轨迹中，为不出国门的教师创造一个不陌生的国际化环境，同时也能吸引和留住更多的海归人才。

第二节　知识产权管理学科升级发展规划

一、知识产权研究的学科交叉融合特质

在 2014 年国内学者发表的一篇基于期刊学科分类的对知识产权学科交叉属性的计量研究[2]，揭示了国际上知识产权研究涉及了众多的学科领域，呈现出多学科、多方法的交叉融合的发展态势。得出的结论是：20 世纪 70 年代，法学、商学、管理学与运筹学等四个学科领域开始了对知识产权问题的相关研

究；80 年代开始，知识产权研究的学科交叉特征开始显现；90 年代其跨学科性急剧拓宽。国际知识产权研究从 20 世纪 80 年代开始就形成了以经济学为引领，法学、商学为主导的核心学科群体，核心学科群体中的这种交叉融合的态势基本保持稳定。随着其他学科的进入，国际上知识产权研究领域逐渐展现出学科大交叉、大融合的发展态势，核心群体之外逐级形成了越来越多的其他学科群体，对知识产权研究关注的主题也从经济贸易与技术转让、创新与专利研究扩展到了因特网、数字版权管理、软件盗版、生物多样性与生物剽窃等多样化的研究主题。

知识产权研究主题的多样性，转向了其他学科以获得更多跨学科的理论与方法，其任务是探讨知识产权领域的各种一般性、普遍性、基础性问题，如知识产权的本质属性、基本特征、主要类型、社会功能、主体类型、客体形态、归属和限制、获得和维持、保护和管理、许可和转化、策略和战略等。例如，运用历史学的理论和方法分别研究知识产权、知识产权学的兴起和演进历程；运用比较方法研究不同国家、不同时期知识产权法律和知识产权工作；通过各种可计量指标的研究，展现知识产权领域研究人员、研究成果、法律文本等的数量变化状况并揭示其演进的机理。

一门学科只有通过同其他学科进行互动，借鉴、移植其他学科的概念、理论、方法等，才能获得其生存发展的重要支撑条件，而且将会不断地衍生出新的边缘分支学科。"边缘学科的不断涌现是科学知识体系持续扩张的特有景观。知识产权同哲学、社会科学、交叉科学的许多学科门类都有密切的联系，具有极为鲜明的跨学科特征，可以将其定位为主体部分归属于社会科学的一个多边缘综合性学科群组。知识产权学自身的成长，离不开伦理学、文化学、法学、历史学、社会学、心理学、教育学、管理学、地理学、生态学等关联学科。辨析其新兴分支学科的衍生区位，理所当然地必须高度关注各种类型的边缘区域，促成学科之间的交汇、融合或渗透。"[3]知识产权就是一个游走于各学科之间的交叉研究领域。

二、通过知识产权管理学科培育知识产权一级学科

学科本身具有双重含义，一是知识体系或学术分类，二是为培养人才而设置的教学科目。构成一门独立的学科，基本要素有三：研究对象或研究领域，即具有独特而不可替代的研究对象；理论体系，有特定的概念、原理、命题、规律等所构成的严密的逻辑化的知识系统；方法论，即学科知识的生产方式。学科发展的方式是知识的发现和创新[4]。2008 年《国家知识产权战略纲

要》提出"建立知识产权二级学科",知识产权涉及文化、教育、科学、经济、法律、管理等领域,是自然科学与社会科学的交叉与融合,那么二级学科设置在哪一个一级学科之下?尊重历史和学科发展前景,基本的共识是在法学、管理学之下设置二级学科,前面阐述的知识产权管理二级学科相比知识产权法二级学科,培养的人才更适合社会发展需要。

知识产权管理学科的范围主要包括知识产权成果的创造、权利的取得、成果的转化与利用、保护与维权和行政管理五个方面。知识产权成果的创造,一直未纳入知识产权范畴,被认为属于创造学或其他学科。事实上,知识产权成果的创造是知识产权中的一个最重要部分。没有知识产权成果,知识产权的其他方面就是无源之水、无本之木。知识产权的创造不同于创造学中一般的创造,它是一种独特的创造,其特点是其成果享有专有权,而一般的创造不一定都享有专有权。为此,知识产权成果的创造必然具有其独特的原则和方法,以协调创造与获权、转化、保护的关系。知识产权的权利取得,从法律的角度来分,一般包括经过法律程序确认取得(如专利权、商标权)和法律认可取得(如著作权、技术秘密)两种形式。但知识产权管理学科所研究的权利取得还包括获权的种类选择等,如某些成果既可申请专利,又可作为技术秘密;某些成果获得了外观设计专利后,还可以申请商标注册,甚至还可以纳入著作权保护,以获取多重权利。知识产权成果的转化和利用,一般指权利人自己实施和交易(转让或许可)实施。而知识产权管理学科中的成果转化和利用还应包括交易方法、成果质量和失效成果的利用等。知识产权管理学科中的维权保护,贯穿了成果创造、权利要求、转化利用、防伪鉴别、手段选择、交易权利、纠纷解决整个过程。包括创造之初对保护的注重,申请文件中对权利的充分要求,转化利用中的有效防范,辨别真伪的特殊手段,多种手段或最适应手段进行多维保护的选择,交易双方的权益保护等。一旦发生纠纷,便可选择恰当的方法和渠道解决争议,以最有效手段保护各主体的合法权益。

一个继续追问的问题是,知识产权管理学科内容如此广泛,知识产权能够独立为一个学科,知识产权管理与知识产权法等分支基于何种逻辑连接点可以构成一个独立的研究领域?对于这个问题的分析,有学者提出了一级学科的倡议[①]。知识产权如果作为一级学科,它的学科特点是什么?也有学者分析了知识产权学科特点,认为"知识产权是一个独立的学科,知识产权作为一门独立的

---

① 2017年6月10日召开的第九届(2017)中国高校知识产权人才培养研讨会中陶鑫良教授认为,应该推动知识产权一级学科建设,这是知识产权的"诗与远方"。

学科，有自己独特的研究对象，有自己特有的基本范畴、理念、原理、命题等所构成的知识体系；知识产权作为一种特定的专业，有自己特殊的人才培养目标，也有自己特定的人才培养规格，两者相互依存、相互促进"[5]。首先，知识产权学科以民法理论为基础，知识产权的私权性、知识产权的主体客体制度、侵害知识产权的规则归责原则、"利益平衡原则"、"私权神圣"和"公平原则"，都是对民法的理论借鉴，知识产权的具体制度如知识产权许可和转让，依然建立在民法基本规范、基本制度的基础之上。其次，知识产权学科以多学科知识为背景，知识产权制度是最具科技含量、最多知识要素的法律制度，如现代社会中的基因专利权、植物新品种权、集成电路布图设计权，则与现代生物工程技术、微电子技术紧密相关，还涉及经济、政治、文化、贸易等各个社会领域，与经济学、管理学、政治学、社会学、伦理学及技术科学等具有密切联系。最后，知识产权以基本理论和实践问题为研究对象，从上述特点阐述中可以发现，知识产权管理学科也在研究以上问题，相比知识产权法关注的知识产权的法律价值、法律原则、法律功能、知识产权法律制度、法律技术、法律规则、知识产权法律解释、法律适用、法律活动等内容，知识产权管理学科更为全面地贴近知识产权一级学科的研究领域。

因此，在我国现有可能操作的知识产权管理二级学科的基础上，各高校可以积极发展该学科建设，以此为基础，培育知识产权一级学科，推动知识产权一级学科的实现。

第三节　知识产权管理学科学术交流发展规划

一、加强传统学术交流

学术交流与研讨是学术活动的重要组成部分，是传播知识、沟通信息、交流成果、启发思维的途径。传统学术交流是指任何领域内的学者通过正式或非正式交流渠道所进行的学术信息沟通活动，正式交流包括同行专家评论、学术会议、理论研讨、学术评审、论文学术专著流通、文摘索引等，非正式交流包括邮件讨论、私人信件往来、会晤、电话交流、研讨班、访问讲学、学术讲座与演讲等，正式交流在传统学术交流模式中占比较大。

知识产权管理学科在各高校政策的支持与鼓励下，积极推动学科的国内外学术交流发展进程，进一步巩固已有国际交流与合作关系，提高合作层次；积极寻求新的合作伙伴；努力进入重要的国际合作网点。学院积极鼓励教师活跃在海外（国际）学术舞台，培养学生的国际视野；发挥教师的主体作用，把国际一流的学术大师和具有丰富实践经验的知识产权工作人员请进校园，举办高水平国际学术报告和实务问题交流培训；积极发展与海外（国际）知名大学和高水平科研机构的长期稳定合作伙伴关系，构筑国内外资源共享、优势互补的合作框架。学科还要积极加强与国内院校和重点研究单位的合作共建，并举办全国性学术会议，加强学术互访和交流。

知识产权管理学科在培养学生掌握知识产权知识的同时，还要与实务机构建立教学科研的实践基地，促进实践教学与科学实证研究的发展。例如，大连理工大学知识产权学院与沈阳科苑专利商标代理有限公司、盘锦市司法局、大连东方专利代理有限公司、青岛捷成知识产权代理有限公司、苏州工业园区知识产权局等合作建立 4 个教学实践基地；与英国曼彻斯特大学法学系合作，草签 3+1+1 联合培养协议；与台湾科技大学签订知识产权交换学生项目，校区已有多名知识产权的学生赴台交流。

二、探索学术交流新模式

传统学术交流，其在及时性、互动性、广泛性、时效性等方面还存在诸多限制。随着时代的发展，学术交流和研讨的模式也在不断演变和发展。信息化时代对学术交流提出了新的要求，新技术的广泛应用，为交流效率的提高、交流手段的演进、交流方式的多样化提供了技术支撑，也为探索和形成新的交流模式创造了条件。

1. 借助研究课题开展主题交流

学术交流因信息快速交换，思想碰撞融合，变得更加快捷，研讨问题也更加集中和深入。以某一主题为核心，进行集体专题交流成为学术交流的重要形式。召开专题研讨会，邀请相关或相近学科的专家，分别围绕课题中的不同问题集中进行研讨交流。高层次的研讨和交流，启发思路，在吸取专家意见的基础上，集中高层次的学术理念，聚合科研骨干，发挥多学科的优势，可以在较短的时间内高质量完成课题报告。

2. 借助信息技术开展交流共享

信息时代的最大特征，就是信息共享、资源共享，包括知识资源、学术资源、科研成果资源等固定形态的资源，还包括掌握信息、知识、科研成果和研究能力的人的资源。经济时代有很多培训都会变成免费，每个人都能得到的，都会共享，分享提高整个社会效率。知识产权管理学科要培养什么人才，在环境发生变化的基础上能不能做到迅速创新来引领时代的发展，这应是高校的职责。知识产权管理学科要注意收集网络共享资源,建立学习循环渠道,在共享中发现研究问题,展开学术创新,学术创新和研究创新中引领方法论,这是学科建设的关键。通过看判例统计数据,通过互联网共享资源了解国际上都在做什么,在情报搜集的基础上做分析,只有这样,才能给国家提出政策的建议。

3. 积极实现开放获取学术交流

开放获取学术交流和其他学术交流本质相同,是知识信息转移、共享和创新的过程,学术交流通常被认为具有交流信息、开阔视野、掌握新知的作用。开放获取学术交流模式主要包括作者(传播者)、研究成果(信息)、信息中介(传播渠道)、读者(受众)及读者评议(反馈)五个要素[6]。开放获取学术交流模式不能仅从交流信息、掌握新知等层面来分析或阐述其功能,还要通过学术交流过程中的学术启迪和思想碰撞来实现知识的积聚、创新和共享,这才是开放获取学术交流模式的核心功能和关键之所在。开放获取学术交流模式在有效促进学术交流与知识创新方面表现出越来越大的优越性。与传统学术交流模式相比,开放获取学术交流模式是一种能更好地服务于知识增长与知识循环的模式。这种模式拥有的开放性、及时性和互动性的特点,弥补了传统学术交流模式的部分不足,促进了学术成果的自由传播,把学术交流整合为一个巨大的数字化公共交流系统,使之成为不受时间和空间限制的学术交流主体[7]。

知识产权管理学科要善于利用这种交流方式,掌握交流方法,与相关学者进行学术碰撞。学术交流的目的是要实现学术共享与学术创新,开放获取学术交流的螺旋演化过程在推动学术共享和学术创新实践中发挥着重要作用。开放获取学术交流模式不仅在学术创新方面向科学社群展示了其优越的功能,描绘了未来学术交流模式的美好前景,而且也证明了学术信息的开放和共享是科学发展的催化剂,对于科学的发展与进步起着巨大的助推作用,也必将给整个社会带来巨大的利益。

第四节 知识产权管理学科人才培养职业规划

一、知识产权管理学科人才职业门类

知识产权领域就业的范围较广,涵盖了高校、科研院所、企业、行政及司法机关等不同性质的用人单位。根据知识产权职业的特点和岗位职责的要求,可以将知识产权职业大体分为:研究型职业,以高校和科研院所中从事知识产权研究的人员为主;行政型职业,指知识产权行政主管部门中从事知识产权行

政管理与行政执法工作的相关人员；管理型职业，指企业知识产权工程师和企业知识产权管理人员；代理服务型职业，主要指专利代理人、商标代理人；法务型职业，是指从事知识产权法律实务工作的企业知识产权法务人员、知识产权律师及知识产权法官；审查型职业，是指在国家知识产权局和国家商标局从事专利审查和商标审查的专业审查工作的从业者。

目前我国只有代理服务型职业中的专利代理人和法务型职业中的知识产权律师具有职业资格，管理型职业中的知识产权工程师、知识产权主管、知识产权运营工程师、知识产权经理没有职业资格。没有对管理型职业从业人员的知识、技术、业务能力基本的认定，就无法推断其工作水平和等级，这不利于知识产权工作的人才遴选。在目前这种状况下，唯有在人才培养阶段，夯实知识产权管理学科人才培养的职业能力，才能确保人才供给与社会需求相匹配。

二、知识产权管理学科人才培养职业保障

我国知识产权培养主要是基于知识培养，而不是能力培养，学生创新能力和实践能力存在障碍。应以社会需求和能力为导向，根据不同职业能力素质的要求，对知识产权专业的课程设置、教学内容、教学方法，以及实践教学体系进行改革和调整。根据学生学习规律和知识产权管理学科人才的能力素质要求，针对不同阶段的学生探讨认知实践教学平台、模拟实践平台和综合运用实践平台的建设，强化学生的职业技能，以实现实践教育与职业需求的有效衔接。

1. 建设模拟法庭，将其打造成多功能、开放型的知识产权实践教学平台

开展知识产权模拟法庭竞赛活动，围绕案件进行针对性训练，侧重于培养学生对知识产权法律案件的整体把握能力。开展知识产权专业知识辩论赛，培养学生应用专业知识的综合能力和思辨能力。开展知识产权审判进校园活动，将真实的知识产权案件的法庭审理呈现给学生，以增强学生对知识产权案件审理的直观感受，了解纠纷解决程序。

2. 打造专业的知识产权实验室

实验室具有展示功能，通过收集典型的各类知识产权的照片、实物及相关的文字说明，增强学生的直观感受。收集国内外典型的知识产权行政处罚决定书、法院判决书及相关材料，使学生从职业层面去学习和了解知识产权案件的理论和实务操作技能；侧重专业技能训练功能，在实验室中设立专利和商标文件撰写、申请、审查和授权等一条龙式的流程工作区，让学生参与到专利和商标申请程序中的各个环节，从而掌握相关的知识。

3.引入企业知识产权管理沙盘模拟培训模式

通过这种模式，让学生通过不同的角色扮演，参与操作企业知识产权管理各具体环节，以提高学生的实践运用能力。加强政产学研合作，要建设好大学生校外实践基地，为知识产权专业的职业实训提供良好的条件。

4.构建职业导向型人才培养方案的评价体系和反馈机制

利用和借鉴柯氏四级培训评价模型等教育培训和评价方法，构建一套科学的评价体系和反馈机制，使知识产权管理人才职业培养体系更为完善和合理，为其进一步的完善和调整提供相应的参考。

综上所述，知识产权管理学科针对国家和地方知识产权的实际需求，以及创新型国家建设目标的不断深化对知识产权管理学科人才的职业规划，研究培养出构建研究生特色成长的课程体系，提升研究生成长资源质量，探讨学生成长的资源需求，研究使学生自觉追求个性化成长的关键性条件，梳理出阻碍优秀学生成长为"杰出人才"的瓶颈问题，建立一整套培养掌握管理学、法学、知识产权等多学科知识人才，强化知识产权实务操作技能的方案，注重培养精英型人才，实行高标准、严要求、重创新，使研究生的成长欲望显著增强，综合素质显著提升。各高校从建设经费中为知识产权管理学科分配足够的资金，以加强学科建设，学科自身还承担有多项国家和省部级科研项目，保证研究和教学经费充足，将经费用于改善教学、实验和实习条件，开展教学改革、教材建设、教师培训、学生科研和奖学金等。

参 考 文 献

[1]李锋，尹洁.国内高校教师分类评价现状、问题及对策研究[J].高教学刊，2016，(6)：79-80.

[2]侯海燕，赵楠楠，胡志刚，等.国际知识产权研究的学科交叉特征分析——基于期刊学科分类的视角[J].中国科技期刊研究，2014，25(3)：416-426.

[3]王绫琨，丁堃，曲昭.知识产权学的初创和未来发展[J].科技管理研究，2016，36(8)：146-151.

[4]赵文经.知识产权的学科地位与人才培养模式的思考[A]//陶鑫良，王勉青.中国知识产权人才培养研究(第二辑)[C].上海：上海大学出版社，2010：228.

[5]吴汉东.知识产权的学科特点与人才培养要求[J].中华商标，2007，(11)：11.

[6]刘锦宏，李思洁，徐丽芳.开放获取学术交流模式研究[J].科技与出版，2013，(3)：83-86.

[7]刘国亮，王东，曲久龙，等.网络环境下学术交流的知识共享实现模式研究[J].情报科学，2009，27(12)：1789-1792，1815.